Energy Structure Transformation, Energy Security and Fiscal Incentive Mechanism

—Comparison and Reference of Energy Fiscal Policies in Major Developed Economies

中央财经大学财经研究院
北京市哲学社会科学北京财经研究基地　学术文库

李向军　著

能源结构转型、能源安全与财税激励机制

——主要发达经济体能源财税政策的比较与借鉴

Energy Structure Transformation，Energy Security and Fiscal Incentive Mechanism

—Comparison and Reference of Energy Fiscal Policies in Major Developed Economies

中国财经出版传媒集团
经济科学出版社
Economic Science Press

图书在版编目（CIP）数据

能源结构转型、能源安全与财税激励机制：主要
发达经济体能源财税政策的比较与借鉴/李向军著.
—北京：经济科学出版社，2021.1
（中央财经大学财经研究院、北京市哲学社会科学
北京财经研究基地学术文库）
ISBN 978 - 7 - 5218 - 2356 - 1

Ⅰ.①能… Ⅱ.①李… Ⅲ.①能源工业 - 产业结构
调整 - 研究 - 世界②能源 - 国家安全 - 研究 - 世界
③财税 - 财政政策 - 研究 - 世界 Ⅳ.①F416.2②F811.4

中国版本图书馆 CIP 数据核字（2021）第 022246 号

责任编辑：于海汛 陈 晨
责任校对：靳玉环
责任印制：范 艳 张佳裕

能源结构转型、能源安全与财税激励机制

——主要发达经济体能源财税政策的比较与借鉴

李向军 著

经济科学出版社出版、发行 新华书店经销

社址：北京市海淀区阜成路甲 28 号 邮编：100142

总编部电话：010 - 88191217 发行部电话：010 - 88191522

网址：www.esp.com.cn

电子邮箱：esp@esp.com.cn

天猫网店：经济科学出版社旗舰店

网址：http://jjkxcbs.tmall.com

北京季蜂印刷有限公司印装

710×1000 16 开 24.25 印张 370000 字

2021 年 1 月第 1 版 2021 年 1 月第 1 次印刷

ISBN 978 - 7 - 5218 - 2356 - 1 定价：97.00 元

序

    能源结构、低碳转型、绿色发展一直是学界的热门话题。能源结构转型不仅关系"碳达峰""碳中和"战略目标的实现,而且与能源安全紧密相连。能源结构转型是一个宏大的命题,专业性强,涉及面广,战略意义重大。英国剑桥能源研究协会的一位专家曾说过,"石油,10%是经济,90%是政治"。对于如此一个宏大的命题,需要多维度系统地、广泛地进行研究。李向军同志的新作《能源结构转型、能源安全与财税激励机制——主要发达经济体能源财税政策的比较与借鉴》就是其中的一支细流。本书主要聚焦世界主要发达经济体的能源结构转型的历史演变和现实特征以及转型中的财政激励机制,视角独特,论证严谨、资料翔实,值得一读。

    本书首先从理论上分析了财税政策促进能源结构转型的依据,构建了能源结构转型的驱动机制以及其中的财政激励机制和作用环节,比较研究了世界主要发达经济体的能源结构特点、转型特征、转型方向、驱动因素,总结了经验借鉴。为了解国际能源转型历史和经验,本书分别选取美国、日本、德国、法国、英国等能源结构具有鲜明特征的国家进行系统的国别研究,详细剖析了这些国家能源结构特征、转型路径、转型动因以及政策选择,并进行了比较借鉴。近年来我国油气对外依存度不断攀升,油气安全问题日益突出,为此本书进行了油气对外依存度合理区间的专题研究,提出了对外依存度合理区间的理论模型,对我国石油对外依存度的合理区间进行了实证研究,提出了保障我国石油安全的对策建议。本书的主要探索和特点有四点:

    其一,理论探索。依据能源结构转型的公共性和外部性,阐述能源结构转型中财税激励机制的必要性;探索基于资源禀赋、能源技术、能源安全、

1

地缘政治、气候环境、经济增长、产业结构、社会文化等驱动因素的能源结构转型驱动机制，以及在此机制中财税政策工具实施环节和激励机制；创建了油气对外依存度合理区间的理论模型，推论出四种依存度曲线：警戒下限、均衡线、趋势线、警戒上限，提出了宽松型合理区间和严格合理区间的概念和模型。

其二，比较借鉴。全面比较世界主要发达经济体的能源结构特点、转型特征、要素禀赋、政策导向、能源安全等内容，揭示国际能源结构转型的历史演变的三个特性和三个趋势；归纳了国际能源结构转型中的政策启示和经验借鉴，能源结构转型的根本目标和原因在于能源安全，即保障"持续、经济、稳定、绿色"的能源供给，虽然各国能源转型路径差异鲜明，各具特色，但能源结构与财税政策普遍存在互动制约关系，即一国的能源结构、驱动因素和能源运行机制决定了该国的财税政策乃至国际政策和地缘政治关系，政策选择进而影响能源结构的转型，两者互动制约、相辅相成。

其三，数据翔实。国际比较和国别研究中的数据和文献资料很多均为第一手数据，全书数据翔实，论þ据、结论均以大量的数据分析、图表分析、比较分析、实证分析为依据，用大量翔实的数据和事实说话，揭示主要发达经济体的能源结构特点、转型特征以及政策选择的所以然，既全面展示了主要发达国家能源生产、消费、进出口结构的现实情况和历史演变过程，又总结了国际能源结构转型的一般趋势和特性。

其四，实证研究。鉴于我国油气依存度和油气安全的紧迫性和重要性，本书进行了专题实证研究。书中采用 TRAMO/SEATS 模型，利用 1996～2019 年我国海关油气进口的季节数据，实证分析我国油气进口的趋势性、周期性、季节性、偶然性的特征以及对外依存度趋势；另一个在国内研究油气需求研究方面具有较大创新的是引用了基于卡尔曼滤波的不可观测能源需求模型（UEDT）分析对外依存度的合理区间，分别模拟三种经济情景、三种原油价格情景、三种技术趋势、三种产量趋势情景下的对外依存度的不同趋势，给出最佳合理区间为介于均衡线与警戒上限之间的严格型合理区间。另外，本书的又一个实证创新在于探索了外部石油供给中断，在不同冲击规模、不同延续时间下对我国石油消费和战略性石油储备的影响规模。

　　全书主题鲜明，逻辑严谨，分析透彻，行文流畅。尽管书中还有一些内容有待进一步的探讨和完善，还有一些不妥之处，但本书在了解国际趋势、汲取经验、指导工作实践上具有一定的启发意义和指导价值。因此，我乐于将此书推荐给读者，希望该书能够引起相关学者的研究兴趣和热情，希望该书能够为相关机构、部门制定政策提供帮助，更希望各位读者给予指点和帮助！

　　是为序。

马海涛

2021 年 1 月

前　言

能源结构、低碳转型、绿色发展一直是学界的热门话题，也是我国未来发展的一个方向。2020 年 9 月 22 日，习近平总书记在第七十五届联合国大会一般性辩论上指出，"中国将提高国家自主贡献力度，采取更加有力的政策和措施，二氧化碳排放力争于 2030 年前达到峰值，努力争取 2060 年前实现碳中和。"[①] "碳达峰"和"碳中和"既是我们响应《巴黎协定》应对气候变化的绿色低碳转型的国际行动，也是我们加快形成绿色发展方式和生活方式、建设生态文明和美丽中国的自觉行动。实现"碳达峰"和"碳中和"的战略目标，需要四个战略方向协同突破。

一是能源结构转型。降低化石能源占比，发展多元化新能源，提升风能、光能、核能、水能等清洁能源占比，促进能源结构稳步、协同、有计划地向低碳化、多元化、清洁化转型，这是实现"碳达峰"和"碳中和"的加速器。二是能源效率提升。节能誉为"第一能源"，最大限度撬动能源节约与能效提升，全面推进工业、建筑、交通等重点领域节能，加强用能管理和制度创新，鼓励节能产品和节能改造，支持资源再利用，发展循环经济，这是实现"碳达峰"和"碳中和"的助推器。三是用能方式转变。遵守清洁生产，提升重点工业领域清洁用能和清洁生产，推进清洁交通和新能源交通工具，鼓励各行业绿色用能，提升农村采暖、供热等生活领域用能清洁化，倡导城乡绿色生活、绿色出行，这是实现"碳达峰"和"碳中和"的变速器。四是碳封存碳吸收。支持碳捕捉封存（carbon captureand storage，

[①] 《习近平在第七十五届联合国大会一般性辩论上发表重要讲话》人民网，http：//jhsjk. people. cn/article/31871240。

CCS）和再利用技术（carbon capture and recycling, CCR），探索地质、海洋等碳存储、封存以及油气开采中的应用，加大碳原料在一氧化碳、烷烃、甲醇及衍生物的化学合成、精细化工等循环利用的研发与应用；持续扩大植树造林、城市绿化等自然吸碳能力，这是"碳中和"的稳定器。

在推进"碳达峰"和"碳中和"战略目标实现的四个战略方向中，能源结构转型是最根本的。能源结构转型不仅关系"碳达峰""碳中和"战略目标实现，而且与能源安全紧密相连。能源结构转型是一个宏大的命题，意义重大，需要多维度的系统、广泛地进行研究。本书就是这宏大命题中的一个支流，主要聚焦世界主要发达经济体的能源结构转型的历史演变和现实特征以及转型中的财政激励机制，重点分析财税政策和财税激励机制在能源结构转型中的作用和意义。

本书详细全面地总结了美国、日本、法国、德国、英国等以及我国主要能源消费国的能源结构转型及其财税政策，并在此基础上进行研究分析。本书重点从能源结构转型的概念、财税政策推动能源转型的作用机理和理论逻辑，系统研究了能源结构转型的驱动因素（资源禀赋、能源技术、能源安全、地缘政治、气候环境、经济增长、产业结构、社会文化等）及其机制，分析了财税政策的工具在能源运行机制中的实施环节和财税激励机制（税收激励、研发投入、政府投资、政府购买、监管激励、补贴奖励等），并建立了能源结构驱动机制和财税激励机制的流程图。本书以此理论分析框架重点比较研究国际主要国家的能源结构转型和各国财税政策启示。

本书分别从世界能源消费总量以及世界各类能源消费总量及其各国占比、各国能源结构的现状与转型趋势、各国各类能源结构的国际比较三个方面进行比较研究，研究发现：

（1）中国成为世界能源消费第一大国、中国经济增速大于能源消费增速；在世界各类能源消费中，世界煤炭水能源消费中中国占比上升，位居世界第一；世界石油天然气消费中美国稳居第一，中国快速增长位列第三；近30年核能占比相对稳定，可再生能源增减明显。

（2）石油依然为多数国家第一能源也是世界第一大能源；欧盟等西方发达国家天然气消费大于煤炭消费；部分国家能源结构具有自身的特殊性；

全球能源消费结构总体稳定，欧盟能源结构转型显著；加拿大和美国的能源结构相对稳定；法国、德国、英国、日本能源结构转型显著、路径各异；中国能源消费沿着脱碳路径结构多元化方向缓慢转型。

在脱碳化转型中，法国、德国、英国结构转型较为显著，路径各异，法国以核能替代煤炭，德国和法国以天然气替代煤炭，并鼓励可再生能源，但整体的转型是一个脱碳进程。与此相反，日本出于国内能源资源匮乏、进口能源运输成本、能源供给的经济性等因素考虑，并没有向脱碳转型，而是因为石油的地缘风险，选择天然气替代石油的路径转型。

（3）各国能源结构中相对优势能源长期保持稳定，中国煤炭消费占比、日本的石油消费占比、英国的天然气消费占比、加拿大的水能消费占比、法国的核能消费占比、德国的可再生能源消费占比等一直居于各国首位，并长期保持位次稳定。与之相反的是法国的煤炭消费占比、中国的石油消费占比、中国的天然气消费占比、英国的水能消费占比、中国的核能消费占比（尽管中国核能技术水平较高）、加拿大的可再生能源消费等。

水能和核能消费占比各国普遍呈现稳定趋势，水能受资源禀赋因素限制最为严格，各国能源结构清晰地揭示了水能这一特性，各国的水能消费占比长期保持稳定，各国曲线均呈现水平态势，世界排名位次相对稳定，加拿大水能消费占比长期居于世界第一。

天然气和可再生能源消费占比普遍呈现上升趋势，能源消费中可再生能源占比较大的国家中德国一直处于领先地位，英国近十年来增长迅速，中国虽然可再生能源总量世界占比第一，但在中国的能源消费结构中的比例并不高。各国能源消费中天然气消费都呈现扩大趋势，中国虽然增长较快，消费总量仅次于美国排在第二，但消费占比较低，排在世界尾部。

本书通过对国际能源结构的转型比较分析以及对分报告财税政策的梳理分析，并结合国际能源结构转型的效果发现：

（1）国际能源结构转型的三个普遍特征：能源资源禀赋的差异性、可再生能源发展的迅猛性、能源结构调整的缓慢性。能源结构转型的三个主要方向也是普遍方向，即，能源结构转型的低碳化、能源结构构成的多元化、能源结构跃迁的技术化。

（2）财税政策研究发现，能源结构转型中各国财税政策对我国的启示有六个方面：财税政策是能源安全和政策体系的重要环节、能源结构和财税政策是互动制约相伴前行、财税政策支持低碳和可再生能源具有国际共识、财税政策工具和激励机制的综合运用、能源技术是财税政策持续关注的重点、能源结构转型的根本是保障能源安全。

同时，本书的研究发现，能源转型中政府投入是普遍的做法，财税激励机制和能源领域具有不同搭配机制，美国案例研究中发现，能源转型中政府投入主要通过税收、研发、监管机制，偏好石油和可再生能源，每种激励机制的能源偏好和每种能源的激励机制偏好差异明显，不同时期政府资金投向的能源领域不同。

本书的研究得到很多专家学者的帮助和支持，以及我院研究生马雪瑶、苏鹏、樊美玲、张迪、王正娟、袁嘉琳和孟利航等分别在美国、日本、德国、法国、英国、中国等国的数据搜集、文献整理、资料翻译以及对应章节文稿处理等方面付出的辛苦工作，在此一并感谢！本书数据主要来自世界银行数据库、欧盟能源统计数据、英国石油公司（BP公司）世界能源数据、美国石油信息管理局（EIA）网站数据、中国海关数据等能源统计数据。当然，限于作者知识结构的局限，书中的一些内容还存在有待进一步探讨和完善之处，还有一些不妥之处，在此，诚恳期待读者和各位专家学者给予指点和帮助，欢迎对此研究感兴趣的相关学者交流和指正。

2020 年 12 月

目 录 *CONTENTS*

第一篇　国际比较

第二篇　国际经验

第三篇　专题研究

国际比较

第一章
能源结构转型与财税激励机制

能源结构转型中能源体制机制是根本，财税政策只是能源领域政策中的重要组成部分，从作用机理视角看，机制是主、政策是辅，研究能源结构转型中财税政策，应先梳理理论逻辑和机制问题。本章首先界定能源结构转型的概念和内涵，其次从理论逻辑视角分析了能源结构转型中财税政策用机理，最后重点梳理了能源结构转型的驱动机制以及工具和激励机制。

第一节　能源结构转型的概念与内涵

一、能源结构转型的概念

能源结构指各类一次能源、二次能源的生产量或总费量中的构成及其比例关系。能源结构是即使能源生产领域的研究重点，也是能源经济、能源安全、能源效率、经济发展模式等领域的研究重点，它直接影响国民经济各部门的运行所需的能源支持方式和最终用能方式，反映人民的生活水平，更深远的影响包括地缘政治、经济发展、社会行为、文化习惯等领域。

（一）一次能源与二次能源

一次能源（primary energy），也称初次能源，是指从自然界取得未经改变或转变而直接利用的能源，如原煤、原油、天然气、水能、风能、太阳能、海洋能、潮汐能、地热能、天然铀矿等。一次能源又分为可再生能源和不可再生能源，前者指能够重复产生的天然能源，包括太阳能、风能、潮汐能、地热能等；后者用一点少一点，主要是各类化石燃料、核燃料。一次能源经过加工转换以后得到的能源称为二次能源，包括电能、汽油、柴油、液化石油气和氢能等。

（二）能源的生产结构与消费结构

各类能源产量在能源总生产量中的比例，称为能源生产结构。在各衡量能源结构的指标中，影响能源生产结构适度性的指标包括能源生产总量、各类能源（石油、天然气、煤炭、水能、核能以及风能、太阳能、地热、生物质等新能源等）的生产量及其在能源总产量中的比例。

各类能源消费量在能源总消费量中的比例，各类能源（石油、天然气、煤炭、水能、核能以及风能、太阳能、地热、生物质等新能源等）的消费量及其在能源总消费量中的比例、各类能源发电量及其占总发电量的比例，称为能源消费结构。各用户部门的能源消费结构，称为部门能源消费结构。根据能源消费层级和链条的关系，能源消费又分为初次能源消费和二次能源消费。

研究能源的生产结构和消费结构，可以掌握能源的生产和消费状况，为能源供需平衡奠定基础。查明能源生产资源、品种和数量，以及消费品种数量和流向，为合理安排开采投资和计划，以及分配和利用能源提供科学依据。同时，根据消费结构分析耗能情况和结构变化情况可以挖掘节能潜力和预测未来的消费结构。

（三）能源进出口结构与效率结构

在能源生产、消费结构之外，还可以从能源的进（出）口结构和能源效率结构分析能源的结构。能源的进（出）口结构包括能源消费总量中进（出）口的比例，衡量能源对外依存度的大小，当然也包括各类能源的进出口结构。能源效率结构主要涉及能源利用效率，是能源结构在效率层次的延伸，包括能源的生产弹性系数、单位 GDP① 能源生产增加量、单位 GDP 能耗、能源消费多样性指标、能源消费弹性系数、人均能源消费、人均电力消费等。

（四）能源结构转型的概念

能源结构转型是指由能源生产或消费的驱动因素变化所导致能源的生产结构或消费结构中各能源占比结构的显著转变过程，既是一个动态的调整过程，也是一个静态的现状结构，既受主观因素（应对能源安全、气候变化的能源政策调整）的影响，也受客观因素（能源枯竭、能源成本、供给冲击）的影响，是能源、经济、社会、文化、技术等因素的综合作用结果。

二、能源结构转型的内涵

能源结构是个多层次的概念，能源结构转型也是多层次的概念，本部分能源结构转型主要是能源消费结构的转型，转型的内涵包括三个主要的具体转型方向，即能源结构向分散多样化、技术清洁化、高效低碳化的方向转型。

（一）能源消费种类由集中单一化向分散多样化转型

从世界各国来看，能源消费结构大都经历从单一的依靠燃煤或石油，过渡到能源的多样化，尤其是可再生能源的占比增长迅速，这其中既有能源生产的自然变化规律使然，也有世界各国共同面对气候变化所采取的一致行动，比如限制化石能源的消费，鼓励新能源的开发和消费。以美国为例，从图 1-1 可见，美国在 20 世纪七八十年代以前，能源主要依靠煤炭、石油、天然气，进入 21 世纪后，风电、水电、页岩气、页岩油、太阳能、地热等能源占比日益扩大，能源种类呈现出由单一多到多样的大趋势。

---

① 国内生产总值（gross domestic product，GDP）。

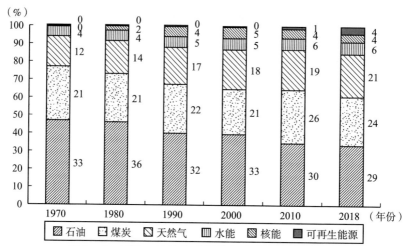

图 1－1　1970～2018 年世界能源消费结构转型趋势

资料来源：笔者根据相关资料整理所得。

（二）能源利用由低技术高污染向高技术清洁化转型

随着技术的进步和人们对环境的关注，高污染、低效率的能源使用占比较高的能源结构，逐步向技术含量高、能源利用效率高、能源消费清洁的能源结构转型（具体看参阅各国专题论述）。以美国为例，从图 1－2 可见，美国的燃煤发电在 2000 年以前一直成大幅上升趋势，到 2005 年后呈现直线下降趋势，与此同时各类清洁能源和尤其是技术含量高的页岩气页岩油开采革命，美国天然气发电量自 20 世纪 90 年代中期后，一直呈现快速上升期，2015 年开始，首次超过煤炭发电，占据美国发电量的首位。同一时期，核电、风电都呈现快速上升趋势，其中核电的发电量排在美国发电的第三位置。美国天然气发电的快速上升得益于美国对于绿色技术特别是页岩油和页岩气技术革命的财税政策支持。

（三）能源消费由低效高碳化向高效低碳化转型

为应对全球气候变化，控制碳排放总量，抑制温室效应，实现气温变化 2℃ 的目标，多数国家都开始加入低碳减排行列，能源消费呈现由高碳量消费向低碳化消费转型（具体看参阅各国专题论述），含碳量较高的化石燃料的消费呈现下降趋势，而低碳化的可再生能源和核能等清洁能源消

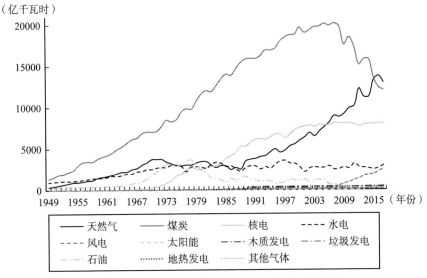

图 1 – 2 1949～2015 年美国发电的能源结构变迁

资料来源：笔者根据相关资料整理所得。

费比例增大。从图 1 – 3 可见主要发达国家的化石燃料的能耗从 20 世纪 80 年代至今呈现下降趋势，法国尤为明显，与之对应的是图 1 – 4 所示的可再生能源和核能的能源使用占比，自 70 年代石油危机以来，都普遍提高，

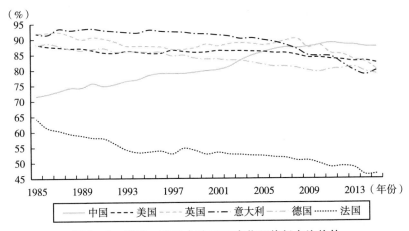

图 1 – 3 1985～2013 年主要国家化石能耗占比趋势

资料来源：联合国能源署（IEA）。

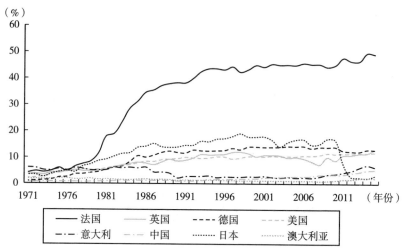

图 1 – 4　1971～2011 年可再生能源（含核能）的结构趋势

资料来源：笔者根据相关资料整理所得。

最快的是法国，法国的核能占比接近总能源使用量的一半。日本由于 2010 年福岛核泄漏事故，下降较为显著。相比而言，尽管我国的可替代能源和核能占比在逐渐提高，但我国的化石燃料却呈现上升趋势，能源结构有待调整。

第二节　财税政策助推能源转型的作用机理

　　能源结构转型具有很大的外部性和公共性，单靠市场经济的运行机制无法有效调节微观主体实现能源结构的转型，必须依靠政府积极参与。全球各国共同行动积极应对气候变化的行动本身就说明了气候变化、能源转型是国际性的全球公共治理和公共产品，无法通过市场机制应对全球气候变化，尽管在诸如碳交易的微观治理层面可以使用市场的调节手段，但是具有重大的公共属性的能源结构转型，需要世界各国政府密切合作，需要各国政府主动行政加以引导，其中重要政策之一就是财税政策。

　　财税政策可以作为经济刺激或实现经济社会目标，也可以用来纠正市场失灵，对于能源安全和能源结构转型这类外部性、公共性很强的公共产品，围绕能源生产和消费，存在着一系列的市场失灵，如果不进行干预，就会导致市场无效，无法实现低碳、环保和绿色发展。与能源相关的财税政策，可以用来解决这些市场失灵问题。

一、能源结构转型的外部性

（一）外部性及其市场失灵

外部性（externality），又称外部效应，是指经济主体（生产者或消费者）在经济活动中对其他经济主体产生了正的或负的影响，但又未对受益者或受害者因其行为获得相应的收益或做出相应的补偿。外部性可分为正外部性和负外部性两类。正外部性也称"外部经济"，是指某个经济主体的活动给其他经济主体或社会带来额外的收益，但是并没有因此获得等额的报酬。负外部性是指某个经济主体的活动给其他经济主体或社会带来额外的损失，但是并没有因此承担相应的成本费用，也称"外部不经济"。

外部性的危害实质是导致效率的损失，从而导致了市场对资源的扭曲使用。按照新古典经济学派的理论，市场机制是一种有效解决资源配置的方法，其价格机制会促使经济主体高效率地配置资源，实现帕累托最优效果。然而，因为外部效应本身的特性会使得社会不能对有利的（或不利的）外部效应收取正的（或负的）价格，因而缺少一个能够正常发挥作用的价格机制。外部效应的存在打破了效用最大化条件下边际效用与市场定价之间固有的规则，形成一种低效率的定价形式，进而促使了追求效益最大化的经济主体低效率地利用资源。总之，只要有外部性，市场均衡就没有效率。因此，为实现社会效率，需对外部性加以矫正。

（二）能源结构转型的外部性

能源结构转型是一种具有明显外部效果的市场经济活动。由于能源资源的稀缺性和环境资源的公共性，决定了能源结构转型的公共性，这使得市场的生产和消费过程中所依赖的价格竞争机制很难有效发挥合理配置自然资源的作用。为减少环境污染、争取自然资源高效持续利用的能源结构转型，也因同样的原因不能充分有效地实施。

由于能源结构转型具有正外部效应，单纯依靠市场会导致供给不足。能源结构转型可以减少环境污染，提高资源的有效利用程度，增加其他人以及后代人使用资源的机会，有利于人类社会的长足发展，是一项增加社会整体福利水平的活动。能源结构转向高效低碳能源消费，这一转型的结果体现在社会效益的外部化和经济利益的代际化，即其私人收益小于社会收益，当代利益小于多代利益，从而私人部门供给不足，结果是社会整体出现福利损失。与此相反，如果沿袭传统的能源消费结构，增大传统能源消费的负外部性，导致能源的低效高碳能源的过度消费，带来了环境污染和破坏。从经济学角度来看，传统能源结构的能源消耗所带来的负外部效应，造成了私人边际成本与社会边际成本的不一致，因此会出现社会福利的损失。

（三）财税政策作用机理

外部性的存在会使能源结构转型中新能源的利用和生产出现市场失灵，市场机制不能达到能源结构优化的社会最优水平。因此，要达到社会最优的资源配置状态，需要政府通过一定的财税政策手段加以约束和激励，促使能源结构转型外部性内部化。经济理论建议对与外部成本相关的活动征税，同时补贴与外部利益相关的活动，以便使社会边际成本和私人边际成本相等。这些税收或补贴旨在提供更有效的资源分配。许多能源生产和消费活动导致负的外部性，其中最公认的包括环境成本、社会效益、代际利益等。

1. 减少矿物燃料能源消极外部性的财税机理

矿物燃料能源的生产和消费可通过有害的环境影响产生消极的外部性。虽然有多种解决这种外部性的政策选择，但经济学家倾向于通过征收排放税来解决这种外部性，因为这种税具有效率优势。[①] 21 世纪头十年

---

① CRS Report R40242, *Carbon Tax and Greenhouse Gas Control：Options and Considerations for Congress*, by Jonathan L. Ramseur and Larry Parker for a discussion of the relative merits and demerits of carbon taxes and cap-and-trade systems.

末，温室气体控制的支持者倾向于限制和贸易政策，一些国家政策讨论的焦点已经转移到征收碳税或征收碳排放费的方法上。[1]

减少化石燃料使用的另一种办法是补贴来自替代能源的能源生产。然而有人担心利用补贴来刺激替代燃料的需求，作为化石燃料的替代品，可能在经济上没有效率。首先，补贴降低了能源的平均成本，随着能源平均成本的下降，能源需求量也会增加，从而抵消了节能举措的效果。[2] 其次，尽管补贴的目的是提高经济效率，但如果补贴是由扭曲性税收提供资金，那么补贴可能是低效的。[3] 因此，更经济有效的选择可能是对不受欢迎的活动征税。

2. 能源安全与进口依赖消极外部性的财税机制

能源安全和进口依赖问题也是需要采取有效干预方式，以处理与进口石油消费有关的消极外部成本，特别是有关国家和经济安全方面。一种选择是补贴来纠正这种扭曲，但补贴有两个问题。首先，对进口石油补贴可能违反贸易协定，这也会导致政策制定者也采取补贴国内石油生产的政策。[4] 第二个问题是石油是在世界市场上定价的商品。我国生产自用石油并不一定能使消费者免受全球油价波动的影响，但对进口石油因为油价波动给予的补贴，会导致一定的市场扭曲。[5]

二、能源结构转型的公共性

（一）公共性及其市场失灵

公共产品的定义是：如果一个人消费该种物品而不会减少其他人对该

---

① CRS Report R42731, *Carbon Tax: Deficit Reduction and Other Considerations*, by Jonathan L. Ramseur, Jane A. Leggett, and Molly F. Sherlock.

② Gilbert E. Metcalf, "Tax Policies for Low – Carbon Technologies," *National Tax Journal*, Vol. 63, No. 3 (September 2009), pp. 519 – 533.

③ Gilbert E. Metcalf, "Federal Tax Policy towards Energy," *Tax Policy and the Economy*, Vol. 21 (2007), pp. 145 – 184.

④ 因为这种政策与环境指标相冲，所以在生产方面的补贴存在着一定的问题。

⑤ Gilbert E. Metcalf, "Using Tax Expenditures to Achieve Energy Policy Goals," *American Economic Review*, Vol. 98, No. 2 (2008), pp. 90 – 94.

物品的消费数量，那么这样的物品就是公共产品，除此之外是私人物品，私人物品与公共物品相对应。私人物品可以被分割，并且其每一部分都能够按市场竞争规则的价格卖给不同的个人，并且对他人不产生外部影响。公共物品具有萨缪尔森称之的"消费的非竞争性"和马斯格雷夫称之的"非排他性消费"两个基本特征。非排他性（no excludability）和非竞争性（no rivalry），是公共产品区分于私人产品的基本标准。一些经济学家将仅满足受益的非排他性或消费的非竞争性中的一个特性的产品称为准公共产品。准公共产品通常是介于纯公共产品与私人产品之间的，它具有公共产品特性但又不是纯粹的公共产品。

在完全竞争经济中，依据边际成本等于边际收益的竞争法则，实现私人产品的供需平衡。但是，公共产品的非排他性和非竞争性特征不符合竞争经济效率的假设，这种具有外部正效应的物品会对消费者产生错误的激励，每一个人都依赖于他人供给公共产品而不愿意由自己提供，便产生了"搭便车"的问题，因而导致私人对公共产品的供给不足。

尽管有些情况下可以引入市场机制配置公共产品，但是政府仍然是公共产品的有效提供者，而且占据重要地位。由于受认识水平、市场条件和"经济理性"等因素的制约，市场主体在公共产品提供方面是有局限的。单纯的市场机制不可能达到"边际成本＝边际收益"的最大化原则。因此，公共产品特征使得政府仍然必须参与提供。

（二）能源结构转型的公共产品属性

能源结构转型，提高高效低碳能源的消费比例很少能为实施主体本身带来直接收益，而且其所产生的外部正效应会间带来较大的社会效益和环境效益。因此，新能源实施主体改变能源消费结构，实施能源转型的好处主要是给其他市场主体带来环境改善、节约能源、保证社会可持续发展的效果。因此，能源结构转型的好处具有"外溢性"，其他市场主体和后代利益未因此而向能源转型实施者支付相关的费用就可以享用节能带来的好处，当然转型者也无法阻止，即使要阻止任何人获得这种来自能源结构转型的收益，要么代价太大，要么就是不可能。从这点来看，能源结构转型收益具有典型的非排他性。同时，从非竞争性的角度来看，能源结构转型的社会收益也具有某些非竞争性特点，具备了某些准公共产品的非竞争性或非排他性特征，是一种准公共产品。

（三）财税政策的作用机理

能源结构转型作为一种准公共产品，依靠市场机制无法促进新能源的有效供给，也无法降低传统低效高污染能源的供给。相对传统能源的消耗，过度的能源消耗不仅会带来自然资源存在的失衡，同时其消耗过程所产生的固体、气体等形式的污染物也给环境造成了损害。因此能源结构转型需要政府进行有效供给。能源结构转型这一具有准公共产品的属性，决定了在增大新能源供给、降低传统能源消费方面，存在市场失灵，政府通过财税政策介入必要且有效。

政府在推动能源结构转型这一项准公共产品时，也需要结合市场机制提高供给的有效性。这一过程中，政府既可以使用激励性措施又可使用惩罚性措施，而且在政策工具选择上，可以同时运用强制性措施或引导性措施。从这一点来看，政府财税政策更符合要求。因为它同时兼具激励性和惩罚性两类措施，最适合与市场机制共同发挥政府提供公共产品的功能。

能源税可以作为公共产品或准公共产品的使用费。[①] 非收费公路和公路基础设施具有非排他性的公益性质。高速公路不太可能由市场提供，因为公共产品和准公共产品容易受到"搭便车"问题的影响。[②] 如果私人市场不能像高速公路一样提供公共产品，那么政府通过提供高速公路进行干预可以提高经济效率。一个普遍做法是对汽油征收的消费税，这通常被视为对公路系统的使用费。为了使税收有效和公平，它将按个人从公共物品（公路系统）中获益的比例收取费用。实际上，燃油税并没有反映用户的

---

① 公共产品具有非竞争性的和非排他性的特征，即，一个人对商品的消费不会降低另一个人消费同一商品的能力，而且一旦提供了某一商品，就不可能阻止消费。准公共产品是指非竞争性或非排他性的物品。

② "搭便车"问题是非排他性的结果。如果所有人都可以自由使用一种商品，那么没有一个人有动机成为该商品的提供者。在没有政府干预的情况下，市场可能无法提供受"搭便车"问题影响的商品。

成本，而是取决于特定车辆的燃油效率。[①] 此外，一些国家常见的做法是将燃油税中征收的一些收入用于补贴公共交通。

第三节　能源结构转型的驱动机制和财税激励机制

一、能源结构转型的驱动因素及其驱动机制

前面分析表明，世界能源结构的转型主要向能源消费的分散化、技术化、清洁化、低碳化方向转型，驱动能源结构转型的因素主要包括技术进步、气候应对、成本约束、产业结构、资源禀赋、地缘安全等，如图1－5所示。

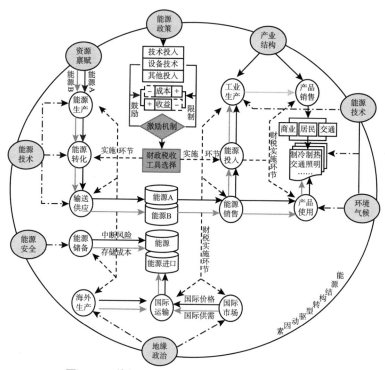

图1－5　能源结构驱动机制与财税激励机制流程

资料来源：笔者根据相关资料整理所得。

---

① 另一个论点是：政府收取汽油消费税应该被视为一种纠正汽车排放的措施，而且更有经济意义。

（一）技术进步

技术是科技创新的源泉，能源的生产、转化、消费、使用跟技术是分不开的。纵观人类能源使用历史，能源来源都和能源技术密不可分。早在农耕社会时期，火的使用技术，决定了木材类能源是人类生产生活的主要能源消费来源。工业革命的技术发展，燃气机、燃油机等技术革命，决定了工业领域的动力供应主要依靠煤炭和石油等能源消费。第三次技术革命技术发展，涌现出核能发电、水能发电、太阳能发电、生物质能发电等一系列新技术的引用与创新，尤其是近几十年来可再生能源技术的应用，能源结构日趋多样性。与此同时，传统能源如化石能源的新开采技术，比如页岩气、页岩油等新技术发展与应用，也带动了天然气的发展。天然气日益成为各个国家清洁能源的重要组成部分。因此，技术进步是驱动能源结构转型的重要驱动因素。

（二）环境与气候应对

气候变化是全球共同面对的问题，也是人类无法回避的可能灾难，人类活动排放过量的温室气体造成温度上升可能诱发地球灾难。为此，和工业化前的温度水平相比，《巴黎协定》确定了全球平均气温高控制在 2 摄氏度之内的目标。为了应对气候变化，各国为尽快扭转温室气体排放的趋势大都在积极行动，降低碳排放规模，转变能源消费结构，限制化石燃料消费，促进可再生能源、新能源、低碳能源的生产和消费。因此，国际能源结构转型的重要驱动机制之一就是全球多数国家的应对气候变化的共同行动。此外，环境保护、绿色发展日益成为国际社会的普遍共识，限制高污染能源，鼓励清洁高效能源也正成为世界能源革命的主潮流。

（三）资源禀赋与能源供给

人类能源都来自自然界，自然资源的分布具有地理性，人类利用自然资源获得能源的最大限制条件就是一定区域能源资源的分布，以及人类认识、利用的能力。当前能源来源的主要构成包括石油、煤炭、天然气、水能、太阳能、风能等资源，一国的能源供给与能源结构很大程度上取决于这些能源资源禀赋差异，以及利用资源能力的差异。一方面，从资源禀赋差异来看，资源丰沛的能源多在一国能源结构中占主体地位。我国能源禀赋的"富煤、缺油、少气"，这一资源禀赋决定了我国能源结构中煤炭长期居于绝对主体位置。加拿大的水资源丰沛，其水电占比相对其他国家的比例较大，俄罗斯和美国的石油资源丰富，他们的能源结构以石油天然气为主。另一方面，从资源利用能力来看，人们利用资源的能力也是影响能源结构的主要原因。在一定的条件限制下，即使资源丰沛也难以被人类转化为能源，近年来风能、太阳能、核能等资源的利用就说明了人们资源利用的能力在积极地影响着能源供给与能源结构的变化。

（四）能源安全与地缘政治

能源安全是一国非传统安全①的组成部分，从经济视角，能源安全是指为满足一国经济增长和社会发展的能源需求，提供持续、经济、稳定的能源供给。能源供给的持续性是能源安全的基础，能源供给的经济性是经济安全的保障，能源供给的稳定性是社会安全的保障。因此，在能源结构转型过程中，一国既要考虑本国能源的生产供应，也要考虑各类自然灾害的发生和能源储备的规模。同时，在本国能源供给不足时，也需要拓展国际能源市场，寻求持续、经济、稳定的国际能源供给。不同能源种类的国际供应、地缘政治因素以及国际环境和国际价格等因素，直接影响国际能源供应的安全，从而决定了一国的能源结构变化。20 世纪 70 年代的石油危机，直接影响了世界的能源格局和各国能源结构的转型，降低石油依存度，减少石油依赖是各国的普遍应对，这也导致了随后 50 年来的各国能源结构的转型。

（五）经济社会和能源需求

从经济发展的视角看，影响能源结构的主要驱动因素是经济增长和产

---

① 非传统安全则包括经济安全、金融安全、能源安全、环境安全、恐怖主义、信息安全等内容。

业结构。经济发展是能源需求的主要动力，经济增长的速度越快，经济规模的体量越大，能源需求越大。随着我国经济体量的越来越大，对能源需求规模也越来越大。相同的经济规模不同的产业结构对能源的需求量也不同，第一产业依赖于自然条件，对水资源需求较大，工业等第二产业既要能源提供动力，也需要煤炭、石油、天然气等资源提供原料，对能源需求量大；服务业等第三产业对能源的需求较少，第三产业中的技术进步、能源服务等行业的快速发展，还有助于降低能耗，提高能效。从社会发展的视角看，能源消费观念、低碳出行的文化、环保的理念、环境质量的重视、发展模式的转变等社会文化因素，都在改变着人们的生产生活中的能源消费。

二、能源结构转型的财税激励机制

（一）能源结构转型中的财税政策工具

能源结构转型中的财税政策，从政策工具的视角，可划分如下两种：税收工具包括特别免税、免税额（率）、扣除额（率）、抵免额（率）、加速折旧、资本费用化、优惠税率等税收优惠，税收政策一直是使用最广泛的激励机制，国际上又将税收优惠称之为政府税收补贴。财政工具包括直接补贴、市场支持、技术示范项目、研发项目投入、采购授权、技术转让、定向采购、政府投资以及政府资助、奖励等。

（二）能源结构转型中财税政策的激励机制

财税政策的激励机制是指财政政策工具通过影响特定对象的成本收益，间接影响其改变能源生产或消费的行为，实现能源结构的转型目标。通常政策工具的激励机制包括如下6种：

（1）税收激励机制，是指政府通过特定税收工具，对符合能源支持条件的特定对象，降低征税收入，减少特定对象的税收支出，变相提高特定对象的收入，达到鼓励某类行为的目的。

（2）补贴奖励机制，是指政府对特定能源、能源消耗产品、企业，在投资、生产、运输、消费、销售等环节，在符合一定条件或标准时，给予政府资金补贴（或奖励）外，达到鼓励支持特定能源的发展。

（3）监管激励机制，是指政府授权和政府资助的对部署特定能源类型的企业的监督或控制，是一种法规上的强制激励，这有助于增强公众对使用新技术或潜在危险技术的设施和设备的信心和接受程度，直接影响某一特定能源的价格，前者如核电站的监管、设计、运营，以确保公众健康和安全，后者如美国为鼓励"新"石油生产事项两级的价格制度，以此鼓励"新"石油的生产。

（4）研发激励机制，是指政府诸如研究、开发和示范项目提供政府资金支持，鼓励企业或组织开展能源政策鼓励的能源项目，推动能源结构向预期目标转型。

（5）投资激励机制，是指政府为鼓励某种特定能源，直接投资特定能源设施的建设、运营，主动参与、引导市场活动，包括我国的各类专项资金，通过政府投资引导行为，鼓励市场对某类能源或技术的投资。

（6）政府购买机制，是指各类政府机构在采购各类能源或产品时，将特定能源消费产品和服务强制性纳入采购范围，促进产品开拓市场，扩大生产规模以迅速降低成本。政府采购制度往往要与政策鼓励的能源领域产品认证制度和能效标识相结合，如其采购产品的范围以"新能源产品政府采购清单"的形式公布等。

第二章

国际能源结构转型的演变与趋势

本章国际能源结构转型主要研究初次能源结构的转型，核心内容是对世界主要国家能源结构转型进行阐述，分别从世界能源消费总量以及世界各类能源消费总量及其各国占比、各国能源结构的现状与转型趋势、各国各类能源结构的国际比较三个方面进行分析研究。本章数据主要是由世界银行数据库、欧盟数据库、经济合作与发展组织（OECD）数据、中国国家统计局以及英国石油公司（BP 公司）世界能源数据（以下简称"BP 数据"）整理所得。

第一节 世界能源结构现状与趋势

一、世界能源消费总量及各国占比

（一）中国成为世界能源消费第一大国

世界能源消费总量（见图 2 - 1）由 1970 年的 49 亿吨标准油增长到 2018 年的 139 亿吨标准油，增长了 2.8 倍。图 2 - 1 显示，中国能源消费总量占世界的比例逐年增加，由 1970 年的 4%，增长到 2018 年的 24%，增长了 6 倍，是世界能源消费增长速度的 3 倍多。与此同时，各主要发达国家的能源消费占比都呈现逐年下降的趋势，欧盟和美国一直占据世界能源消费的第一名和第二名。2010 年，中国分别超过欧盟和美国，成为全球第一能源消费国。

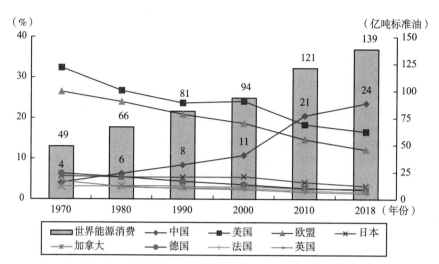

图2-1 1970~2018年世界能源消费总量及各国占比

资料来源：笔者根据相关资料整理所得。

（二）中国经济增速大于能源消费增速

其实，主要发达国家世界能源消费地位的变迁，也折射出经济地位的变迁。图2-2显示，世界GDP（2010年不变价格）总量由1970年的19.49万亿美元，增长到2018年的82.63亿美元，增长了4.2倍，远高于2.8倍的能源消费增速，这也说明世界能效水平的提升。与此同时，除

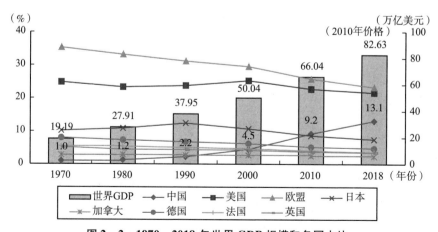

图2-2 1970~2018年世界GDP规模和各国占比

资料来源：笔者根据相关资料整理所得。

了日本在1990年之前呈现小幅增长之外，主要发达国家GDP世界占比呈现持续的逐年下降趋势，美国呈现平稳中微降的趋势。只有中国的GDP自1970年以来，呈现持续稳步快速的增长趋势，中国GDP占世界的比例，由1970年的1%，增长到2018年的13.1%，增长了13倍，是同期中国能源消费增长速度的2倍多。

二、主要国家在各类能源消费中占比趋势

前面分析了世界能源消费总量中各国占比趋势，本部分将分析世界各类能源消费总规模中各国占比及其演变趋势。

（一）世界煤炭水能源消费中中国占比上升，位居世界第一

世界煤炭能源消费中（见图2－3），主要发达国家的煤炭消费占比都呈现下降趋势。加拿大、法国、英国自1970年以来，煤炭能源消费占世界煤炭消费总量的比重均低于5%，并微幅逐年下降，德国也由1970年的10%，下降到5%以下。欧盟由1970年的30%以上，下降到2018年的5%左右。美国在2000年以前保持在20%的水平附近，随后逐年下降到2018年的10%左右。唯独中国，从1970年占世界煤炭消费的10%，上升到2018年的50%，世界煤炭消费中中国占据了半壁江山，但2010年以来，煤炭占比保持了相对稳定态势。

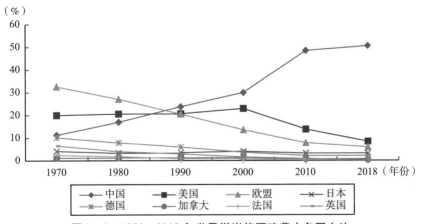

图2－3 1970～2018年世界煤炭能源消费中各国占比

资料来源：笔者根据相关资料整理所得。

世界水能消费中（见图 2-4），主要国家的占比趋势与煤炭类似，日、法、德、英等国占比在低位小幅下降，加拿大呈现稳中微降，中国 2000 年以前小幅上升，2000 年后迅速上升，占据世界水能消费的 30%，稳居第一。

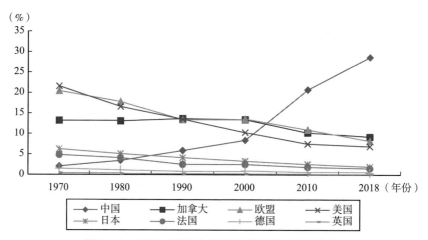

图 2-4　1970～2018 年世界水能消费中各国占比

资料来源：笔者根据相关资料整理所得。

（二）世界石油天然气消费中美国稳居第一，中国快速增长位列第三

在世界天然气消费中（见图 2-5），美国一直稳居第一，世界占比在 1990 年之前快速下降，之后小幅下降。欧盟天然气消费占世界的比例稳中微降。中国呈现出快速增长趋势，与石油类似，2018 年位列世界第三。其他国家均在 5% 的比例以下。

各主要国家的石油消费占世界石油消费的比例趋势（见图 2-6），发达国家都呈现稳定下降趋势。美国和欧盟一直稳居世界石油消费的第一、第二位置，并呈下降趋势，其他国家的石油消费均逐步下降到 5% 以下。中国石油消费呈现稳步增长趋势，2010 年超过日本，2018 年接近欧盟，位居第三。

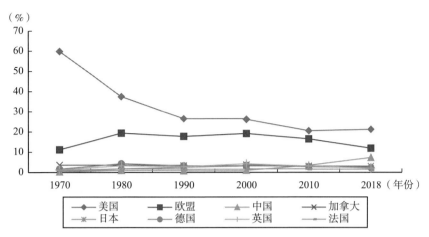

（%）

图 2 - 5　1970～2018 年世界天然气消费中各国占比

资料来源：笔者根据相关资料整理所得。

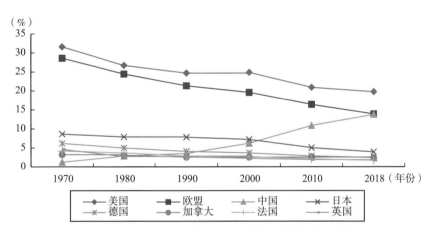

图 2 - 6　1970～2018 年世界石油能源消费中各国占比

资料来源：笔者根据相关资料整理所得。

（三）近 30 年核能占比相对稳定，可再生能源增减明显

自 1990 年以来（见图 2 - 7），各国核能占比相对保持稳定，欧盟长期保持第一，美国在 2018 年刚刚微超欧盟位居第一，法国则一直保持世界核能消费的 15% 的水平线附近，中国自 2000 年以后呈现稳定增长趋势，达到世界核能的 10% 左右，有望在未来 5 年超过法国。

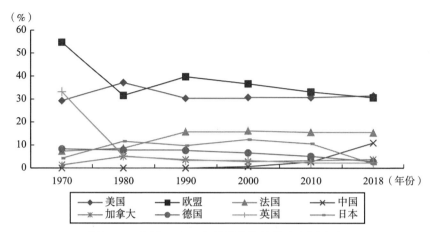

图 2 - 7　1970 ~ 2018 年世界核能消费中各国占比

资料来源：笔者根据相关资料整理所得。

世界可再生能源消费中（见图 2 - 8），各国发展占比增减差异较大。美国的可再生能源消费占比与天然气走势类似，由世界占比的 60% 以上，逐步下降到 20% 左右。欧盟占比波动明显，1990 年之前呈下降趋势，之后增长到 2010 年后，又逐步降低到占世界的 30% 。中国可再生能源的发展势头迅猛，在 2010 年超过德国，2017 年超过美国，2018 年在所有国家中位列世界第一，接近欧盟总体的可再生能源量，达到可再生能源总量的 30% 左右。其他国家的可再生能源消费占比均低于 5% 左右。

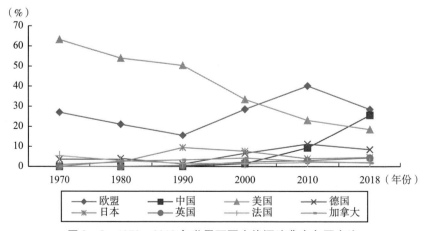

图 2 - 8　1970 ~ 2018 年世界可再生能源消费中各国占比

资料来源：笔者根据相关资料整理所得。

第二节　主要国家能源结构的现状与趋势

一、主要国家能源消费结构现状

（一）石油依然为多数国家第一能源也是世界第一大能源

图2-9显示，中国能源消费总量占世界的24%，高居世界各国榜首，是欧盟的2倍，是俄罗斯及印度的4倍多。美国的能源消费总量占世界的17%，日本、加拿大、德国、法国、英国等主要西方发达国家的能源消费总量世界占比低于5%，其中英国能源消费总量世界占比最低仅为2%（见图2-9）。

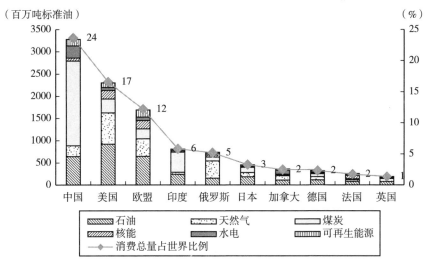

图 2-9　世界核能消费中各国占比

资料来源：笔者根据相关资料整理所得。

从能源消费结构来看（见图2-10），石油依然是世界第一大能源消费，占据能源消费结构的主体地位。图2-10显示，能源结构中能源比例最大的是石油,除中国和法国外,其他国家的第一大能源消费都是石油,包括世界能源消费总量和欧盟能源消费总量中,最大的都是石油,即便以核能为第一大能源消费的法国以及以煤炭为第一大能源消费国的中国,石油依然占据很大地位,法国石油占仅仅低于核能 6 个百分点,中国的石油消费也保持第二大能源消费地位。可见石油消费在各国中都占据很大比例。

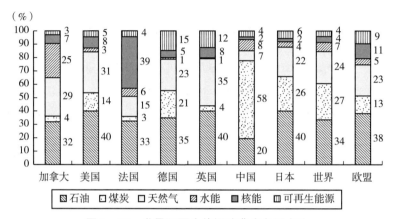

图 2 - 10　世界可再生能源消费中各国占比

资料来源:笔者根据相关资料整理所得。

(二) 欧盟等西方发达国家天然气消费大于煤炭消费

虽然世界能源消费结构中煤炭位居地位,但欧盟国家以及多数发达国家煤炭占比较少,德国煤炭占比虽然较大,但低于天然气,日本因核泄漏事件近年来煤炭增加较大。相比而言,包括中国在内的发展中国家煤炭占比较大。欧盟国家的天然气消费仅次于石油,和石油一起成为发达国家的主导能源。

(三) 部分国家能源结构具有自身的特殊性

一方面,一些国家部分能源消费具有自身的资源优势,比如法国的核能、加拿大的水能、德国和英国的可再生能源等能源显著有别于其他国家,表现出自身的特殊性,包括中国的煤炭。另一方面,多数国家的核能、水电以及可再生能源占比相对较少。

二、主要国家能源消费结构转型

（一）全球能源消费结构总体稳定，欧盟能源结构转型显著

纵览全球能源消费趋势，可发现（见图2-11）在近50年的较长时间跨度，全球能源消费结构总体保持稳定，能源结构并没有发生较大的或根本性的改变。石油、煤炭、天然气一直是世界能源消费的三大来源，虽然略有下降，但三大能源的累积占比一直维持在90%以上，石油呈现出微弱的下降趋势，煤炭相对稳定，天然气微弱提高。一个可喜的变化是，最近10多年来水能和可再生能源相对增长较大，特别是可再生能源达到世界能源消费的4%，超过了核能。

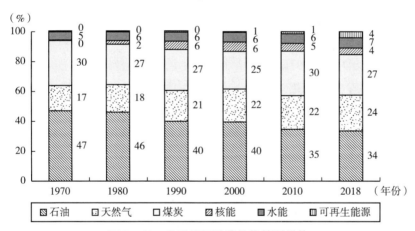

图2-11　世界能源消费结构转型趋势

资料来源：笔者根据相关资料整理所得。

欧盟总体上（见图2-12），能源消费结构转型较为明显，天然气和可再生能源增长迅速。石油占比缓慢下降，但依然是第一大能源；天然气和煤炭呈现此消彼长的关系，煤炭占比由1970年的37%下降到2018年的13%，天然气由7%提高到23%；核能自1990年以来保持稳定；可再生能源在近10年来增长高于世界水平，占比达到9%。

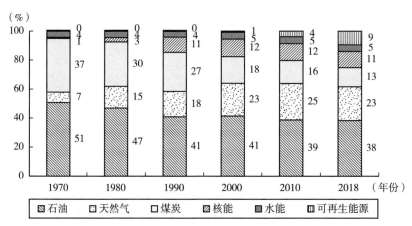

图 2 - 12　欧盟能源消费结构转型趋势

资料来源：笔者根据相关资料整理所得。

（二）主要国家能源结构转型趋势

1. 加拿大和美国的能源结构相对稳定

加拿大的能源结构在 1990 年前后有个微弱的结构转型（见图 2 - 13）。1990 年以后能源结构相对稳定，水能、核能、天然气和石油消费占比都相对稳定，煤炭的占比下降较为明显，近 10 年来的可再生能源增长迅速。美国的能源结构整体保持相对稳定（见图 2 - 14），1990 年之前能源结构

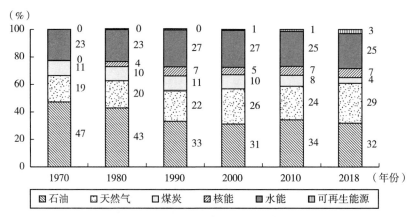

图 2 - 13　1970 ~ 2018 年加拿大能源消费结构转型趋势

资料来源：笔者根据相关资料整理所得。

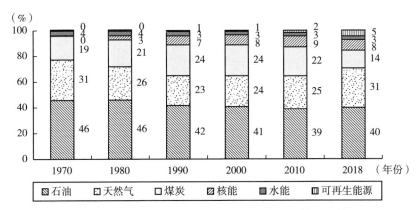

图 2 - 14　1970 ~ 2018 年美国能源消费结构转型趋势

资料来源：笔者根据相关资料整理所得。

变化不大，之后呈现微弱的变化，煤炭资源占比下降，核能比例小幅提高，可再生能源增长迅速，天然气在近十年来增长迅速，石油保持稳定。美国、加拿大能源结构转型缓慢原因之一两国的能源安全压力较少，能源供给相对充裕，转型压力和动力相对较小。

2. 法、德、英、日能源结构转型显著、路径各异

相比美国和加拿大，法国、德国、英国、日本的能源供应压力和能源安全压力较大，能源转型的主动性和积极性较大，各自采取不同的能源结构多元化的转型路径。

法国能源结构转型出现在 1990 年（见图 2 - 15），在此前后能源结构都相对稳定。1990 年之后，核能和煤炭占比呈现跃迁性增减变化。与法国跃迁型转型不同，德国和英国能源结构呈缓慢型特征（见图 2 - 16、图 2 - 17），都是沿着石油消费稳定、煤炭和天然气逐渐此消彼长的方向转型，煤炭逐步减少、天然气逐步增长、可再生能源占比快速增长，水能、核能相对稳定。两国的差异性体现在煤炭和天然气此消彼长的幅度，德国增减的幅度较小，2018 年煤炭和天然气占比都在 20% 以上，但英国天然气替代煤炭的幅度很大，由 1970 年煤炭占比 44%、天然气占比 5%，

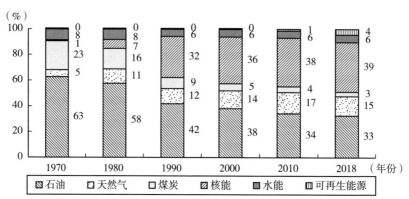

图 2 - 15　1970～2018 年法国能源消费结构转型趋势

资料来源：笔者根据相关资料整理所得。

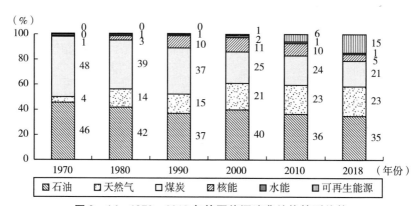

图 2 - 16　1970～2018 年德国能源消费结构转型趋势

资料来源：笔者根据相关资料整理所得。

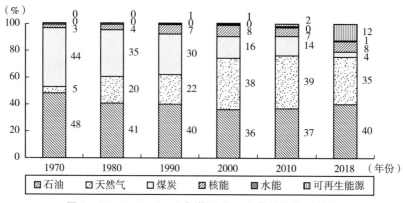

图 2 - 17　1970～2018 年英国能源消费结构转型趋势

资料来源：笔者根据相关资料整理所得。

转型为2018年煤炭占4%、天然气占比35%。日本能源结构转型也相对
显著（见图2-18），2010年以前能源结构沿着天然气和核能逐渐替代石
油、煤炭保持稳定、辅助水能和可再生能源的多元化路径转型，但福岛核
事件后，煤炭替代了供给中断的核能，煤炭占比上升。

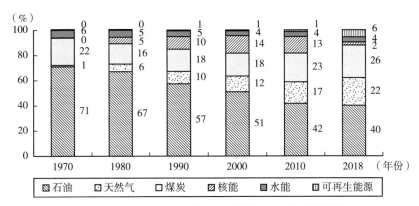

图2-18 1970~2018年日本能源消费结构转型趋势

资料来源：笔者根据相关资料整理所得。

由此可见，法国、德国、英国结构转型较为显著，路径各异，法国以
核能替代煤炭，德国和法国以天然气替代煤炭，并鼓励可再生能源，但整
体的转型是一个脱碳进程。与此相反，日本出于国内能源资源匮乏、进口
能源运输成本、能源供给的经济性等因素考虑，并没有向脱碳转型，而是
因为石油的地缘风险，选择天然气替代石油的路径转型。

3. 中国能源消费沿着脱碳路径结构多元化方向缓慢转型

中国的能源结构客观地反映了中国的能源资源禀赋特征，煤炭占比长
期居于绝对主导地位，石油消费结构保持相对稳定，水电、天然气和可再
生能源缓慢提升，脱碳进程缓慢，能源结构转型整体缓慢且具有阶段性特
征。2010年以前，中国能源结构相对稳定，之后能源结构的多元化、脱
碳化进程加快，煤炭占比下降了12个百分点，脱碳化源于同期的天然气、
可再生能源和水能增长较快（见图2-19）。

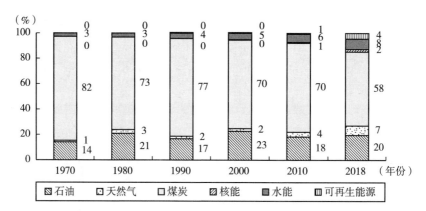

图2-19　1970～2018年中国能源消费结构转型趋势

资料来源：笔者根据相关资料整理所得。

第三节　主要国家能源结构的国际比较

前面分析了各国能源结构的转型趋势和特征，本节从另一维度：各国能源结构中各能源占比，分能源领域进行国际比较，刻画各国能源的相对优势及其变化趋势。

（一）主要国家能源结构中相对优势能源长期保持稳定

各国能源结构演变趋势分析表明，一个能源结构的转型受限于该国的能源资源禀赋、能源安全、国际能源供给的经济性、地缘政治、能源技术路线、能源政策、气候环境压力等因素，这些因素综合决定了一国相对的相对优势能源，其中发挥核心最作用的能源资源禀赋短期很难发生较大改变，所以，一国能源结构的相对优势能源也具有长期的相对稳定性。

中国煤炭消费占比（见图2-20）、日本的石油消费占比（见图2-21）、英国的天然气消费（见图2-22）、加拿大的水能（见图2-23）、法国的核能消费占比（见图2-24）、德国的可再生能源消费占比（见图2-25）等一直居于各国首位，并长期保持位次稳定。另外，法国的煤炭消费占比、中国的石油消费占比、中国的天然气消费占比、英国的水能消费占比、中国的核能消费占比（尽管中国核能技术水平较高）、加拿大的可再生能源消费等一直居于各位尾部，并长期保持低位水平。可见，一国能源结构中资源的相对优势或劣势长期具有稳定性。图 2 – 20 显示，主要国家的煤炭消费占比曲线都呈现下降趋势，英国、法国下降最为显著，英国能源消费结构中煤炭消费占比由世界排名第三，下降到 2018 年的倒数第二的位次，法国下降也显著。中国呈现波浪下降趋势。虽然主要发达国家煤炭消费占比下降，但世界其他国家的煤炭消费占比依然较高。图 2 – 21 显示，多数国家的石油消费占比在 1990 年之前呈现下降趋势，但 1990 年之后，曲线呈水平状态，各国能源消费中石油消费占比保持相对稳定。中国在整个时间期间保持波动水平状态，石油消费占比保持稳定；日本对石油的依赖呈现逐年下降趋势。

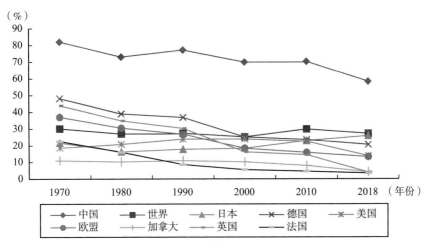

图 2 – 20　1970 ~ 2018 年各国煤炭消费占比的国际比较

资料来源：笔者根据相关资料整理所得。

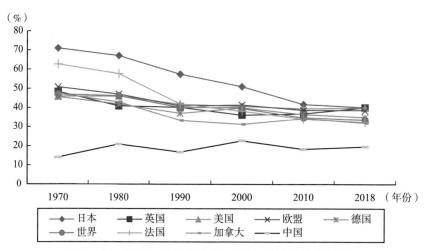

图 2 – 21　1970 ~ 2018 年各国石油消费占比的国际比较

资料来源：笔者根据相关资料整理所得。

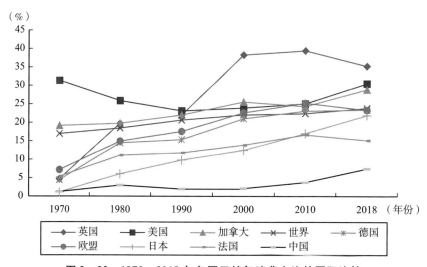

图 2 – 22　1970 ~ 2018 年各国天然气消费占比的国际比较

资料来源：笔者根据相关资料整理所得。

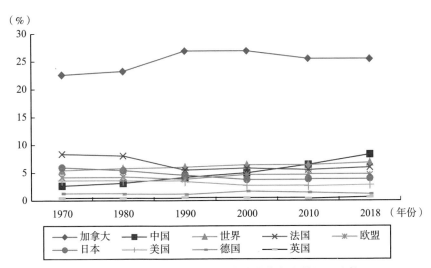

图2-23　1970～2018年各国水能消费占比的国际比较

资料来源：笔者根据相关资料整理所得。

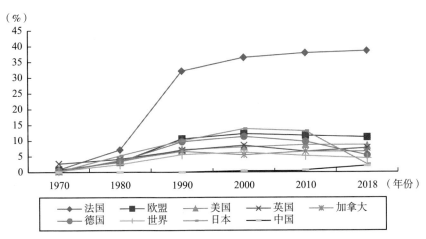

图2-24　1970～2018年各国核能消费占比的国际比较

资料来源：笔者根据相关资料整理所得。

（二）水能和核能消费占比各国普遍呈现稳定趋势

水能受资源禀赋因素限制最为严格，图2-23清晰地揭示了水能这一特性，图中显示各国的水能消费占比长期保持稳定，各国曲线均呈现水平态势，加拿大水能长期维持第一名位置。中国能源结构中水能占比持续增

长，2018年超过很多国家，排在仅次加拿大，位列第二，但比例较低仅有
8%。核能在1990年之后保持相对稳定，在1990年之前，一些国家的核
能增长较快。法国和美国的核能消费占比一直居于各位前列。

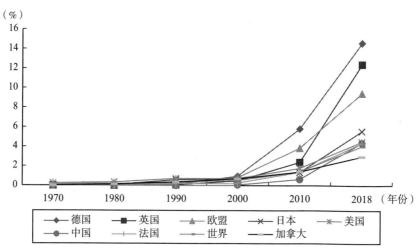

图2-25 1970~2018年各国可再生能源消费占比的国际比较

资料来源：笔者根据相关资料整理所得。

（三）天然气和可再生能源消费占比普遍呈现上升趋势

可再生能源在2000年后呈现快速发展趋势（见图2-25），各国可再
生能源消费占比都呈现快速增长态势。能源消费中可再生能源占比较大的
国家中德国一直处于领先地位，英国近十年来增长迅速，中国虽然可再生
能源总量世界占比第一（见图2-8），但在中国的能源消费结构中的比例
并不高。各国能源消费中天然气消费都呈现扩大趋势，中国虽然增长较
快，消费总量仅次于美国排在第二（见图2-5），但消费占比较低，几乎
排在世界尾部。

第三章
国际能源结构转型比较与财税政策选择

第一节　国际能源结构转型国际比较

根据前面国际主要发达国家能源结构转型的横向比较和纵向比较，以及对主要发达国家的能源结构转型的全面、具体的分析，本书发现国际能源结构转型的历史演变存在以下三个特性和三个趋势。

（一）能源资源禀赋的差异性

各国能源结构转型具有低碳化、多元化、技术化的共性，但具体到能源的种类和结构特征，各国能源资源禀赋的差异性较为显著。通常，一国能源结构的转型受限于该国的能源资源禀赋差异以及相应的技术资源优势差异，不同的能源资源禀赋和技术路线促进不同能源结构的转型。一方面，从各国优势能源的构成来看，优势能源来源差异明显，比如，法国的核能占比较高，相对优势明显；中国煤炭资源丰富，煤炭占比长期居高；加拿大水资源丰富，是世界各国水能占比最高的国家，水能占比长期居于世界各国首位。另一方面，各国资源禀赋的自然分布存在较大差异性，除了石油储量分布的差异性众所皆知之外，水能分布也体现了资源禀赋的差异。水能最能作为清洁能源，很少受对应气候政策的影响，但从世界各国水能在能源结构中的比例来看，近50年来世界各国水能占比都保持各自稳定的水平位置，加拿大持续保持在25%的水平线的上下2个百分点之间，中国也保持在 5% 水平线上下的 2~3 个百分点，其他国家都维持在上下不到 1 个百分的波动中。水资源的禀赋的地理差异和水源的稳定性，决定了世界各国水能的比例稳定。由此可见，资源禀赋的差异性很大程度上决定了一国的能源结构及其转型趋势。

（二）可再生能源发展的迅猛性

以太阳能、风能地热能、生物质能等构成的可再生能源在近 20 年来由，尤其是近 10 年来，呈现出迅猛发展的态势。2000 年以前可再生能世界各国在能源结构中几乎忽略不计，在 2000~2010 年各国都开始重视可再生能源，从 2010 年到现在，世界主要发达国家的可再生能源在能源结构中的占比增长呈现倍速态势，德国达到 15%，英国为 12%，而中国能源消费结构中可再生能源的比例仅有 4%，美国可再生能源总量占世界可再生能源总量的 18%。但中国可再生能源总量增长迅速，2018 年可再生能源总量已逐渐超过美国，其规模已超过世界可再生能源总量的 1/4，在所有国家中位居第一。可再生能源的迅速发展是世界各国积极应对气候变化寻求能源多元化所采取积极政策行动的结果。

（三）能源结构调整的缓慢性

通过世界各主要发达国家近 50 年能源结构的分析比较发现，除了部分能源种类因技术变革驱动结构转型跃迁以及因重大能源供给冲击导致结构短期跃迁之外，能源结构在漫长的时间长河中基本保持我们相对稳定的结构，5~10 年内能源结构相对稳定，能源结构调整呈现出缓慢变化趋势。以 10 年一个周期作为考察时间窗口可以发现，一方面，从能源种类来看，传统能源石油的占比整体上多数国家的能源消费占比保持相对稳定，结构调整较为缓慢；另一方面，世界总体的能源消费结构来看，变化微弱，而且个别国家的能源结构整体上也相对稳定，短期结构调整很少发生较大可能。

这种缓慢性也是能源运行机制特性的体现。能源消费结构调整背后涉及能源从生产、运输、设备、消耗等一系列的能源基础设施的改变，涉及能源消费模式的选择，由一种能源变换到另一能源的转换成本和对应的基础设施更替和人们能源偏好的调整都是一个缓慢的过程。从英国的实践来看，英国的电力主要用于（超过75%）竞争较小的应用领域，如电器、信息和通信、照明和静态电机，供暖以天然气为主（约占80%），运输或多或少由石油燃料垄断（超过90%），这种能源结构和能源属性所适应的部门是长期选择的结果，改变这种结构还包括能源服务的改变。因此，能源结构的微观运行机制也决定了能源结构变化的缓慢性。

（四）能源结构转型的低碳化

国际比较发现，近50年来煤炭等化石能源消费占比持续下降，能源结构转型呈现低碳化趋势。从煤炭的结构占比来看，欧盟和美国降低到15%以下，法国、英国、加拿大能源消费结构中煤炭占比都在5%以内，美国和德国在15%以内，煤炭作为主要能源来源的主要是我国。近50年来，我国煤炭在能源消费中的占比由1970年的82%，下降到60%以下，下降了近20个百分点，但煤炭仍然是我国能源的主要来源，而且占了世界煤炭消费总量的51%。相对世界煤炭消费总量的下降以及同期所有国家的煤炭消费占世界总消费的比例都在下降（除了日本保持平衡之外）趋势而言，我国煤炭消费占世界总消费的比例反而由1970年的10%，逐步增加到2018年的51%。世界能源消费结构转型的一个显著的特征是煤炭消费比例的显著递减性，呈现低碳化趋势，包括我国煤炭消费的递减性。

（五）能源结构构成的多元化

世界各主要发达国家能源结构转型的逻辑都是沿袭提高能源安全和实现能源目标的路线演变，能源结构呈现多元化和多样性的趋势。世界各国的能源结构都从能源消费相对集中在一两种能源种类，逐渐向能源消费类型多样，能源来源渠道多元方向转变。在能源消费结构中很少有单一能源占比超过40%的，除了中国的煤炭消费和美国的石油消费。世界各国普遍将能源多元化作为自己的能源战略目标。

（六）能源结构跃迁的技术化

技术进步是推动能源结构转型的重要驱动因素，在能源结构转型的缓慢进程中，技术进步具有推动能源结构呈现跳跃性的转型。根据国际主要发达国家能源结构转型的实践，多数能源结构跃迁源自两个方面：技术推动和外部冲击。前者是主要技术的选择和政策长期支持积累的结果，后者则是面临外部风险时被动采取的风险对冲的结果，如日本福岛核事故造成的核能中断冲击，导致日本煤炭消费替代的短期快速上升。技术推动能源结构跃迁的突出表现为某种能源占比在 10 年的窗口期呈现显著的跳跃变化，比如，法国的核能消费占比在 1990～2010 年呈现显著的跳跃性，随后保持相对温和的趋势；再比如，可再生能源技术，尤其是光伏技术和风电技术的创新，推动了可再生能源的发展和结构占比的提升。因此，能源结构跃迁主要推动力量是技术创新，技术创新某种程度上又是能源政策和财税政策支持的缘由和结果。

第二节　国际能源结构转型中的政策启示

一、财税政策是能源安全和政策体系的重要环节

能源领域的财税政策是一个国家能源政策的主要构成本部分，也是能源运行机制的重要节点，更是保障能源安全的重要工具。能源政策服务于国家能源安全和经济发展，同时，能源政策反过来也受限于一国能源结构的驱动因素、构成比例以及驱动因素在该国的作用和相对优势。这些政策体系、驱动因素以及市场主体和监管结构相互作用的运行机制，决定了能源财政政策实施的关键点和作用。

一国的能源安全和政策导向以及相应的资源禀赋决定了能源领域的财政政策。根据前面分析可见，在主要能源消费国家的能源结构中，近年来煤炭在能源结构中占比持平的国家只有一个：日本。核心原因是日本福岛核事件后，能源总量中核能供应中断，急需其他能源替补，煤炭是一个性价比和各方面条件都可行的替代能源。这从另一个侧面表明，能源结构是实现能源安全保障的结果。日本是个能源短缺的国家，其能源战略目标就

是构建一个多元化并且灵活稳定的能源供需结构。为此，日本能源结构选择并不排斥所有能源的构成，日本政府对煤炭的政策也持拥抱态度，日本煤炭政策导向："煤炭存在的问题是会排放大量的温室气体，但其地缘政治风险低，在化石燃料中每单位产出热能价格最低，被日本政府评估为重要的基本电力供应来源。"因此，日本财税政策支持日本将通过对煤炭利用的技术创新，提高燃煤效率并降低环境负荷，促进老化火电站的更换和引进先进技术建设新设施或者扩建现有设施，促进新技术的开发，减少温室气体的排放，提高发电效率。

由此可见，能源结构转型的核心是能源政策目标驱动下的能源体制机制运转，财税政策的工具实施和目标是辅助并推动市场机制发挥作用，促进能源机制有效运转和目标达成。财政政策是一国能源政策的体现和构成，促进能源机制有效运转的另一个很好的例证是法国。法国在经历20世纪70年代的石油危机后，实施了降低能源依存度、优化能源结构、保证能源安全的能源战略，确立了进口的多样性、能源结构的多元化，重点发展民用核能的能源政策，这一能源政策恰恰是由当时法国的能源技术和其他要素禀赋优势等驱动因素决定的。为此，法国支持核能的能源政策和财税政策一直持续了30年（1970～2000年），恰恰是这30年的持续稳定的财政支持，形成了当前核能在能源结构中的中流砥柱的重要地位。

二、能源结构和财税政策是互动制约相伴前行的

一国能源结构即是财税政策制定的基础和限定条件，也是一国财政政策调控的目标和期望，能源结构和财税政策相互制约，相辅相成。

法国的历史实践表明，由于财政30多年持续稳定地支持核电发展，形成了法国独特的能源结构，也恰恰是由于法国当前的能源结构特征决定了当前能源政策的选择以及在全球气候变化中的政策路线和应对态度，使其对气候变化的全球政策表现尤为积极和拥护。像法国这种能源结构的低碳结构决定了现在和未来财税政策的选择的案例，充分验证了能源结构决定财政政策的导向。当前，法国成为首个采用碳税的国家，能源税收体系发生转折性改变，对汽油、柴油以及所有化石能源的产品征收碳排放税。

尤其是 2017 年环保理念坚定的马克龙当政后，积极履行《巴黎气候协定》并控制二氧化碳排放量，上调碳税税率约为 30.5 欧元/吨二氧化碳，高居世界前列，2018 年再次上调至 44.6 欧元/吨二氧化碳，2022 年计划上调到 86.2 欧元/吨二氧化碳。

与法国能源政策和能源运转机制相反的美国，能源财政政策对化石燃料的生产提供了一系列的税收优惠而且特朗普政府退出了《巴黎气候协定》。美国目前化石燃料生产的税收优惠大致可以分为：第一，加强资本成本回收；第二，补贴开采高成本化石燃料；第三，鼓励投资非石油、清洁化石能源。这些政策既有旨在支持煤炭的激励措施，也更倾向于支持石油和天然气行业，具体的财税政策工具包括在资本成本补贴、资本投入的费用化、勘探和开发有关的无形钻井支出的费用化、减少资本摊销期限、煤炭生产税收减免（先进煤炭技术享受 15% ~ 20% 的税收抵免）、加速折旧（对燃煤发电厂污染控制设备享受 5 年摊销期，这一加速资产折旧在 2015 ~ 2019 年税收优惠预计在 17 亿美元左右）。

由此可见，美国和法国虽然实行了不同的能源政策和财税政策，而且财税政策导向和政策工具具有很大的差异性，但两国都同样证明了这样一个道理，能源结构和财政政策是相互影响、相互协调的，一国的能源结构和能源运行机制决定了该国的财政税收政策，同时，财税政策将影响能源结构的转型，两者相辅相成。

三、财税政策支持低碳和可再生能源具有国际共识

国际能源结构转型中一个普遍的共同特征是可再生能源在近 20 年来的迅速发展以及相伴的能源低碳化趋势。提高可再生能源的比例、降低化石能源比例、优化低碳能源结构、提高能源种类的多元性成为各国普遍的共识。在此能源目标和能源政策导向下，世界主要发达国家都实行了鼓励可再生能源和能源脱碳化的财税政策。

即使是能源资源丰沛并已退出全球气候协定的美国，也实行了从投资、生产、消费、居民用能等环节的全面财税政策，比如，其可再生能源发电投资的税收抵免（风力发电、闭环生物质发电和地热能发电的税收优

惠为 2.3 美分/千瓦时,地热、微型涡轮机或热电联产方式进行能源生产的投资可以享受 10% 的税收抵免)、居民税收优惠(购买太阳能电力物业、太阳能热水物业、地热热泵物业或小型风能物业的居民可享受 30% 的税费减免)、加速折旧(第二代生物燃料工厂物业允许在第一年加计扣除 50% 的折旧,这项税收 2015～2019 年预计为 13 亿美元)、先进能源制造税收抵免(对先进能源产业的合格投资给予 30% 的税收抵免)等。

日本早在 1994 年就推出住宅用太阳能发电补贴政策(对每户安装太阳能发电设备的家庭 90 万日元/千瓦的补贴),并且一直延续至今。2012 年推出可再生能源进行上网电价补贴政策(风力发电的上网电价补贴为 23.76 日元/千瓦)和绿色投资税收优惠政策(除普通折旧外的 30% 特别折旧等)。

德国早在 2000 年就颁布了《可再生能源法》,可再生能源的工业用户可享受高达石油 33% 的、天然气 62% 的和液化石油气 55% 的减税或免税,发电企业必须以固定的价格购买可再生能源发电,超出这个价格的额外成本由终端客户承担,2011 年,普通电力终端用户的可再生能源法税为 35.3 欧元/兆瓦小时。

法国也推行了较为全面的可再生能源财税政策,包括研发税收抵免和政府补贴(税收抵免将等于符合条件的不超过 1 亿欧元研究费用的 30%,以及符合条件的超过 1 亿欧元研发费用的 5%)、实施特殊折旧(生产可再生能源的设备采用加速折旧的余额递减法计算折旧)、上网电价补贴(风力发电补贴为 0.082 欧元/千瓦时,海上风力发电补贴为 0.13 欧元/千瓦时,普通建筑内太阳能补贴为 0.266 欧元/千瓦时地面光伏电价补贴为 0.066 欧元/千瓦时,水电价格补贴为 0.061 欧元/千瓦时,小型发电厂的奖金为 0.005 欧元/千瓦时至 0.025 欧元/千瓦时,地热能 0.20 欧元/千瓦时,生物质能电价补贴是 0.043 欧元/千瓦时)。

英国不仅实施了较为全面的可再生能源政策以及生物质能的财税政策,而且通过电力脱碳政策鼓励可再生能源,电力脱碳,在 2013 年把碳底价定为每吨二氧化碳排放量大约需要交纳 15.70 英镑,计划到 2020 年升至每吨二氧化碳排放量需要交纳 30 英镑,而到 2030 年则会升至每吨二氧化碳排放量需要交纳 70 英镑，以此鼓励替代性低碳技术之间的竞争。

由此可见，正是由于这些国家实施了各自鼓励能源脱碳，刺激可再生能源投入的财税政策，促进了可再生能源在国际能源结构中的份额的快速增加和能源结构的低碳化。

四、综合运用财税政策工具和激励机制

能源结构转型中财税政策比较明显的现象是，各国普遍通过法规、财政激励、税收优惠等措施来解决所面临的能源安全、能源进口依赖、气候变化以及环境等问题。各国都综合采取多种财政工具和税收工具，根据各自能源禀赋差异、技术条件、经济发展和能源安全等因素，部分或全面发挥税收激励、补贴奖励、监管激励、投资激励、购买服务和研发激励等财税政策对能源结构转型进行激励机制，实现能源结构转型。财政投入的资金规模和来源也是多样的，其中令人惊讶的是预算程序严厉的美国在能源结构转型中的财政政策资金投入，竟然有近 65% 的资金是预算外的资金[①]，这些资金既不来自总统提议，也不来自国会直接拨款，它们是来自税收、监管行为和其他预算外的资金。这足以说明，能源安全和能源结构转型中财政工具举足轻重的地位。下面将以美国为例，研究在过去 60 年中[②]，美国联邦财政资金持续通过各类不同的财政税收工具，利用不同的激励机制，投向不同的能源领域，这一财税机制综合运用的典范。

（一）政府资金主要通过税收、研发、监管机制，偏好石油和可再生能源

从图 3 - 1 可知，政府资金投入规模最大的是石油，其次是可再生能源，随后是天然气和核电，尽管美国的核电规模非常小，就投入产出而言，15% 的可再生能源的投入占比远大于 5% 的可再生能源产出的占比

---

① Roger H. Bezdek, A half century of US federal government energy incentives: value, distribution, and policy implications, Int. J. Global Energy Issues, Vol. 27, No. 1, 2007.

② Two Thirds of a Century and $1 Trillion + U. S. Energy Incentives Analysis of Federal Expenditures for Energy Development, 1950 - 2016 The Nuclear Energy Institute. Washington, D. C.

（见前面美国能源结构），财政资金流向最少的是地热资源。从财税激励机制来看（见图3-2），政府资金更多的是通过税收机制，其次是研发机制和监管机制，政府购买机制的激励规模最小，补贴和奖励也相对较少。

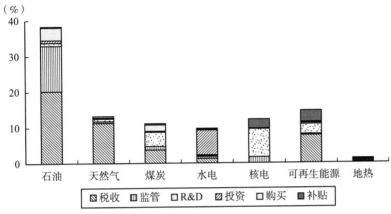

图3-1　政府资金投向的能源领域

资料来源：笔者根据相关资料整理所得。

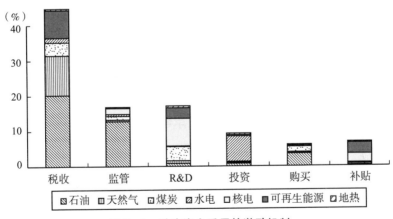

图3-2　政府资金采用的激励机制

资料来源：笔者根据相关资料整理所得。

（二）每种激励机制的能源偏好和每种能源的激励机制偏好差异明显

虽然财税激励机制有六种，但每种激励机制适用的能源种类存在较为明显的差异（见图 3-3），税收激励机制多用于石油、天然气、可再生能源领域；监管激励机制主要用于石油，近 80% 的监管激励支出都投向了石油领域；研发支出近一半的规模流向了核电，其次是煤炭和可再生资源；80% 的政府投资用于水电项目支出；政府购买近一半的支出用于石油，近 1/3 的支出用于煤炭，两者花费了近九成的政府购买；补贴机制很少使用，总规模也很少，投向主要是可再生能源和水电。可见，每种财税激励机制的投向具有很大的差异。

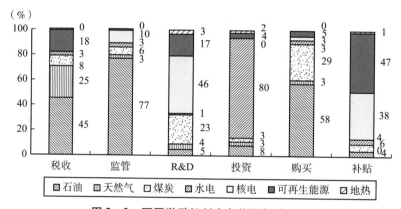

图 3-3　不同激励机制中各能源领域占比

资料来源：笔者根据相关资料整理所得。

从每种能源的政府资金来源看（见图 3-4），石油更多政府资金来自税收和监管机制，天然气主要来自税收激励，比例接近九成，煤炭能源更多的财政资金来自研发、税收和政府购买；水电的财税激励中有 3/4 的比例来自政府投资；核电近六成依靠政府的研发支持，可再生能源主要通过税收激励、财政补贴和研发支持。每种能源的政府激励机制存在明显的偏好。

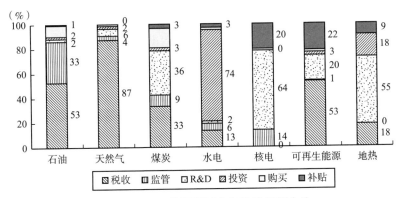

图 3-4　不同能源领域中各激励机制占比

资料来源：笔者根据相关资料整理所得。

（三）不同时期政府资金投向不同的能源领域

不同时期的能源政策目标和结构优化方向不同，决定了财税激励机制的选择和财税政策工具实施的差异。

从激励机制选择来看，10 多年来，政府资金更多采用补贴机制支持能源结构转型。图 3-5 所示是 1950～2006 年的激励机制选择和 2007～2016 年 10 多年来的激励机制选择，通过比较可见，10 多年来，税收激励、

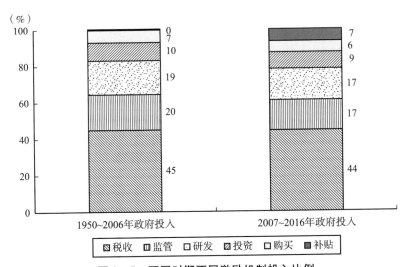

图 3-5　不同时期不同激励机制投入比例

资料来源：笔者根据相关资料整理所得。

监管激励、研发支出、投资支出、政府购买都呈现下降趋势，补贴日益成为美国促进能源机构转型的中增长速度最快的刺激手段。

从资金投向角度来看，10 多年来，政府资金优先投向可再生能源领域，加速能源结构脱碳化多元化转型。图 3-6 所示是 1950~2006 年政府资金投向能源领域的比例和 2007~2016 年近 10 年来政府投入的能源领域的比例，通过比较可见，10 多年来，石油、煤炭、水电、核能等能源的政府投入比重都呈现下降趋势，下降速度最快的是核电，下降规模最大的是石油，下降了近 20 个百分点。可再生能源领域的政府支持速度和规模都达到了前所未有的规模，可再生能源投入是近 10 年来的主要流向，占总投入的近 40%，居首位。

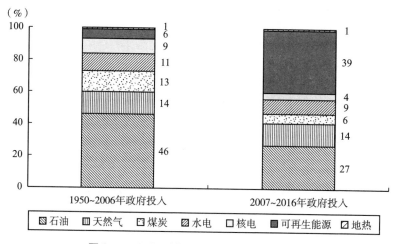

图 3-6　不同时期不同能源领域投入比例

资料来源：笔者根据相关资料整理所得。

五、能源技术是财税政策持续关注的重点

能源结构转型中能源技术是推动能源结构发生改变的重要推动力量，也是各国能源政策和财税政策永恒的关注要点。法国自 20 世纪 70 年的石油危机后，一直加强和重视核能技术的发展。美国也实施全面针对各能源领域的能源技术鼓励政策，近 10 年来（2007~2016 年）研发投入占政府能源领域总投入的 17%（见图 3-7），在各项政府财税激励支出中位列第

二。在政府的研发投入中（见图3-8），资金主要投向核电、可再生能源以及煤炭，煤炭投入占比较高超出预料。

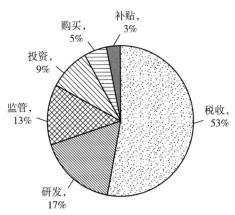

图3-7 政府投入中研发投入占比

资料来源：笔者根据相关资料整理所得。

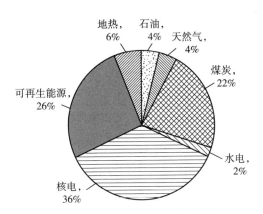

图3-8 研发投入中不同能源领域构成

资料来源：笔者根据相关资料整理所得。

除了财政投入支持外，激励机制中最大的是税收激励，美国实施了全领域能源技术的税收优惠措施，具体包括，对替代技术汽车的主要税收激励措施是为插电式电动汽车提供高达7500美元的税收抵免；对替代燃料（液化石油气、P系列燃料、液化天然气压缩、液化氢、或压缩或液化天然气或生物质中提取的液体燃料）每加仑可享受 50 美分的税收抵免；对先进煤炭技术享受 15% 的税收抵免等；太阳能和地热享有 10% 的永久投资税收抵免，太阳能发电 30% 的税收抵免将持续到 2019 年。

综合以上分析，世界主要国家都非常重视能源结构转型和财税政策的综合运用，我国在未来的能源结构转型中，既要深入分析我国能源结构驱动因素所面临的新变化，也要慎重选择适当的政策工具；既要研究我国能源结构转型的方向和重点，也要充分考虑不同财税激励机制的激励效果与不同能源的特性；既要平衡财税支出规模，也要避免政策传导机制的逆向选择，以此实现能源结构的优化和能源供给与安全的保障。

六、能源结构转型的根本是保障能源安全

各国能源结构转型中的一个根本目标和根本原因在于维护本国的能源安全，为本国能源需求，提供"持续""经济""绿色""稳定"的能源供给。一国能源政策包括财税政策都是服务于能源的"持续""经济""绿色""稳定"供给。在能源结构转型过程与能源需求的约束下，根据环境等要求，能源政策和财税政策都立足本国能源结构现状和资源禀赋，综合国际能源市场供给、地缘政治、运输成本、国际环境和国际价格等因素，制定促进能源结构优化的财税政策。不排斥煤炭能源消费的日本、大力发展核能的法国、维持天然气高消费的英国、重视可再生能源的德国、保持现有能源结构的美国等国家其能源结构转型以及财税政策实施，都是源于本国能源需求和能源供给约束因素的考量，因此，世界没有能源转型的通用路径。综合能源结构转型的驱动因素，制定适合本国转型的方向和财税政策，才是科学正确的选择，这也是国际能源结构转型中的普遍做法和经验。

第二篇

国际经验

第四章
美国能源结构转型与能源安全的财税政策

第一节　引　言

美国作为世界第一位的经济体和能源消费大国，其近 100 年来的发展，离不开本国和世界充足、廉价的能源供应。同时，作为"新型"能源方面的开拓者，美国最早商业化开发了石油、天然气和核能，虽有其他国家后发跟上导致其出现能源产量占比下降的趋势，但至今仍无人能撼动美国能源第一大国的地位。[①]

美国的能源结构转型主要呈现如下特征。各能源中，石油、煤炭、天然气在美国能源结构中占据重要地位。能源消费对外依存度逐步降低，美国各能源的进口有明显下降趋势，能源结构也由对外依存转向自给自足且有能力出口到其他国家和地区，能源安全大大提高。美国的能源进口来源国经过调整后，呈现出相对集中的特征，各能源进口来源国已基本回归至近距离的美洲和西半球地区，对海湾地区和石油输出国组织（OPEC）的依赖大大降低。新能源在能源消费结构中稳步上升，由于美国近年来致力于新能源产业与可再生技术的创新，太阳能、风能、生物质能、地质能等可再生能源发展很快。

同时美国也立足现状，采取了一系列税收政策、财政政策和能源激励

---

① 吴剑奴：《美国能源结构演进》，载《生产力研究》2012 年第 7 期，第 178～180 页。

政策对能源结构转型提供政策支持，成效显著。

第二节　美国能源结构转型的趋势与特征

一、美国能源生产消费的现状分析

在生产端，美国的一次能源生产以煤、原油和天然气为主，可再生能源为辅。形成了相对均衡合理的"三足鼎立、多种能源共同发展"的局面。化石燃料生产占全部一次能源总产量的78.93%，可再生能源占比接近10%。在进出口方面，能源进出口规模不大，多进口原油而大量出口石油制品，各能源自足之外仍有能力出口到其他国家和地区。在消费端，能源消费中化石能源消费近八成，以石油和天然气为主，电力部门和工业部门是能源消耗最大的产业部门，汽车燃油比例逐年下降，但依旧维持在92%左右较高水平，新能源汽车比例很小。

（一）美国能源生产端现状

1. 煤、原油、天然气三足鼎立，可再生能源方兴未艾

现阶段美国的一次能源生产以煤、原油和天然气为主，形成了相对均衡合理的"三足鼎立"局面，2018年美国也成了世界上最大的原油和天然气生产国。2018年煤炭生产15.33千兆BTU[①]，石油生产22.83千兆BTU，天然气生产37.38千兆BTU，三者合计生产75.54千兆BTU，占全部一次能源总产量95.70千兆BTU的78.93%。且近五年化石燃料在能源生产端占比一直稳定在75%以上，2015年更是占比高达79.55%。此外，由于美国近年来致力于新能源产业与可再生技术的创新，太阳能、风能、生物质能、地质能等可再生能源发展很快，保持着方兴未艾之势。2018年可再生能源合计生产9.03千兆BTU，占比9.44%，但由于技术和成本

---

① BTU，British Thermal Unit，英制热量单位，本文1千兆BTU＝10^{15}BTU，百万亿BTU，折算：1吨标准煤＝2.406×10^{7}BTU。

等因素的掣肘，至今未突破 10%，因此其大规模崛起尚待时日。核能与水能作为保证美国能源供应安全的新选择，其生产端情况相对稳定，进入 21 世纪以后贡献平稳。2018 年核能生产 8.44 千兆 BTU，占比 8.82%，水能生产 2.69 千兆 BTU，占比 2.81%，变化幅度均较小，如图 4-1 所示。总之，在未来一段时间内，美国的能源生产仍将以化石燃料为主，非化石能源的占比不会很高。

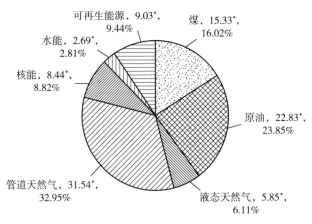

图 4-1 2018 年美国能源生产结构现状

注：＊处单位为千兆 BTU。
资料来源：美国能源信息署（EIA）。

2. 煤炭、天然气、核电为美国三大发电能源，可再生能源发电量增加

2018 年美国总发电量为 4460.77 太瓦时，整体上，化石能源发电量下降显著而可再生能源发电量明显上升。在化石能源中，天然气和煤炭依然为美国主要的发电能源，天然气的发电量为 1578.51 太瓦时，贡献了发电能源的 35.39%，煤炭发电量为 1245.79 太瓦时，贡献了发电能源的 27.93%。其中，天然气的发电量占比相对稳定，较上年增加 1/3 以上，稳居美国第一大发电能源。煤炭发电量在 2014～2018 年有下降趋势，依次同比下降 14.32%、8.32%、2.69%、4.90%。造成这种情况的原因包括煤电机组关停、煤和二氧化碳排放的商品价格上涨以及可再生能源补贴的增加，如 2018 年末美国煤电装机容量为 240 吉瓦，远低于 2008 年的

310 吉瓦，预计到 2050 年将有 101 吉瓦的装机完成退役。石油发电占比较小，2018 年石油发电 26.42 太瓦时，占比仅有 0.59%。这主要是由于石油作为一种用途广泛的化石燃料，成本较高，2008 年以后美国就严控石油发电量，占比骤降。另外，2018 年核电、水电、可再生能源发电依次为 849.56 太瓦时、288.71 太瓦时、458.52 太瓦时。其中核电成为继煤炭和天然气后的第三大发电来源，2018 年贡献了发电能源的 19.04%，与上年基本持平。可再生能源 2018 年发电合计 458.52 太瓦时，较上年增加 9.76%，如图 4-2 所示。这主要得益于风能和太阳能发电系统成本的下降、政府颁布的有利政策以及投资者对这些技术性能信心的增强。

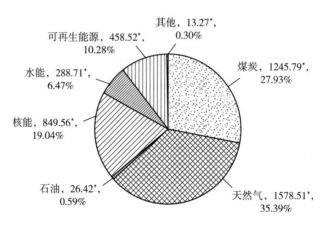

图 4-2 2018 年美国电力生产现状

注：*处单位为太瓦时。
资料来源：BP 数据。

3. 风电占比保持龙头，太阳能发电增速强劲

在可再生能源发电方面，发电量较高的依次为风电、太阳能和包括地热能、生物质能等在内的其他能源。其中，风电占比最高，已经多年稳定在 60% 以上。2018 年风力发电 277.73 太瓦时，占比 60.57%，在绝对量上较 2017 年同比增加 8.12%，虽增速减缓但一直保持着逐年攀升之势，这得益于风电装机增量增加和年风速高而上涨。最新数据显示美国装机容量为 96.4 吉瓦，位居世界第二，在陆上风电方面尤为强劲：全球最大的

10 个陆上风电场中有 6 个位于美国。同时，2018 年太阳能和其他能源发电量分别为 97.12 太瓦时和 83.68 太瓦时，如图 4-3 所示。太阳能发电量持续显著增加，2018 年较 2017 年的 78.06 太瓦时继续增加 24.42%，增速较风电更为强劲。这种转变也反映在就业方面：在美国，太阳能领域劳动力从 2010 年的 93502 名工人到 2018 年的超过 242000 名工人，增长了 159%，加之州政府政策的激励，2019 年太阳能领域劳动力就业的前景将继续被看好。

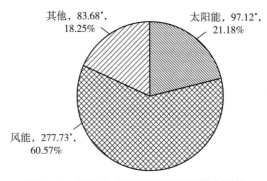

图 4-3　2018 年美国可再生能源发电现状

注：＊处单位为太瓦时。

资料来源：BP 数据。

（二）美国能源进出口现状

1. 能源进出口规模不大，多进口原油而出口石油制品

在进口方面，由于美国国内能源产量增幅缓慢，需求增加部分主要靠进口来弥补。2018 年美国进口能源合计为 24.84 千兆 BTU，不到 2018 年能源生产总量 95.70 千兆 BTU 的 1/3，规模不大。进口能源当中 85% 以上为石油，其中主要是原油。2018 年美国进口石油 21.48 千兆 BTU，其中原油 17.18 千兆 BTU，占进口能源总量的 69.16%，石油制品 4.30 千兆 BTU，占进口能源总量的 17.32%，两者合计占比 86.48%。值得注意的是，2018 年美国进口石油相较 2017 年下降 1.8%，这反映出美国在逐渐降低石油进口量，进而降低石油价格波动导致的国内市场的脆弱性。而煤、天然气、生物质能、电力的进口量极少，主要由国内提供。2018 年

进口天然气 2.99 千兆 BTU，占进口能源总量的 12.02%，且煤、生物质能和电力占比均不到 1%，如图 4 - 4 所示。

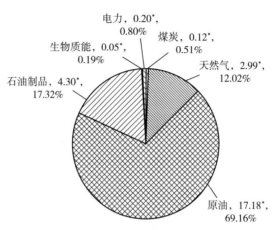

图 4 - 4 2018 年美国能源进口现状

注：＊处单位为千兆 BTU。
资料来源：美国能源信息署（EIA）。

在出口方面，美国的出口能源当中石油占 70%，与进口不同，其中大部分出口为石油制品。2018 年美国出口原油 4.18 千兆 BTU，占出口能源总量的 19.74%，出口石油制品 10.24 千兆 BTU，占出口能源总量的 48.28%，两者合计占比 68.02%。结合石油的进出口情况可知，美国有大量炼油产能而需求却相对疲软，其他国家缺乏炼油产能但汽油需求却急剧上升，这给美国在其他地区开拓炼制石油产品的新出口市场提供了机会。其次，天然气和煤炭的出口量也在逐年上升。2018 年出口天然气 3.65 千兆 BTU，较 2017 年增长了 14.08%，占出口能源总量的 17.20%。煤炭与煤焦炭合计 2.84 千兆 BTU，较 2017 年增长了 17.36%，占出口能源总量的 13.40%。而生物质能和电力的出口量相对较小，如图 4 - 5 所示。

2. 各能源自足之外仍有能力出口到其他国家和地区

从以上分析中可以看出，美国的煤炭、煤焦炭、天然气、石油制品和生物质能一直是出口大于进口，2018 年净出口依次为 2.69 千兆 BTU、0.03 千兆 BTU、0.66 千兆 BTU、5.93 千兆 BTU、0.20 千兆 BTU（见图 4 - 6）。
仅原油和电力为净进口，2018 年原油净进口 12.99 千兆 BTU，较 2017 年
下降了 14.37%，电力净进口 0.05 千兆 BTU，较 2017 年增加了 47.31%。
可见美国能源在自足之外，还有相当一部分能源可以出口到全球其他国家
和地区。

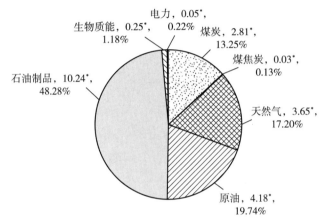

图 4 - 5　2018 年美国能源出口现状

注：＊处单位为千兆 BTU。
资料来源：美国能源信息署（EIA）。

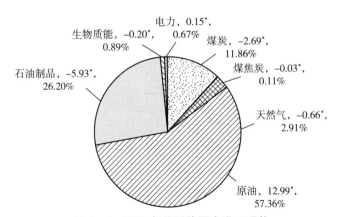

图 4 - 6　2018 年美国能源净进口现状

注：＊处单位为千兆 BTU。
资料来源：美国能源信息署（EIA）。

3. 调整进口来源地，增加外交和战略机动性

一国能源进口来源地的调整将改变其能源安全形势和外交政策，因此国家间的关系也会受到国际能源安全格局、能源权力转移和国内能源政策的影响。美国近年来对石油和天然气的进口来源地进行了若干调整，具体来说有以下几点：

（1）加拿大作为美国最大的原油进口国，原油进口已基本回归至近距离的美洲和西半球。2018 年美国趁国际市场石油过剩而本国进口石油不断减少之机，对石油的进口来源进行了诸多调整。减少了从"欧佩克"即石油输出国组织成员国的进口，减少了伊拉克、沙特阿拉伯等中东国家的进口，增加了从非石油输出国组织成员国或地区的进口，增加了从加拿大、墨西哥及中、南美洲的进口。2018 年美国从加拿大和墨西哥进口的原油分别为 183.95 百万吨、33.12 百万吨，占原油总进口量的 47.62% 和8.57%，加之南、中美洲进口 11.50 百万吨的原油，美洲合计进口原油占比 70.93%。而中东国家 2018 年的原油合计进口量仅为 73.31 百万吨，占比 18.98%，与美洲地区相去甚远。中东国家中进口原油最多的为沙特阿拉伯，2018 年美国从沙特阿拉伯进口原油 43.33 百万吨，占比11.22%，从伊拉克和科威特分别进口原油 25.83 百万吨、3.88 百万吨。除此之外，美国也重视从非洲进口高质量的原油，2018 年从非洲进口原油合计为 24.65 百万吨，占进口原油总量的比重为 6.38%，其中西非为16.77 百万吨、北非为 7.85 百万吨。而从亚洲地区进口的原油最少，仅2.65 百万吨，不到 1%，如表 4 – 1 所示。可见，美国的原油进口来源地主要为美洲、中东地区和非洲，而独联体国家[①]、澳大拉西亚[②]、亚太地区进口的原油规模均不大，这将大大降低美国对海湾地区和 OPEC 的石油依赖。另外，美国原油进口来源地的这种调整，既有利于增强其在中东的外交和战略机动性，同时也有助于扩大对加拿大、墨西哥和中、南美洲的

---

① 独立国家联合体（Commonwealth of Independent States，CIS），简称独联体。独联体现在的成员国有：俄罗斯、白俄罗斯、乌克兰、摩尔多瓦、亚美尼亚、阿塞拜疆、塔吉克斯坦、吉尔吉斯斯坦、哈萨克斯坦、乌兹别克斯坦。本指标中，其他独联体国家是指除却俄罗斯外的 9 个国家。

② 澳大拉西亚（Australasia）一般指大洋洲的一个地区，澳大利亚、新西兰和邻近的太平洋岛屿。

政治经济联系，提高其影响力。

表 4 - 1	2018 年美国原油进口来源地 单位：百万吨
国家或地区	进口量
加拿大	183.95
墨西哥	33.12
南、中美洲	56.90
欧洲	5.89
俄罗斯	3.64
其他独联体国家	1.77
伊拉克	25.83
科威特	3.88
沙特阿拉伯	43.33
阿拉伯联合酋长国	0.27
北非	7.85
西非	16.77
东非和南非	0.03
澳大拉西亚	0.07
其他亚太地区	2.95

（2）石油制品的进口来源地更为分散，加拿大仍为第一大石油制品进口国。从石油制品的进口来源地看，其进口结构较原油进口来源地更为分散。各国家及地区按照石油制品的进口数量从高到低依次为加拿大、欧洲、俄罗斯、中南美洲、北非、印度、墨西哥、阿拉伯联合酋长国、其他亚太地区、西非、沙特阿拉伯、新加坡等。其中，2018 年美国从加拿大进口石油制品 27.84 百万吨，占石油制品进口总量的 26.79%，从墨西哥进口石油制品 2.56 百万吨占比 2.46%，从中南美洲进口石油制品 11.50百万吨占比 11.07%。美洲合计进口石油制品总量 274.54 百万吨，占比 41.90%，达到 2/5。这与美洲 70% 的原油进口比例相比有很大差距，可从另一个侧面反映其石油制品进口来源之广泛。与原油进口中独联体国家

贡献甚少所不同的是，美国从欧洲、俄罗斯及其他独联体国家进口的石油制品相对较多，2018 年分别进口 22.53 百万吨、14.46 百万吨、0.80 百万吨，占比依次为 21.68%、13.91%、0.77%，独联体合计 36.37%，占比超过 1/3，不可小觑。相较之下，中东国家石油制品合计进口量为 5.17 百万吨，占比 4.98%，其中最多的为阿拉伯联合酋长国进口量 1.46 百万吨，占比 1.40%。非洲地区合计进口 7.11 百万吨，占比 6.84%。亚太地区合计进口 24.72 百万吨，占比 23.79%，其中最多的为印度，进口量 3.55 百万吨，占比 3.42%，如表 4－2 所示。可见，美国的石油制品进口地广泛分散至各大洲，这会降低美国对某一地区能源的依赖度，有利于管理和控制相互依存的全球能源市场。

表 4－2　　　　　　　　2018 年美国石油制品进口来源地　　　　单位：百万吨

国家或地区	进口量
加拿大	27.84
墨西哥	2.56
南、中美洲	11.50
欧洲	22.53
俄罗斯	14.46
其他独联体国家	0.80
伊拉克	0.13
科威特	0.04
沙特阿拉伯	1.46
阿拉伯联合酋长国	2.53
其他中东国家	1.02
北非	5.45
西非	1.61
东非和南非	0.05
中国	0.89
印度	3.55
日本	0.98

国家或地区	进口量
新加坡	1.22
其他亚太地区	5.28
合计	103.90

资料来源：BP 数据。

（3）液化天然气进口来源地基本仅为特立尼达和多巴哥，而出口地则极其众多以亚太地区需求最为旺盛。2018 年美国进口液化天然气 21.2 亿立方米，其中 18.13 亿立方米来自特立尼达和多巴哥，0.53 亿立方米来自其他美洲国家，1.67 亿立方米来自欧洲国家。其中特立尼达和多巴哥的天然气进口量占比达到 85.67%，超过 4/5，为美国液化天然气的主要来源地，如图 4 - 7 所示。虽占比甚高看似具有垄断势力，但其数量与本国庞大的液化天然气生产能力相比微乎其微。而液化天然气的出口地则极为广泛，这与美国页岩气革命的繁荣密切相关。2018 年美国共出口液化天然气 284.28 亿立方米，其中亚太地区的需求最为旺盛，合计 149.50 亿立方米，占美国出口液化天然气总量的 52.59%，超过一半。亚太地区当中，三大出口地依次为韩国、日本、中国，美国分别向其出口液化天然气 64.55 亿立方米、33.98 亿立方米、29.77 亿立方米，占比依次为 22.71%、11.95%、10.47%，印度、巴基斯坦、中国台湾地区数量相对较少。北美洲出口墨西哥 48.97 亿立方米液化天然气，占比 17.23%，相对较高，中、南美洲合计出口占比 10.58%，阿根廷、巴西、智利各国均较为平均，在 2%～3%。欧洲合计占比 13.73%，主要集中在英国、法国、意大利、西班牙、土耳其，其中英国最多，共出口 11.69 亿立方米，占比 4.11%，剩余四国较为均衡在 1%～2%，如图 4 - 8 所示。而向中东和非洲国家出口的液化天然气较少，共计 16.67%，占比 5.86%。

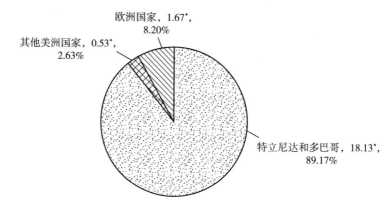

图 4 - 7　2018 年美国液化天然气进口来源地

注：＊处单位为亿立方米。
资料来源：BP 数据。

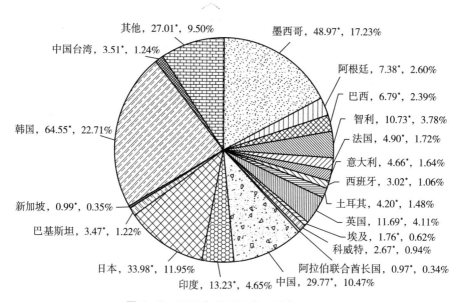

图 4 - 8　2018 年美国液化天然气出口地

注：＊处单位为亿立方米。
资料来源：BP 数据。

（4）管道天然气的进出口基本完全依赖加拿大和墨西哥。其中 2018 年进口加拿大管道天然气 772.45 亿立方米，墨西哥 0.90 亿立方米，合计进口管道天然气 773.32 亿立方米，其中加拿大占比高达 99.88%（见

图 4 – 9）。同时出口加拿大 218.8 亿立方米的管道天然气，墨西哥 457.7 亿立方米，合计出口 676.5 亿立方米。其中加拿大占比 32.34%，墨西哥为 67.66%（见图 4 – 10）。可见，美国的管道天然气进出口业务来往仅为加拿大和墨西哥。

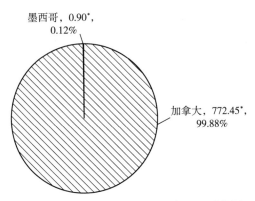

图 4 – 9　2018 年美国管道天然气进口来源地

注：＊处单位为亿立方米。
资料来源：BP 数据。

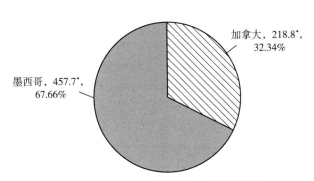

图 4 – 10　2018 年美国管道天然气出口地

注：＊处单位为亿立方米。
资料来源：BP 数据。

（三）美国能源初次消费现状

1. 能源自给率较高，仅石油存在产销缺口

根据平衡公式"生产 + 进口 – 出口 + 其他 = 能源供应"整理可得表 4 – 3。

2018 年美国共消费一次能源 101.24 千兆 BTU，产销缺口为 5.53 千兆 BTU。其中，石油的产销缺口最大，为 14.12 千兆 BTU，而煤炭、天然气、可再生能源的产销缺口均为负值，意味着美国的这几种能源供应比较充足。对外依存度方面，总对外依存度为 24.53%，与石油的产销缺口最大相对应的是石油的对外依存度最高，其对外依存度为 58.14%，但若考虑到美国进口廉价原油再利用本国强大的炼油能力大量出口石油制品，石油真实的对外依存度便远低于此水平。另外，天然气、煤炭、可再生能源的对外依存度依次为 9.65%、0.94%、0.55%。在能源自给率方面，美国 2018 年整体的能源自给率高达 94.53%，其中煤炭、天然气、可再生能源资源蕴藏量丰富且生产能力充足，自足率达 115.79%、120.72%、102.31%，使得美国在自足之外还有能力出口到其他国家和地区。而石油的能源自足率最低，为 61.78%，这主要是由于生产端的数据仅包括了石油中原油生产的数量，没有考虑国内石油制品的生产量。

表 4-3　　　　　　　　　2018 年美国能源供应量　　　　　单位：千兆 BTU

能源	生产	进口	出口	能源供应量	消费
煤炭	15.33	0.12	2.84	12.62	13.24
天然气	37.38	2.99	3.65	36.72	30.97
石油	22.83	21.48	14.42	29.89	36.95
核能	8.44	—	—	8.44	8.44
水能	2.69			2.69	2.69
可再生能源	9.03	0.05	0.25	8.83	8.83
合计	95.70	24.84	21.20	99.34	101.24

资料来源：美国能源信息署（EIA）。

2. 能源消费中化石能源消费近八成，以石油和天然气为主

2018 年美国消费一次能源 101.24 千兆 BTU，其中仍以化石能源的消费为主。化石能源的消费为 81.15 千兆 BTU，占一次能源消费总量的 80.16%，超八成。在化石能源中，石油制品和天然气的消费占比最高，为美国的第一和第二大消费能源，消费量分别为 36.95 千兆 BTU、30.97

千兆 BTU，占比为 36.54%、30.63%。煤炭为消费最少的化石能源，仅占 13.10%，这与 2014～2017 年 18.29%、15.95%、14.60%、14.15% 的占比相比，呈明显的逐年下降态势。但尽管如此，煤炭仍为第三大消费能源，可见美国对化石能源消费的依赖程度仍处于一个很高的水平。除此之外，可再生能源的消费量为 8.73 千兆 BTU，占比 8.72%，未突破 10% 的大关，占比仍相对较低。核能消费 8.44 千兆 BTU，占比 8.35%，近年来一直比较稳定。水能的消费最少，为 2.69 千兆 BTU，如图 4－11 所示。

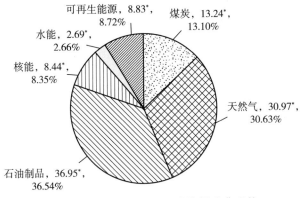

图 4－11　2018 年美国一次能源消费现状

注：＊处单位为千兆 BTU。
资料来源：美国能源信息署（EIA）。

3. 可再生能源消费比例较低，以风能和生物质能为主

2018 年美国的可再生能源消费中，生物质能和风能占了很大比例。生物质能的消费超过一半，为 5.13 千兆 BTU，占可再生能源消费总量的 58.07%，这与生物质能在生产端为第一大可再生能源有关。其次，排在第二位的风能的消费为 2.53 千兆 BTU，占比 28.69%。太阳能和地热能的消费则相对较少，消费量依次为 0.95 千兆 BTU、0.22 千兆 BTU，占比为 10.77% 和 2.47%，如图 4－12 所示。

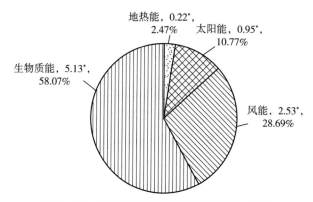

图 4 - 12　2018 年美国可再生能源消费现状

注：*处单位为千兆 BTU。
资料来源：美国能源信息署（EIA）。

（四）美国能源最终消费现状

1. 能源最终消费中，工业和交通运输业占比最大

按照部门来划分，美国各部门的能源终端消费每年变动不大。各部门能源消费从高到低排，依次为工业、交通运输部门、住宅业、商业。2018年工业部门消费的能源最多，为 32.62 千兆 BTU[1]，占比 32.22%，其绝对量相对于 2017 年上升了 1.92%，同样，包括与输电相关损失的工业用电量从 20 世纪 50 年代中期的一半以上下降到今天的 1/4 左右。工业中大型能源用户包括石油、煤炭、造纸、化工、金属、采矿、水泥、玻璃和食品工业，这使得工业能源效率成为衡量能源安全的一个重要指标。交通运输部门消费 28.39 千兆 BTU，占比 28.04%，其绝对量相对于 2017 年上升了 1.34%，上升幅度最小。住宅业消费 21.62 千兆 BTU，占比 21.36%，其绝对量相对于 2017 年上升了 8.71%，在四部门中为大幅上升。商业部门消费 18.61 千兆 BTU，占比 18.38%，其绝对量相对于 2017年上升了 3.96%，如图 4 - 13 所示。

---

[1]　本章 1 兆 BTU = 10^{12} BTU。

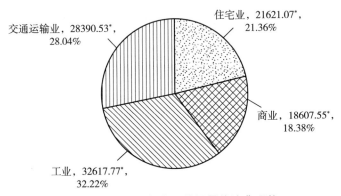

图 4 – 13　2018 年美国能源最终消费现状

注：*处单位为兆 BTU。

资料来源：美国能源信息署（EIA）。

2. 商业住宅业能源损失量在 45％以上，工业部门能源损失量最少

图 4 – 14 至图 4 – 16 所示给出了美国 2018 年住宅业、商业、工业的最终能源消费结构。从图中可以清楚看出，住宅业和商业部门的能源损失比例极大，损耗量分别为 9747.84 兆 BTU、9164.50 兆 BTU，占部门能源消费总量的 45.08％、49.25％，接近一半。而工业部门的能源损失量相对较小，为 6344.31 兆 BTU，占比为 19.44％。因此，提高能源效率其实是最大的资源节约，能源转型不仅是可再生能源比例的提高，更重要的是能效的提高。另外，不同部门的各能源消费种类差异不大，住宅业、商业和工业部门的三大消费能源均是天然气、石油和生物质能。对于住宅业和商业，天然气具有明显优势，占比达 23.82％和 19.39％，而石油和生物质能均占比甚微，购入的零售电力为 4996.44 兆 BTU 和 4697.44 兆 BTU。工业部门消费的能源种类则相对比较分散，天然气、石油和生物质能的占比分别达 31.86％、27.19％、7.81％，都具有一定规模，购入的零售电力为 3251.90 兆 BTU。

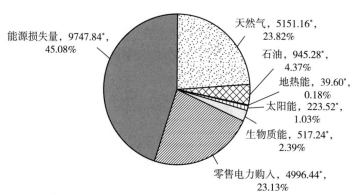

图 4 - 14　2018 年美国住宅业能源最终消费结构

注：＊处单位为兆 BTU。
资料来源：美国能源信息署（EIA）。

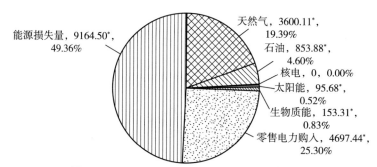

图 4 - 15　2018 年美国商业能源最终消费结构

注：＊处单位为兆 BTU。
资料来源：美国能源信息署（EIA）。

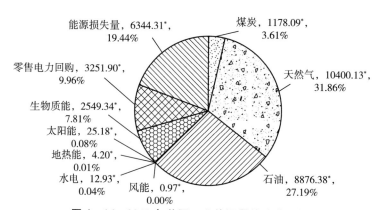

图 4 - 16　2018 年美国工业能源最终消费结构

注：＊处单位为兆 BTU。
资料来源：美国能源信息署（EIA）。

3. 汽车燃油比例在 92% 左右，新能源汽车比例非常小

从交通部门的具体能源使用情况可以看出美国的汽车消费燃料构成。汽车的消费燃料仍以化石原料为主，以生物质能和电力为主要燃料的可再生能源汽车比例依旧非常小。随着科技的进步，世界范围内最成功的代用燃料是液化石油气（LPG）和压缩天然气（CNG），美国也逐渐在投入使用。2018 年美国汽车使用的燃料中，石油为 26027.19 兆 BTU，占比91.93%，天然气 872.63 兆 BTU，占比 3.07%，化石能源合计占比 95%，如图 4 - 17 所示。可见现阶段化石燃料在美国的汽车燃料构成中仍举足轻重。而生物质能占比 4.99%，零售电力占比 0.09%，比例仍较小。此外，值得注意的是，近五年来的燃油比例依次为 92.30%、92.35%、92.06%、91.99%、91.93%，整体呈下降之势，这得益于美国在调整能源结构的同时，选择了新能源汽车作为新能源产业技术应用和国内市场开拓的突破口，大力推广新能源汽车的研发和普及，从而使得燃油比例有逐年下降的趋势。

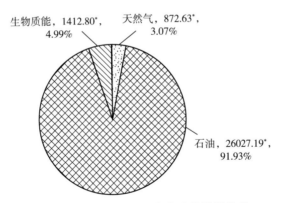

图 4 - 17　2018 年美国汽车消费燃料构成

注：＊处单位为兆 BTU。
资料来源：美国能源信息署（EIA）。

二、美国能源结构转型的趋势分析

（一）美国能源生产与进口的结构趋势

1. 能源供应总量逐年增加，自足之外出口能力持续走强

为了进一步研究美国能源结构，本章选取了 1949～2018 年 70 年的数据做进一步分析。本章按照"生产＋净进口＋其他＝本地区能源供应"的逻辑进行研究，如图 4 - 18 所示，美国能源生产与进口结构具有如下趋势：

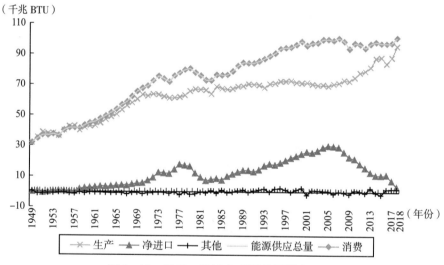

图 4 - 18　1949～2018 年美国能源供应总量

资料来源：美国能源信息署（EIA）。

（1）能源生产整体呈上升趋势，产销缺口自 1973 年增大后 2015 年缩小。处于"能源天堂"中的美国，历来很少受到能源短缺的干扰。近年来，美国国内产量不断增长而国内消费量持续下滑，从而美国能源进口剧降，这在贸易赤字困扰美国经济的当下，无疑是极大的利好。从图 4 - 18 可以看出，1949～2018 年，美国的能源生产总量从 31.72 千兆 BTU 增加至 91.70 千兆 BTU，涨幅为 201.69%，能源生产整体呈上升趋势。在

1958 年之前，能源生产大于消费。随着美国经济的飞速发展，能源需求不断增加，但在 1973 年之前产销缺口很小，国内生产基本可以满足消费的需求。1973 年第一次石油危机后产销缺口开始增加，直到 1978 年第二次石油危机产销缺口扩大至 16.85 千兆 BTU，20 世纪 80 年代有所回落后继续反弹，在 2005 年产消缺口达到 30.74 千兆 BTU，占能源消费总量的 1/3。而 2005 年后美国的能源生产快速增加，能源结构由对外依存转为自给自足，2018 年产消缺口仅为 5.53 千兆 BTU，占能源消费总量的 5.47%。

（2）能源净进口在 2005 年之后，连续 15 年下滑明显。美国能源净进口亦有明显特征，这和经济周期密切相关。第二次石油危机前的 1977 年能源净进口达到第一个小高峰，为 17.90 千兆 BTU。20 世纪 80 年代回落后净进口开始缓慢上升，以便为国内经济发展提供充足的能源供应，2005 年能源净进口达到历史高峰 30.20 千兆 BTU 后，连续 15 年下滑明显，2018 年仅为 3.64 千兆 BTU，相对 2005 年降幅为 87.9%。

（3）21 世纪后美国国内能源消费整体相对稳定。由于能源供应量为生产、净进口与其他的合计，因此根据以上分析知能源供应量整体上不断增加，2018 年能源供应总量达 101.24 千兆 BTU，70 年间涨幅为 216.55%。这有助于美国实现能源安全的自我保障，增强其在外交谈判及战略布局方面的主动性。另外，从图 4-18 中可以看出，21 世纪后美国能源供应量曲线变得平缓，基本无明显波动与起伏。2000 年的能源供应量即初次能源消费量为 98.78 千兆 BTU，与 2018 年较为接近，这表明 21 世纪后美国国内的能源消费量已基本稳定。

2. 石油天然气超常增长而煤炭下降明显，核能可再生能源逐步增加

以下用双轴柱状折线图来分析美国的生产结构趋势，生产量指标为左轴用柱状图表示，各能源占比为右轴用折线图揭示其比例变化。通过图 4-19 中可以看出，能源生产量整体呈逐渐上升的趋势，2008 年后总产量攀升明显。具体从美国能源的生产结构来看，政府已经开始将其能源系统从基于化石燃料持续生产的方式转为更加分散的多结构能源系统，即以可再生能源为基础的更加可持续的绿色能源供应系统，整体呈现以下特征：

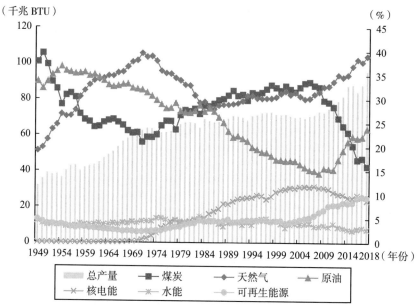

图 4-19　1949~2018 年美国生产结构趋势

资料来源：美国能源信息署（EIA）。

（1）原油在 1963 年之前占比保持首位，后呈逐渐下降趋势，2008 后占比开始反弹并逐年上升，至 2018 年摘得全球石油产量最大国的桂冠。1949 年美国原油产量占生产总量的 33.68%，基本与煤炭、天然气"三分天下"，2008 年下降至 14.50%，其占比大幅下降超一半，后缓慢上升在 2018 年占比达 23.85%，但整体来看原油占比在逐年减少。其实，美国19 世纪 50 年代中期以前石油占比一直在一半以上，处于绝对垄断，后因1960 年 OPEC 成立，OPEC 国家石油产量迅速增加相应美国的占比便逐步下降，仅在石油危机期间有所上升。但也正是 70 年代的两次石油危机，美国政府深感石油的能源战略性地位之重要，因此努力调整其能源生产结构减少对进口石油的依赖，鼓励石油公司加紧国内的油气生产与新油气田的勘探，2008 年开始已初见成效。美国 2018 年的石油日均产量高达15311 千桶，为 1965 年来的最高水平，较 2017 年的日均产量 13135 千桶增加 16.57%，且 2007~2017 年日均产油量以 6.7% 的速度增长。2018年在世界石油总产量中占比 16.16%，高于排名第二的沙特阿拉伯，其占比仅为13.97%，如图4－20所示。随着时间的推移，美国产油量这方面的优势还会扩大，进而改变国际石油贸易的方向。

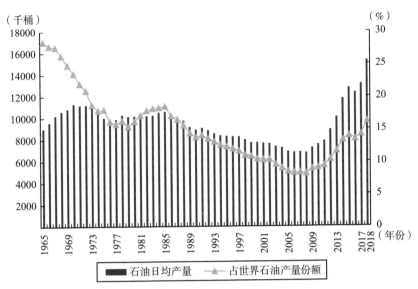

图4－20　1965～2018年美国日均石油产量及份额

资料来源：BP数据。

（2）天然气占比先升后降再升，现呈现缓慢的上升趋势，2009年后常居全球天然气产量第一的宝座。天然气占比在1963年超过原油后，长期稳居第一大生产能源，在1971年更是达历史顶峰为39.58%。后在1985年天然气占比被煤炭以微弱的优势超越，并在较长一段时间内两者占比不相上下，占比上升趋势极其缓慢。2008年后由于煤炭产业衰败和天然气繁荣兴旺之势不可遏制，天然气占比上升之势呈现出加速迹象。2018年天然气占比为39.06%，为能源生产总量的近四成。其实，1960年前美国一直是世界上唯一生产、运输和消费大量天然气的国家。此后，苏联产量迅速增加至1983年赶上并超过美国，加之其他国家和地区的后发跟进，美国天然气产量在世界上的占比一度下降。但由于美国政府早在20世纪70年代就开始关注并重视对非常规油气的开发，各种政策的扶持奖励、完善的土地和矿产开采权转让制度、深层地下爆破等多项页岩气开发技术的创新，都降低了页岩气的开采成本并极大提高了其开采量，最终促成了"页岩气革命"。得益于此，2009 年美国以 557.58 十亿立方米的天然气产量首次超过俄罗斯成为全球第一大天然气生产国。此后，美国常居世界第一的宝座，2018 年美国天然气产量 831.78 十亿立方米，比 2017 年增加了 11.53%，且 2007~2017 年以平均 3.63% 的速度增长，占世界天然气总产量的 21.50%，排名第二的俄罗斯占比仅 17.31%，未来一段时间，美国仍将保持天然气净出口，如图 4-21 所示。

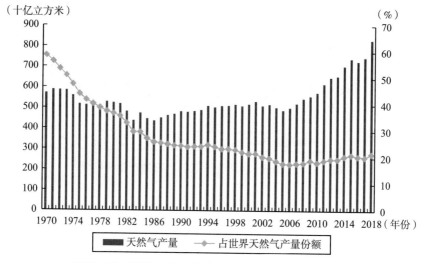

图 4-21　1970~2018 年美国天然气产量及所占份额

资料来源：BP 数据。

（3）煤炭占比整体下滑明显，自 2008 年后直线加速下降。其实煤炭在能源生产总量中的占比在 1969 年之前一路下滑，1969 年煤炭占比已从 1949 年的 37.75% 降为 21.02%。后占比缓慢增加，在 20 世纪 80 年代后期到 2008 年一直居于美国第一大生产能源，但 2008 年后连续多年占比直线下滑，在 2018 年煤炭占比仅为 16.02%，为历史最低水平。其实，世界范围内美国煤炭第一大国的地位一直保持至 80 年代初，后在 1984 年起被中国超越。2018 年美国煤炭产量为 685.40 百万吨，较 2017 年下滑 2.46%，且 2007~2017 年平均每年下滑 3.8%。2018 年虽煤炭产量在世界总产量中排名第三，但其 8.6% 的世界总产量占比远低于居于首位中国的 46%，可见美国政府在能源结构转型方面做出的努力。

（4）核能和可再生能源占比增加，而水能占比趋于稳定。核能技术在 20 世纪 60 年代得到显著发展，由于美国在核能领域处于领先位置，其生产占比也曾一度上升，三里岛事件后美国未再批准建设核电站，90 年代后核能占比的上升趋势便非常缓慢。2007 年核能占比 11.85% 为最高水平，2018 年核能占比 8.82%，现阶段的占比基本稳定在 8%~10%。可再生能源的占比则连年增加，自 2001 年以便有增无减，仅在 2018 年占比较 2017 有略微有所回落为 9.44%，2017 年占比为 9.67% 达最高水平。相比之下，水能占比则一直保持在 3%~5% 的水平，基本没有波动起伏，1997 年水能占比 5.02% 为最高，2018 年为 2.81%，变化不大。

3. 可再生能源作用日益凸显，生物质能占比下降而太阳能增速最快

从产量上看，美国可再生能源自 2001 年来便一路攀升有增无减，2018 年为 9.03 千兆 BTU，接近 2001 年的 3 倍。而在结构方面，除地热能占比较为稳定外，风能和太阳能的占比逐年增加，由于三者成为"后起之秀"，生物质能在美国能源总产量中的占比逐步下滑。但总体来看，四种可再生能源产量均逐年增加，在能源结构中扮演着越来越重要的作用。生物质能一直为美国的第一大可再生能源，2018 年在可再生能源生产中占比 59.02%，呈逐年下降之态。风能在 20 世纪初开始取得长足发展，其占比保持逐年增加，2018 年占比 28.04%。太阳能的兴起相对较晚，2010 年前一直发展缓慢占比在 1%~2%，而近 10 年迅速崛起，在 2018 年占可再生能源产量的 10.53%，其产量增加了 643.94%，为增速最快的可再生能源。地热能的发展始于 20 世纪 60 年代，1990 年占比达 5.70% 的最高水平，2018 年在可再生能源中占 2.41%，如图 4-22 所示。而可再生能源的快速发展和政府政策的扶持是密切相关的，因为政府的扶持会大大降低私人企业投资的风险，从而促进其发展。

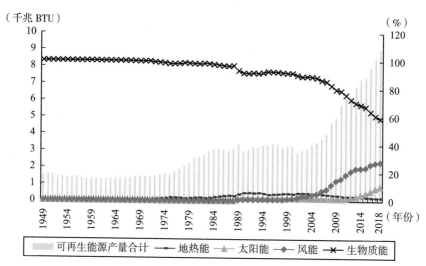

图 4 – 22 1949 ~ 2018 年美国各可再生能源产量及其份额

资料来源：美国能源信息署（EIA）。

4. 净进口直线下滑，能源结构趋于稳定原油占比最大

从图 4 – 23 可以看出，美国的能源净进口量在 1977 年和 2005 年达到高峰，后又逐步下降。1977 年美国进口能源合计为 19.95 千兆 BTU，净进口为 17.9 千兆 BTU，正处于 1973 年与 1979 年的两次石油危机之间，2005 年美国能源进口总量为 34.66 千兆 BTU，净进口能源合计 30.20 千兆 BTU，很大一部分原因是石油危机之后美国开始实施能源大战略，储备大量原油确保能源安全。在进口结构中，原油一直有着极高的比重，且近年波动起伏不大。1970 年之前原油比例一直在下降，至 1970 年原油在进口能源中占比从 1949 年的 63.17% 降为 33.73%，降幅接近一半。之后又不断上升于 1979 年达到历史顶峰 71.04%。1979 年到 1985 年原油进口比例有小幅度下降之后继续反弹上升，30 年来，美国的原油进口比例基本稳定在 60% ~ 70%，浮动较小，2018 年原油进口比例为 69.16%。石油产品的进口比例则波动幅度较大，1970 年石油产品占能源进口总量的比重为 55.82% 乃历史最高水平，而后跌宕下降趋势明显，1995 年仅为 14.11% 达历史最低水平，2018 年石油产品的进口比例也仅为 17.32%，由此可见美国炼油产能之旺盛。同时，天然气的进口占比自 1994 年后便

逐步稳定在 12% 左右，2018 年进口比例为 12.02%。虽然美国自 2009 年已多年稳居世界天然气第一大产国，但仍保持进口一定比例天然气的原因主要是：页岩气繁荣之后很多家庭、电厂和工厂从燃油和煤炭等燃料转向廉价天然气，但大城市中心附近的管道容量不足，消费增加使得一些线路接近全年满负荷运行，无法应付需求高峰期，便只能从国外进口天然气。此外，煤炭进口占比正逐步下降，已从 2007 年的 2.62% 降至了 2018 年的 0.49%，煤焦炭、生物质能和天然气的进口相对较少，对进口结构影响不大。总之，美国的进口结构整体正趋于稳定。

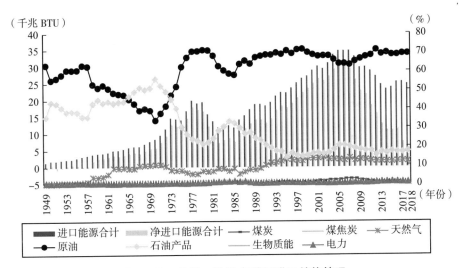

图 4 – 23　1949～2018 年美国进口结构情况

资料来源：美国能源信息署（EIA）。

（二）美国能源初次消费的结构趋势

1. 一次能源消费总量增速放缓，化石燃料仍占主导

美国的能源消费总量在 1979 年以前增长最快，1949 年初次能源消费总量为 31.98 千兆 BTU，1979 年增至 80.85 千兆 BTU 是 1949 年的 2.53 倍，30 年间增长 153%。而 1988 年美国的能源消费总量为 82.71 千兆 BTU，2018 年为 101.24 千兆 BTU（见图 4 – 24），最近的 30 年间仅增长了 22.40%，可见能源消费总量的增速在逐渐放缓。但增速放缓并不影响总量

的增加，整体来看，美国 1949～2018 年的能源消费总量在不断上升，尽管期间出现了两次短暂的下降：一次是受 20 世纪 70 年代石油危机影响产生的能源短缺，七八十年代出现短暂的能源消费减少；另一次是受 2008 年金融危机影响，经济下行带来能源需求放缓，2010 年跌至低点后缓慢上升。

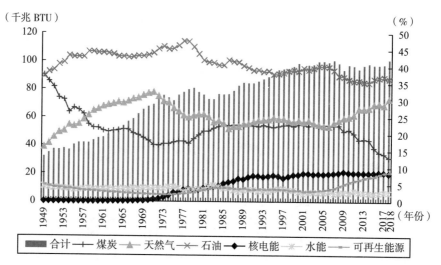

图 4－24　1949～2018 年美国初次消费结构

资料来源：美国能源信息署（EIA）。

在一次能源消费结构方面，化石燃料仍占主体地位，虽然逐年下降，但石油、天然气、煤炭的消费占比仍维持在 80% 以上（见图 4－25）。其中，20 世纪 70 年代以前，石油所占的比重不断上升，也相应带来煤的比重不断下降。1949 年两者占比相当，而 70 年代中后期石油的消费比重上升至 47.62%，煤炭的消费比重已下降至 17.22%，差距较大。面临美国"少油多煤"的资源约束格局，石油和煤炭消费比例的严重失调使其能源供应紧张，因此曾一度推行"以煤代油"来鼓励煤炭而遏制石油消费。在之后的一段时间内便出现石油消费比例下降而煤炭比例上升之势，但在 2008 年之后随着煤炭产业的衰败煤炭占比的下降也不可阻挡。2018 年石油消费占比 36.49%，煤炭占比 13.08%。天然气的消费则在 70 年代前直线上升至 1971 年占比为 32.43% 达到峰值，之后略有下降再趋于稳定，

2009 年由于"页岩气革命"而再度上升，2018 年消费占比达 30.59%。因天然气是一种相对比较清洁的化石能源，所以未来一段时间内它可能成为唯一一个消费继续增加的化石能源。核能的消费比例也曾一度上升，90年代后核能的消费比例稳定在 7% ~ 9%，2018 年核能的消费比例为8.34%。可再生能源也发展较快，2002 年回落之后迅速增加，消费占比逐年上升与核电并驾齐驱，2018 年达到 8.72%。水能在能源消费结构中占比相对较小，现保持在 2.5% 左右，2018 年消费占比为 2.65%。

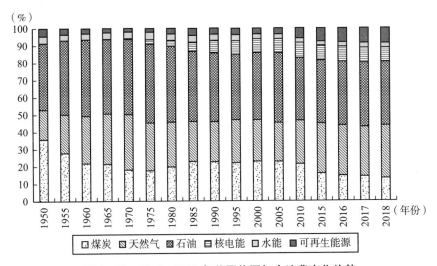

图 4 - 25　1950 ~ 2018 年美国能源初次消费变化趋势

资料来源：美国能源信息署（EIA）。

2. 可再生能源消费量持续增加，消费结构多元化

美国 2008 年可再生能源消费总量为 4.66 千兆 BTU，而 2018 年可再生能源的消费总量已达到 8.83 千兆 BTU，10 年的时间消费总量翻了近一番，随着未来制约可再生能源的瓶颈被逐一打破，其消费量将继续增加，一次能源的消费结构也将更趋于清洁化、低碳化。各可再生能源的消费中，生物质能消费占比最大，随着地热能、太阳能和风能的发展，其占比正逐步下降，但 2018 年占比仍达 58.07%。此外，可再生能源的消费结构也趋于多元化，风能占可再生能源消费的比例从 1989 年的 0.65% 上升到 2018 年的

28.69%，在消费端成为第二大可再生能源。太阳能消费增速最快，2018 年占可再生能源消费总量的 10.77%，地热能占比一直相对较低 2018 年为 2.46%，如图 4 - 26 和图 4 - 27 所示。总之，以生物质能为首，太阳能、风能、地热能齐头并举的可再生能源消费结构将在未来得到进一步发展。

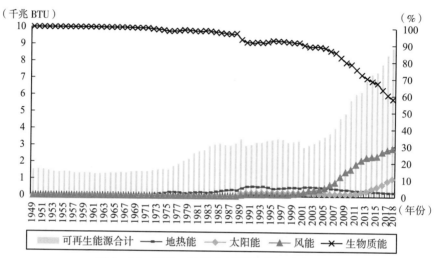

图 4 - 26　1949 ~ 2018 年可再生能源消费结构

资料来源：美国能源信息署（EIA）。

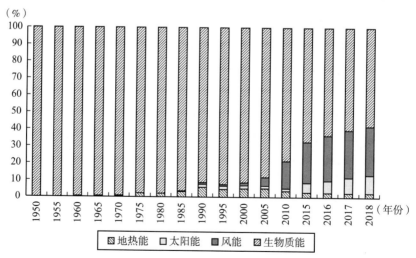

图 4 - 27　1950 ~ 2018 年美国能源可再生能源消费变化趋势

资料来源：美国能源信息署（EIA）。

3. 电力消费量趋于稳定，煤炭发电持续下降而天然气发电上升

美国 1985 年的电力消费为 2657.15 太瓦时，后随着美国经济的高速发展而不断增加，2008 年以后便基本稳定在 4300 太瓦时逐年略有减少，2007～2017 年的 10 年间以平均 0.3% 的速度下降，仅 2018 年较 2017 年上升了 3.68%，为 4460.77 太瓦时。其中，煤炭发电占比逐年下降，1985 煤炭发电占比为 56.74%，2018 年已经下降至 27.93%。煤炭发电量在 2007～2017 年以年均 5.0% 的速度下降，2018 年较 2017 年又下降了 4.90% 为 1245.80 太瓦时，占世界煤炭发电量的 12.33%，远低于中国的 46.85%。而与煤炭相反，天然气发电占比逐年上升，并在 2016 年以 34.09% 的比例超过煤炭成为美国第一大发电能源。这主要是由于，一方面，天然气作为基础的发电能源可以比煤炭减少 50%～70% 的二氧化碳排放量，这在全球气候变暖的大背景下不断得到推崇；另一方面，美国天然气价格比其他化石燃料便宜得多，使之在发电发面足以和煤炭竞争。天然气的发电占比从 1985 年的 11.81% 到 2018 年的 35.29%，可谓增速显著，2007～2017 年，天然气的发电量以年均 3.76% 的速度增加，2018 年较 2017 年上涨 13.24% 为 1578.51 太瓦时，占世界发电总量的 25.53%，居于首位，远高于排名第二俄罗斯的 8.43%。此外，核能作为第三大发电能源贡献较为稳定，90 年代后便稳定在 20% 左右，2018 年发电占比为 19.05%。可再生能源发电量逐渐上升，2007～2017 年以年均 14.3% 的速度上升，2018 年可再生能源发电量占比 10.28%，比例不大，暂时只能作为发电的辅助能源。值得注意的是，可再生能源中，美国的生物质发电技术处于世界领先水平，目前美国已经建立了超过 450 座生物质发电站，且仍在不断增长。水电整体有下降趋势，1985 年占比为 10.81% 而 2018 年为 6.47%，如图 4-28 和图 4-29 所示。

(三) 美国能源最终消费的结构趋势

1. 工业为最终能源消费主导部门，工、商、交通和家庭整体呈现一降三升

初次能源消费量是指对原油、原煤、天然气等自然界中以原有形式存

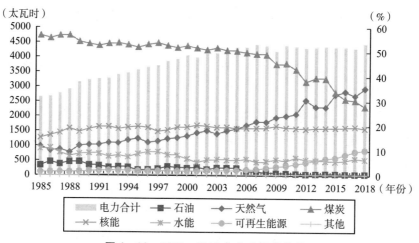

图 4 - 28 1985～2018 年电力消费结构

资料来源：美国能源信息署（EIA）。

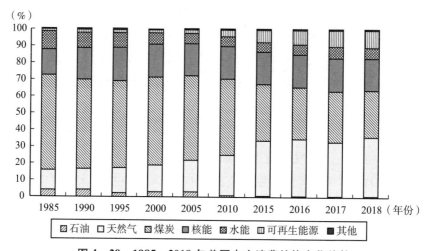

图 4 - 29 1985～2018 年美国电力消费结构变化趋势

资料来源：美国能源信息者（EIA）。

在的、未经加工转换的能量资源的消费，是按照燃料种类划分的，反映了能源消费的来源。而最终能源消费，指一定时期内全国各行业和居民生活消费的各种能源的总和，按照用途划分可分为工业、商业、住宅业、交通运输业以及其他，反映了社会生活的能源需求，由终端能源消费量、能源加工转换损失量和能源损失量三部分。图 4 – 30 和图 4 – 31 为美国能源最终消费结构。

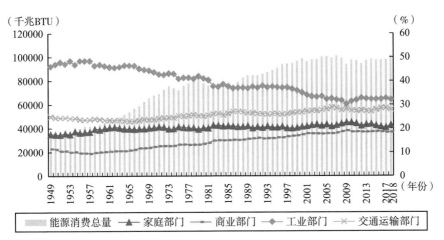

图 4 – 30　1949～2018 年能源最终消费结构

资料来源：美国能源信息署（EIA）。

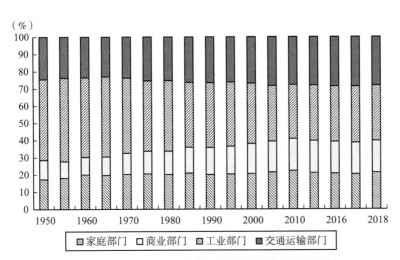

图 4 – 31　1950～2018 年美国能源最终消费结构趋势

资料来源：美国能源信息署（EIA）。

美国的能源最终消费结构近年来趋于稳定，2018 年家庭部门、商业部门、工业部门、交通运输部门的能源消费量分别占美国能源消费总量的

21.36%、18.38%、32.22%、28.04%。具体来看，工业部门在 20 世纪 80 年代以前消耗能源最多，曾一度接近一半，后一直在稳步下降至 2010 年占比趋于缓慢上升，但能源消费占比整体呈明显的下降趋势，从 20 世纪 50 年代中期的 48% 以上下降到今天的 32% 左右。70 年代开始，美国工业部门能源消耗受"石油危机"影响较大，分别于 1975 年下降 9.92%、1980～1982 年下降 15.68%，为大幅下降，并受经济危机影响于 2001 年、2008 年、2009 年下降明显。随着美国工业化进入后期，能源需求将更多的由生产用能转向生活用能，工业用能占比逐步回落，下降明显。2010 年开始的最终能源消费占比上升，可能与美国重振制造业，回归"美国制造"有关。与之相反，家庭部门、交通运输和商业部门占比逐年增加，现慢慢趋于稳定。特别的是，交通运输部门的能源需求增长非常强劲，为美国的第二大能源消费部门，长年能源消费占比在 25% 以上。而家庭部门增长幅度相对较小，起伏不大，现稳定在 20% 左右。

2. 汽车能源消费以石油为主，新能源汽车增长较快但占比较小

2018 年美国汽车能源消费为 28312.62 千兆 BTU，较 2017 年的 27938.93 千兆 BTU 增加了 1.3%，而 1949 年这一数字还仅为 7879.51 千兆 BTU，70 年内能源消费翻了近 3 番，可见美国汽车能源消费增长之强劲。并且汽车能源消费总量受危机影响较小，虽然由于石油危机和经济危机，分别于 20 世纪 80 年代、2008～2009 年消费略有下降，但整体来看基本呈直线增长状态。其中汽车能源消费总量的增长主要由石油来提供，1978 年曾达到 97.38% 的比例，为历史最高水平。现汽车燃料中石油的消费比例在 92%，2018 年汽车能源消费中石油的比例为 91.93%，化石燃料合计占比高达 95%。同时可以看到，虽然政府与社会各界大力推行"新能源汽车"，可再生能源作为汽车燃料的占比还不是很高，2018 年生物质能的占比仅为 4.99%，近几年有所增长但鲜有突破 5%，如图 4 - 32 和图 4 - 33 所示。

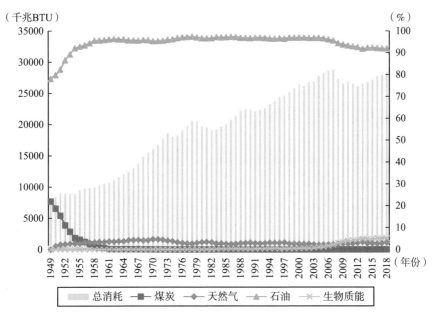

图 4 - 32　1949 ~ 2018 年汽车能源消费结构

资料来源：美国能源信息署（EIA）。

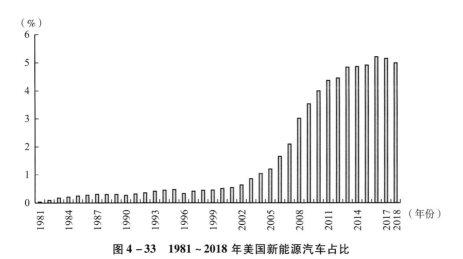

图 4 - 33　1981 ~ 2018 年美国新能源汽车占比

资料来源：美国能源信息署（EIA）。

3. 人均能源消费整体保持高位，呈微幅下降趋势

20 世纪 70 年代以前美国人均能源消费有上升的趋势，1969 年人均能

源消费为 7332. 37 千克石油当量，而 1978 年已达到 8438. 41 千克石油当量，增加了 15. 08%。此后推行的节能政策使美国的人均能源消费呈现出下降的趋势，2015 年美国人均能源消费为 6797. 62 千克石油当量，相较 1979 年下降了 19. 44%。但尽管如此，相较其他发达国家的人均能源消费，美国的这一指标仍偏高，如 2015 年法国、德国与日本的人均能源消费分别为 3689. 52 千克石油当量、3817. 55 千克石油当量、3428. 56 千克石油当量，远低于美国的人均消费水平。中国 2014 年的人均能源消费量仅为 2236. 73 千克石油当量，仅相当于美国的 1/3，如图 4 - 34 所示。

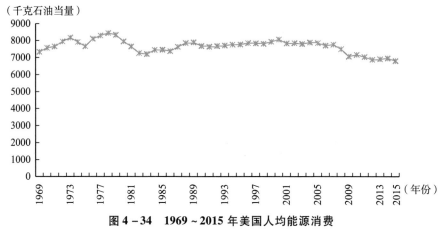

图 4 - 34　1969 ~ 2015 年美国人均能源消费

资料来源：世界银行数据。

4. 人均电力消费多年保持 12000 千瓦时以上，并呈现微幅上升趋势

美国人均电力消费呈现出与人均能源消费相反的趋势，整体居于高位并逐年上升。2014 年美国的人均耗电量为 12984. 33 千瓦时，而 1969 年人均耗电量还仅为 6904. 83 千瓦时，翻了近一番，如图 4 - 35 所示。中国 2014 年的人均耗电量为 3927. 04 千瓦时，低于美国人均耗电量的 1/3。

（千瓦时）

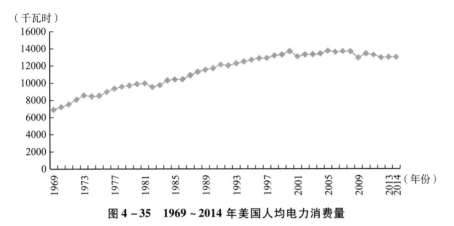

图 4 - 35　1969~2014 年美国人均电力消费量

资料来源：世界银行数据。

三、美国能源结构转型的特征分析

（一）石油煤炭天然气在美国能源结构中占据重要地位

在生产结构方面，美国的一次能源生产以煤、原油和天然气为主，形成了相对均衡合理的"三足鼎立"局面，2018 年美国也摘得了世界上最大的原油和天然气生产国桂冠。2018 年煤炭、石油、天然气分别生产15.33 千兆 BTU、22.83 千兆 BTU、37.38 千兆 BTU，三者合计 75.54 千兆 BTU，占一次能源生产总量的比重分别为 16.02%、23.85%、39.06%，合计占比 78.93%。且近五年化石燃料在能源生产端占比一直稳定在 75% 以上，2015 年更是占比高达 79.55%。在发电方面，化石能源也是美国主要的发电能源，2018 年煤炭、石油、天然气的发电量分别为 1245.79 太瓦时、26.42 太瓦时、1578.51 太瓦时，合计发电 2850.72太瓦时，分别贡献了发电能源的 27.93%、0.59%、35.39%，合计贡献63.91%。可见化石能源在美国生产端长期占据的主导地位。

在消费结构方面，化石燃料也占主体地位，虽然逐年下降，但石油、天然气、煤炭的消费占比仍维持在 80% 以上。2018 年煤炭、石油、天然气消费分别为 13.24 千兆 BTU、30.97 千兆 BTU、36.95 千兆 BTU，三者合计81.15 千兆 BTU，占一次能源生产总量的比重分别为 13.08%、30.59%、

36.49%，合计占比80.16%。其中，天然气作为一种相对比较清洁的化石能源，是唯一一个消费继续增加的化石能源。

（二）能源消费对外依存度逐步降低

美国各能源的进口有明显下降趋势，能源结构也由对外依存转向自给自足且有能力出口到其他国家和地区，能源安全大大提高。从对外依存度方面来衡量，总对外依存为24.53%，与石油的产销缺口最大相对应的是石油的对外依存度最高，其对外依存度为58.14%，但若考虑到美国进口廉价原油再利用本国强大的炼油能力大量出口石油制品，石油真实的对外依存度便远低于此水平。另外，天然气、煤炭、可再生能源的对外依存度依次为9.65%、0.94%、0.55%。从能源自给率方面来衡量，美国2018年整体的能源自给率高达94.53%，其中煤炭、天然气、可再生能源资源蕴藏量丰富，自足率达115.79%、120.72%、102.31%。

（三）能源进口来源国及时得到调整且现相对集中

美国的能源进口来源国经过调整后，呈现出相对集中的特征，各能源进口已基本回归至近距离的美洲和西半球，对海湾地区和OPEC的依赖大大降低。

在石油方面，2018年美国减少了对伊拉克、沙特阿拉伯等中东国家的进口，增加了从加拿大、墨西哥及中、南美洲的进口。2018年美国从加拿大和墨西哥进口的原油分别为183.95百万吨、33.12百万吨，占原油总进口量的47.62%和8.57%，加之南、中美洲11.50百万吨的原油进口量，美洲合计进口原油占比70.93%。而中东国家2018年的原油合计进口量仅为73.31百万吨，占比18.98%，与美洲地区相去甚远。加拿大和墨西哥成为美国最大原油进口国，两国合计占比近六成。在石油制品方面，2018年美国从加拿大、墨西哥进口石油制品27.84百万吨、2.56百万吨，占石油制品进口总量的26.79%、2.46%，加之从中南美洲进口石油制品，美洲合计占比41.90%，达到2/5。在液化天然气方面，2018年美国进口的液化天然气中来自特立尼达和多巴哥为18.13亿立方米，占比达到 85.67%，超过 4/5。在管道天然气方面，2018 年美国进口的天然气全部来自加拿大和墨西哥，加拿大和墨西哥分别为 772.45 亿立方米、0.90 亿立方米，其中加拿大占比高达 99.89%。

（四）能源终端部门消费结构相对稳定

美国的能源最终消费结构近年来趋于稳定，2018 年家庭部门、商业部门、工业部门、交通运输部门的能源消费量分别占美国能源消费总量的 21.36%、18.38%、32.22%、28.04%。且连续 10 年以来，美国家庭部门的能源消费占比稳定在 21%、商业部门在 18%、工业部门在 30%~32%、交通运输业在 28% 左右，变化幅度均极其缓和。

（五）新能源在能源消费结构中稳步上升

在生产端，由于美国近年来致力于新能源产业与可再生技术的创新，太阳能、风能、生物质能、地质能等可再生能源发展很快，保持着方兴未艾之势。2018 年可再生能源合计生产 9.03 千兆 BTU，占比 9.44%，且这一比例在连年增加，自 2001 年以便有增无减，仅在 2018 年占比较 2017 有略微有所回落为 9.44%，2017 年占比为 9.67% 达最高水平。另外，2018 年发电合计 458.52 太瓦时，较上年增加 9.76%。可见可再生能源在生产端的作用日益凸显，但由于技术和成本等因素的掣肘，生产和发电占比至今未突破 10%，因此其大规模崛起尚待时日。

在消费端，美国 2018 年可再生能源的消费总量为 8.83 千兆 BTU，10 年的时间消费总量翻了近一番，随着未来制约可再生能源的瓶颈被逐一打破，其消费量将继续增加，一次能源的消费结构也将更趋于清洁化、低碳化。此外，可再生能源的消费结构也趋于多元化，各可再生能源的消费中，生物质能消费占比最大，随着地热能、太阳能和风能的发展，其占比正逐步下降，但 2018 年占比仍达 58.07%。风能占可再生能源消费的比例从 1989 年的 0.65% 上升到 2018 年的 28.69%，在消费端成为第二大可再生能源。太阳能消费增速最快，2018 年占可再生能源消费总量的 10.77%，地热能占比一直相对较低 2018 年为 2.46%。总之，以生物质能为首，太阳能、风能、地热能齐头并举的可再生能源消费结构将在未来得到进一步发展。在最终消费端，2018 年住宅业、商业、工业、交通部门、电力部门分别占该部门一次能源消费总量的 11.35%、5.75%、11.26%、4.99%、16.87%。

第三节　美国能源政策与能源安全分析

一、美国的能源政策

（一）温室气体的减排要求

面对环境问题给美国国内经济发展带来的沉重负担，一方面美国在国内制定了严苛的减排目标，另一方面政府在国际上积极开展环境外交。这有利于转变美国的能源结构和带动高科技产业的发展，加快国内经济发展的步伐，从而提振美国经济。首先，在国内，2013 年 6 月 25 日，奥巴马政府推出《总统气候行动计划》（*President's Climate Action Plan*），针对美国的火力发电厂制定了具体的减排目标，计划到 2020 年，美国将在 2005 年基础上减少 17% 的温室气体排放量。2015 年 8 月 3 日的《清洁电力计划》（*Clean Power Plan*）进一步制定了更为严格的减排目标，声明到 2030 年美国电力行业的碳排放将比 2005 年减少 32%。为实现减排目标，每年需要投入 84 亿美元。[①] 其次，为使这些政策得到进一步的推行和落实，在国际上也有一系列外交政策与之配合。2009 年 12 月在哥本哈根召开的联合国气候变化大会上，美国本计划表示会履行减排承诺，即到 2020 年前温室气体排放量在 2005 年基础上减少 17%，尽管这仅相当于在 1990 年基础上减排温室气体 4% 左右与发展中国家期望的仍有巨大差距，但迫于国内各方压力，奥巴马的会议发言中并未对二氧化碳减排做出具体承诺，仅

---

① 丁金光、赵嘉欣：《奥巴马执政时期美国环境外交新变化及其影响》，载《东方论坛》2018 年第 3 期，第 27～33 页。

表示美国将会继续履行环境变化挑起责任。2014 年 11 月，中美针对气候变化问题再次发表《中美气候变化联合声明》，在此声明中，美国承诺于 2025 年实现在 2005 年基础上减排 26% ~28% 的全经济范围减排目标并将努力减排 28%，这是美国首次对碳减排目标做具体指标承诺。在 2013 年的华沙气候变化大会上，美国表明要用公共资金来支持发展中国家的气候行动，同时还与挪威、英国共同投资 2.8 亿美元来支持华沙大会确立的"华沙 REDD + 框架"，以减少发展中国家因毁林和森林退化而造成温室气体排放问题。2015 年 12 月，在巴黎气候变化大会上，各缔约方经过艰苦的磋商和谈判，最终达成了全球应对气候变化的新协议——《巴黎协定》。该协定提出了要在 21 世纪末将全球气温升高幅度控制在 2℃ 以内并向 1.5℃ 努力的目标，同时将原来的"自上而下"的治理模式转变为以"自下而上"为主、"自上而下"为辅的减排新模式，为广泛调动各国参与减排提供了新路径，2016 年 4 月 22 日，美国国务卿克里带着孙女签署了《巴黎协定》，11 月 4 日，《巴黎协定》正式生效。

但即使这样，美国作为碳排放全球第一大国，其减排承诺与本身应该承担的责任仍相去甚远。2017 年 6 月 1 日，美国总统特朗普在白宫玫瑰园宣布，美国撤出巴黎气候协定。他认为减排对美国经济有很大的制约，标榜美国利益至上的他当然反对为了世界责任而牺牲美国利益。自此，尽管全美各州、各城市和各企业加紧努力减少碳排放量，但无法抵消特朗普总统废止巴黎气候协定的影响，2018 年 9 月 13 日旧金山发布的报告中指出，美国联邦与实体经济承诺将使美国 2025 年温室气体碳排放量较 2005 年的水平下降 17%，大约是美国原先设定目标的 2/3，较《巴黎协定》承诺少 1/3。

由此可见，美国在全球碳排放的行动中，一直扮演着拖后腿的角色。尽管奥巴马上台后做出来一系列积极的努力并取得一定成效，但迫于国内各方压力，如共和党政治人物不接受气候暖化的理论，煤炭企业及共和党盟友指责奥巴马"对煤炭宣战"将带来破坏性压力，加之特朗普上台后的态度反转，美国的碳减排行动还有很长的道路要走。

（二）石油能源安全政策

奥巴马执政时期能源政策的目标由只考虑减少石油依赖程度、实现能源独立向重振美国制造业进而拉动国内经济复苏、在关键性能源领域占领战略性领先地位转变。石油方面主要是侧重扩大国内油气资源开发。一方面，加大了近海油气和陆上石油开发的力度，计划开放美国75%的近海油田，公布了允许在大西洋沿岸50英里外大陆架外缘进行原油开采的计划，并将原油钻探范围延伸至北冰洋海域。同时还采用降低头三年租赁费用、缩短陆上石油区块的租赁年限等措施来鼓励石油公司加速开采。另一方面，大力发展非常规油气资源，为鼓励非常规油气资源的开发，组建了包括国防部、内务部等跨部门工作组，以此来协调部门间的政策行动并解决非常规油气开发中遇到的问题。①

特朗普执政后继续执行美国能源自给自足的理念以确保能源安全，但他更重视重回传统能源的发展路径，意在加大本土资源，特别是化石能源的开发力度，从而摆脱美国对进口能源的依赖。一方面，对奥巴马时期对传统能源的限制进行松绑，在《美国优先能源计划》中取消了《气候行动计划》的限制政策。同时还开放在大西洋、太平洋、北冰洋大面积区域和墨西哥湾的油气钻探限制，以及制定新的大陆架油气开发计划。另一方面，鼓励油气基础设施建设，加大对传统能源基础设施建设的投资力度，支持以公私合营的方式投资基建，重新启动奥巴马任内暂停或取消的管道项目。

另外，美国国会预算办公室发布的《2012年美国能源安全》指出，解决石油供应暂时中断的政策一般有三种形式：第一，通过将战略石油储备中的石油释放给世界石油市场或鼓励发展保险市场来减少高价格给消费者带来的风险。第二，近期内为美国家庭和企业提供更多选择，以便在油价上涨时减少个人车辆的使用。第三，促进保险市场的发展。旨在减少个人车辆使用的政策将更有可能降低石油市场中断的风险，因为这些政策的

---

① 邬琼：《美国能源政策趋势变化分析》，载《中国物价》2019年第3期，第57~59页。

成功实施不依赖于国际协调。相比之下，需快速给世界市场增加供应的政策需要国际协调。

从战略储备石油中释放石油，美国将能够通过向世界市场提供更多的供应，对暂时的石油供应中断迅速作出反应。2010年，美国的石油库存超过10亿桶，其中7.27亿桶为SPR库存，其余为私人库存。从私人库存中释放和存入私人库存的情况经常发生，这反映出个别公司和炼油厂对供应短期变化做出的反应。然而，这些库存的管理并不协调，因此，石油的释放可能无法抵消尼日利亚或利比亚等地石油生产长期中断的影响。相比之下，SPR的释放会足够大，足以抵消几个月来的小幅中断。这些措施可能会抑制油价上涨，从而抑制油价上涨对经济的影响。

在推广私家车的替代品方面，为公共交通创造额外运营能力可能代价高昂，因为建设新的固定轨道公共交通替代品（如铁路和地铁）将需要大量的时间和资金。而较便宜的办法是扩大现有的交通系统，例如增加新的巴士服务或增加巴士站的数目和地点。然而，并非所有社区都适合提供公共交通服务，特别是在人口分散的地区。此外，广泛采用远程办公的工作政策，实施较低的速度限制，或推广拼车和自行车项目，将减少交通燃料的消耗。这样的政策会促使一些消费者不开车或开得更慢（这样每行驶一英里消耗的汽油就会更少），从而减少燃料的使用。但它们可能伴随着生产率下降或通勤时间延长。

同时，完善的保险市场可以使经济受益，因为它将风险从石油消费者转移到更有能力承担这种风险的投资者身上。举例来说，如果这些投资者居住在美国以外的地方，或者他们比普通消费者更易承受油价的变化，那么当油价上涨时，他们就会减少经济上的间接成本。然而，如果风险通过广泛持有的投资转移回美国消费者手中，这类措施就不能有效地减少油价上涨可能带来的经济损害。与应对暂时性供应中断的政策类似，应对油价长期变化的政策有两种：第一种，增加国内石油或石油替代品的产量。第二种，通过提高燃油效率标准或鼓励开发使用较少及不使用石油的替代运输来减少石油的消耗。第一种方法可以持续降低油价（可能只是小幅），但仍会让家庭和企业面临供应中断导致的价格上涨，尽管这些上涨将从较低的水平开始。第二种方法将使一些家庭和企业不再使用燃油汽车，这可能会减少它们在石油市场动荡中的风险敞口。解决持续中断的政策将比解决临时中断的政策耗费更多的时间和财政资源。①

二、美国的能源安全风险分析

（一）美国能源进口依存度分析

1. 能源总进口依存度于 1978 年和 2015 年达峰值，现大幅直线下降

美国能源进口依存度的计算方法主要有两种：一种是用进口额与 GDP 的比例来进行测度；另一种是净进口与消费量的比例来计算，本章采取第二种方法。该值越高，说明美国国民经济对世界经济的依赖程度越高，美国面临的能源安全风险越高。美国直到 20 世纪 50 年代末才开始出现能源消费超过国内产量的情况，在此之前一直可以自给自足甚至少量出口。1953 年净进口为 0.447 千兆英热单位，首次由负转正并开始不断增加，于 2005 年达到顶峰净进口为 30.197 千兆英热单位，美国已经成为世界上最大的能源进口国之一。根据图 4 - 36 可以看出，美国总的能源依存度有两次达到顶峰，1978 年的 21.92% 和 2005 年的 29.66%。结合前文能源消费趋势分析，1978 年的总依存度顶峰主要是由于石油危机时期能源供应短缺造成的消费量暂时下降至低谷，分母变小从而使得测度的结果上升。之后，国家迅速进行调整使得总依存度开始下降，直到 1982 年总进口依存度降到 9.05% 后又开始强势反弹，一路保持上升。2005 年的总进口依存度顶峰则很大程度上是由于能源净进口的不断增加并在 2005 年达到最高点，分子增加从而使测度的结果上升。自 2005 年后，总依存度直线下降，2015 年仅为 7.31%，较 2005 年下降了 75.36%，可见美国为提高其能源安全降低对外依存度方面而采取的一系列政策效果显著。

---

① Office C B. Energy Security in the United States［R］. Reports，2012.

图 4 - 36　1969～2015 年美国总依存度

资料来源：美国能源信息署（EIA）。

2. 原油进口依存度走势和总依存度高度吻合，2007 年后天然气下降显著

具体来看各能源的进口依存度。由图 4 - 37 可以看出，化石燃料的进口依存度走势与美国一次能源对外依存度的走势基本相同，这从侧面说明了美国一次能源进口主体为化石燃料，尤其是原油的进口依存度，与美国一次能源对外依存度的走势高度吻合，可见美国主要是原油依赖进口。美国原油进口依存度在 1977 年和 2008 年分别达到峰值，高达 50.52% 和 75.09% 。2008 年后开始下降，至 2018 年控制在 58.14% 。虽然美国的石油产量在 2018 年一跃成为世界第一，但美国仍是原油的净进口国且其原油进口将长期存在，这是因为美国的炼厂可以从加拿大等进口重质原油，同时出口原油及成品油进行套利，未来石油的对外依存度有望稳定在 50% 以内。天然气的进口依存度在 2007 年之前呈缓慢上升之势，2007 年进口依存度为 19.96% ，后页岩气革命取得重大突破，2007 年后便开始直线下降，至 2018 年天然气的进口依存度仅为 9.65% 。相较而言，煤炭和生物质能的进口依存度较小且波动不大，这与美国丰富的煤炭储量是分不开的。

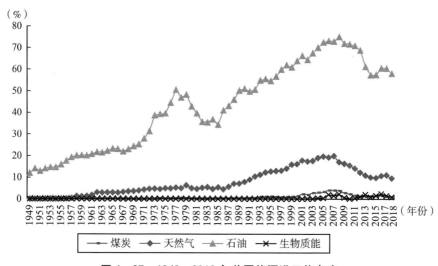

图 4 – 37　1949～2018 年美国能源进口依存度

资料来源：美国能源信息署（EIA）。

3. 能源对外依赖与经济周期、政策扶持、美国能源消费结构密切相关

从前面分析可知，1949～2018 年这 70 年间，一次能源的总对外依存度和各能源进口依存度呈现出不断提高、自 2006 年左右开始降低的轨迹。这种特点背后的原因是多方面的。一方面，能源对外依赖与经济周期、美国能源消费结构密切相关，当美国遭遇经济冲击（1978 年石油危机）或经济由高涨转向衰退（2008 年金融危机）时，能源需求急剧下降，对外依存度随之下降，随后经济恢复，能源需求也相应增加，尤其是由原油造成的石油的对外依存度随经济高涨而显著上升，2008 年后才开始下降。另一方面，美国 20 世纪 70 年代遭遇能源危机后，能源安全和能源供给引起高度重视，历届政府颁布一系列能源政策，鼓励和支持开发新能源技术。特别是玉米乙醇提炼和页岩油气开采技术的突破，使美国化石燃料的对外依存度在 2007 年后开始下降。

（二）美国能源消费多样性

1. 能源消费多样性较差，集中度呈 U 形且保持相对稳定

2018 年美国一次能源消费比 2017 年增长了 4.0%，创 8 年来最大增

幅。其中天然气消费创纪录，较 2017 年增加了 10.50%，加之石油、核能与可再生能源的小幅增长，完全抵销了煤炭消费的小幅下降。一次能源消费总量增长的背后，是其集中度的不断稳定和能源消费结构的优化。一次能源集中度是反映消费结构最基本、最重要的指标，集中体现了能源消费的多样性，具体计算方法为消费量最多的两种一次能源的消费占比之和。石油为美国能源消费的第一大能源，占比在 40% 左右。天然气和煤炭的能源消费占比曾一度不相上下，1985 年之前天然气为第二大消费能源，之后由于石油危机后美国"以煤代油"政策的推广并鼓励煤炭消费，煤炭消费不断增加，两者占比基本持平都在 25% 左右。2008 年开始，天然气消费重新超过煤炭成为第二大消费能源，且占比直线上升至 2018 年达到 30.54%。综上，美国一次能源的消费集中度在 20 世纪 70 年代以前呈上升趋势，在 1972 年达到最高点为 78.19%，后缓慢下降，2008 年开始反弹，2018 年集中度为 70.52%，如图 4 - 38 所示。这反映了美国当前的能源消费仍以化石燃料为主，特别是页岩气革命后天然气消费占比不断增加，化石燃料的消费占比高达八成以上。

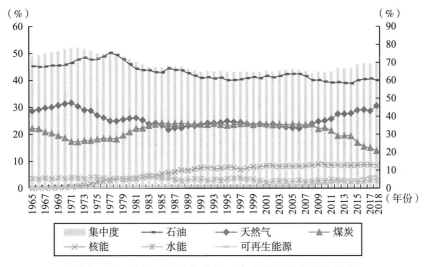

图 4 - 38　1965～2018 年美国一次能源消费多样性指标

资料来源：美国能源信息署（EIA）。

2. 电力消费多样性趋于优化，集中度呈下降趋势

对于美国的电力消费，煤炭在2015年之前一直为第一大发电能源，但占比呈现出显著的下降趋势。1985年煤炭发电占比为56.74%，而2018年降低至27.93%。天然气的发电占比则在1985~2018年显著上升，2005年之前为美国第三大发电能源，2006年以20.27%的发电占比超过核电成为第二大发电能源，之后更是急剧攀升，在2016年以34.09%的发电占比超过煤炭成为美国第一大发电能源。而核电的历年占比则相对稳定，在2006年之前以20%左右的占比为美国第二大发电能源，后随着天然气发电量的增加，核电排在了第三位，2018年核电占比19.05%。总体来看，美国未来较长一段时间的发电能源仍将以煤炭和天然气为主。电力消费的集中度在1988年达到顶点，为75.87%，之后呈缓慢下降之势，2018年的电力消费集中度为63.31%，如图4-39所示。之后随着天然气产量的不断增加，电力消费集中度可能继续增加。

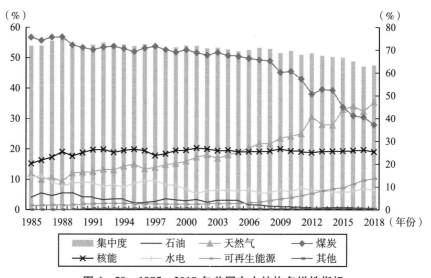

图4-39 1985~2018年美国电力结构多样性指标

资料来源：美国能源信息署（EIA）。

3. 2005年后可再生能源发电占比爆发式增长，2018年突破10%大关

在所有发电能源中，可再生能源的发电占比也在一直增加。2005年之前可再生能源的发电占比在2%左右，起伏不大，2005年之后随着新能源技术的不断推广，可再生能源发电占比出现爆发式增长，在2018年突破10%的大关，达到10.28%，较2017年的9.71%增加了0.57%。可再生能源发电中，主要是风能发电，2018年风力发电占总发电量的6.23%，较2017年占比增加了0.26%，占所有可再生能源发电量的60.60%。同时，太阳能发电量的增速最为迅猛，2018年太阳能发电量占总发电量的2.18%较2017年增加了0.37%，如图4-40所示。但可再生能源的发电占比仍相对较低，在未来一段时间内仅能作为辅助能源发电。

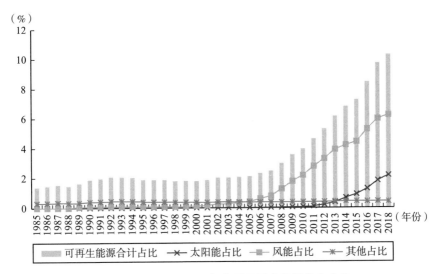

图4-40　1985~2018年美国可再生能源发电占比

资料来源：美国能源信息署（EIA）。

（三）美国能源使用效率分析

1. 单位GDP能耗不断增加，能源效率不高

单位GDP能耗作为衡量一国经济发展的重要指标，其变化趋势和产业结构密切相关。一般而言，工业化初期的机械化大生产必然都带来单位GDP能耗的上升。在工业化初期，一国的生产方式由手工生产为主转向机械化大生产为主，物资供应迅速丰富，能源密集型产业得到快速发展，能

源消费强度会持续走高。对美国而言，1870 年结束了向西部扩张后便开始全面进入工业化，1870～1916 年这近 30 年时间被称为"进步时期"，在此期间机器代替手工、全国性铁道网络建成、商品流通快速发展，各能源消耗强度显著增加。随着工业向高端升级，经济进入工业化中、后期，单位 GDP 能耗将开始由上升转为下降。如美国在 20 世纪 50 年代，将钢铁、纺织等传统产业向日本等国转移，而本国集中力量发展半导体、通信、计算机等新型技术密集型产业，这必然会使单位 GDP 能耗下降。由此可知，单位 GDP 能耗的短期增加是能源密集型行业同时大量生产的结果，而单位 GDP 能耗的下降与经济发展对高耗能产品的依赖程度下降、新能源技术等科技的发展进步有关。

图 4－41 显示了美国 1990～2015 年的单位 GDP 能耗，以 2011 年不变购买力平价为基础计算每美元消耗的千克石油当量。1990 年美国的单位 GDP 能耗为 4.83，之后不断增加，2015 年升至 7.80，较 2014 年的 7.47 增加了 4.42%。在 2007 年之前，美国人均 GDP 的增长速度快于 GDP 单位能耗的增长速度，之后两者的增长速度基本同步。

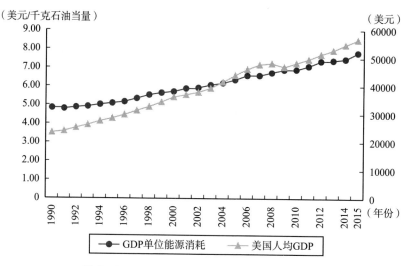

图 4－41　1990～2015 年美国单位 GDP 能耗

资料来源：世界银行数据。

2. 人均能源消费呈现稳中微降的特征，但仍居高不下

对于美国人均能源消费的分析，首先要注意到美国的消费模式有人均资源消耗量高和资源消费利用率低的特点，其根源在于美国的传统消费习惯和政府政策的支持。2007 年次贷危机爆发前，政府扶持消费信贷倡导民众消费，个人消费占美国 GDP 的比例一度高达 70%，与此相对应的当然是人均能源消费的居高不下。危机爆发后，政府推出一系列政策限制消费、吸引存款、推广环保节能，人均能源消费量也随之下降。但正如前面与其他国家对比分析，美国仍然是世界上最大的能源消费国。据相关民意测验显示，77% 的美国居民表示，企业和产品的绿色形象会应影响他们的购买欲。由此可以看出，美国居民长期形成的过度奢侈型消费模式是人均能源消费一直居高不下的根源，而生活习惯在短期内较难改变，因此加强可再生能源的研发与利用会更有效。

美国的人均能源消费整体上有下降的趋势，受经济冲击影响明显。1973 年第一次石油危机，美国的人均能源消费相应到达顶点，为 8163.60 千克石油当量。短暂下降后 1975 年立即反弹，并于 1978 年第二次石油危机时再次达到顶峰，为 8438.40 千克石油当量。石油危机后，即使人均能源消费略有反弹，也再未超过 1978 年的水平，较长一段时间均维持在 7800 千克石油当量左右。2008 年金融危机后人均能源消费开始下跌，2015 年为 6797.62 千克石油当量，较 2014 年下降 2.27%。而美国人均 GDP 除受金融危机打击较大，在 2009 年出现下降外，其余各年均强势增长，可见其经济增长的强劲，如图 4-42 所示。

3. 人均电力消费稳居高位，并趋于微幅上升

与人均能源消费相反，美国的人均电力消费整体呈上升趋势。1970 年人均电力消费仅为 7236.66 千瓦时，而 2014 年已升至 12984.33 千瓦时，增加了 79.42%。其间，2000 年达到人均电力消费的峰值，为 13671.05 千瓦时，进入 21 世纪后略有下降但基本稳定，如图 4-43 所示。

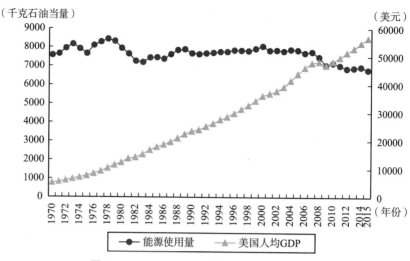

图 4 – 42 1970～2015 年美国人均能源消费

资料来源：世界银行数据。

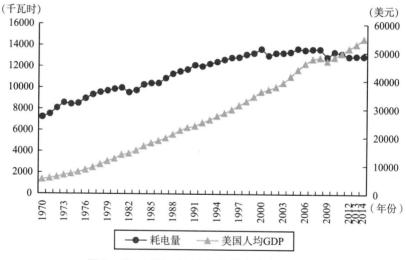

图 4 – 43 1970～2014 年美国人均电力消费

资料来源：世界银行数据。

4. 能源消耗强度呈现直线下降趋势，能源效率稳步提升

能源强度是能源消耗与产出的比重，可以用来衡量经济体的能源综合利用效率与经济发展对能源的依赖程度。本书能源强度指标是每 1000 美

元的国内生产总值所消耗百万英热单位能源计算得来。得益于生产效率的
提升、产业发展、清洁能源利用等因素,美国的能源强度趋于下行,全球
的能源强度同样下行趋势明显。1970 年美国的能源强度为 12.7,2018 年
下降至 5.0,48 年间下降了 60.63%,预计到 2040 年将下降至 3.4,如
图 4 - 44 所示。

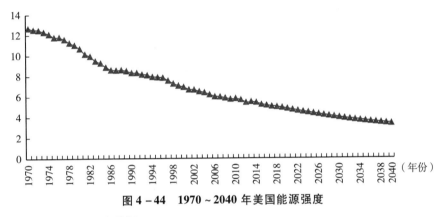

图 4 - 44　1970～2040 年美国能源强度

资料来源:世界银行数据。

第四节　美国能源结构转型的税收政策

　　能源税收政策是政府的主要财政工具之一,税收政策通过激励机制和
抑制机制来改变能源的分配或配置及其使用。从理论上讲,能源税和补
贴,就像一般的税收政策工具一样,要么是为了纠正能源市场失灵问题或
扭曲,要么是为了实现某种经济(效率、公平或宏观经济)目标。然而,
在实践中,美国的能源税收政策是在政治环境下制定的,由财政指令和在
这种环境下的主要参与者的观点和利益决定,包括政策制定者、特殊利益
集团和学术学者。因此,制定的税收政策体现了经济和政治目标之间的妥
协,这种妥协可能减轻,也可能加剧现有的扭曲。

　　美国目前的能源税收政策旨在解决人们对环境和相关能源安全的担
忧,促进可再生能源生产、能源效率和节约的激励措施以及替代新能源车

辆的政策解决了环境和能源安全问题。对国内化石燃料生产的税收优惠试图通过减少国家对进口能源的依赖来促进能源安全。

在美国将税收政策工具应用于能源市场的想法并不新鲜。然而，直到20世纪70年代，除了促进国内化石燃料生产，能源税收政策几乎没有被使用。自20世纪70年代周期性的与能源相关的问题时有发生，石油禁运，石油价格和供给冲击，宽幅石油价格变化和价格飙升，石油价格地区差距大，能源供应紧张，不断上升的石油进口依赖，以及增加对环境的担忧等一系列问题，导致政策制定者对使用频率更高的能源税和补贴偏爱有加。自20世纪70年代以来，美国能源税收政策的方向发生了数次变化。

在第114届国会期间，能源税收政策似乎旨在鼓励能源效率和可再生能源生产，同时继续促进美国的能源安全。作为《2016年综合拨款法案》的一部分，几项已过期的能源税收优惠被延长至2016年。对风能和太阳能的税收优惠政策被给予了更长期的延长和逐步淘汰。由于114届国会没有进一步的立法行动，一些与能源相关的税收规定将于2016年底到期。

美国总统的2017财年预算对能源税收政策提出了多项改革。具体来说，奥巴马政府已经提议废除对化石燃料的一些现有税收优惠，同时为碳封存、替代和先进技术车辆、可再生电力、能源效率和先进能源制造业提供新的或扩大的优惠。奥巴马政府过去的预算中也出现了类似的提议。2017财年预算还提议对石油征收每桶石油税。

干预能源市场的经济理由有助于为围绕能源税收政策的辩论提供信息。本章首先提供能源市场干预的经济理论背景，强调各种市场失灵。在确定了能源生产和消费中可能出现的市场失灵之后，讨论了可能的干预措施。

一、能源市场干预的经济理论背景

美国经济税收的主要目标是增加收入。然而，有时税收政策可以用来实现其他目标。这包括利用税收政策作为经济刺激或实现社会目标。税收政策也可以用来纠正市场失灵（例如，一种商品的供应不足或过剩），如果不进行干预，就会导致市场效率低下。围绕能源生产和消费，存在着一系列的市场失灵。与能源相关的税收政策，可以用来解决这些市场失灵问题。

在许多情况下，政府干预能源市场可能会改善市场结果。一般来说，当可能出现市场失灵时，政府干预有可能改善市场结果。外部性是能源生产和消费中最重要的市场失灵之一。能源市场的市场失灵也源于委托代理问题和信息失灵。对国家安全的担忧也被用作干预能源市场的理由。

二、美国能源税收政策现状

美国总统的 2017 财年预算包含了一系列与能源税相关的提议（见表 4 - 4），具体来说，该预算提议在 2016～2026 年提供 415 亿美元的新能源税或延长能源税优惠。[①] 这笔费用中将近一半是可再生的技术转让中心和贸易中心的长期延长，费用为 198 亿美元。此外，总统的预算提议为碳封存、先进技术和替代燃料汽车、先进能源制造以及鼓励生物燃料和节能建筑提供新的税收抵免。

表 4 - 4　　　　美国总统 2017 财年预算中的能源税提议　　　单位：十亿美元

项目	描述	2016～2026 年提案收入变化估算
新的或延长的奖励或修改		
可再生电力生产税收抵免和投资税收抵免	永久延长可再生 PTC，使信贷可退款，增加太阳能设施作为合格的财产，扩大信贷的资格，电力被生产者消费，并允许个人要求 PTC 的住宅节能物业安装在住宅单位。永久延长可续期创新科技署，作为 2017 年的信贷结构，并永久延长选举，以要求创新科技署代替 PTC。允许在 2022 年 1 月 1 日前在住宅上安装太阳能电力和太阳能热水设备的个人申请 PTC，以代替住宅节能贷款；允许在 2021 年 12 月 31 日后在住宅上安装太阳能设备的个人申请 PTC	- 19.8

① U. S. Congress, Joint Committee on Taxation, *Estimated Budget Effects of the Revenue Provisions Contained in the President's Fiscal Year 2017 Budget Proposal*, committee print, 114th Congress, March 24, 2016, JCX - 15 - 16.

续表

项目	描述	2016~2026年提案收入变化估算
节能商业建筑物业扣减	永久延长及提高每平方英尺的最高能源效益商业楼宇物业扣减额至3.00元，并视乎节省能源的情况，把部分扣减额增至2.00元及1.00元。根据预计的能源节约提供一个新的扣除额	-6.7
二氧化碳投资和封存税收抵免	授权20亿美元，为用于新建或改造发电机组的符合条件的二氧化碳运输和储存基础设施提供30%的可退还投资税收抵免。提供一项可退还的封存税抵免，每公吨二氧化碳封存而未受益者再利用50美元，每公吨二氧化碳封存而受益者再利用10美元。该信贷将被限制在最长20年的生产	-6.7
先进能源制造业的信用	为先进能源制造业提供额外的25亿美元税收抵免	-2.2
第二代生物燃料生产信贷	将以每加仑1.01美元的价格混合纤维素燃料的补贴延长至2022年，并在2026年底逐步取消补贴	-1.2
生产先进技术车辆的信贷	用更广泛的先进技术车辆可获得的扩大信贷取代插电式电动汽车信贷。贷款上限为1万美元，汽车贷款上限为1.4万英镑以下。贷款期限为2023年12月31日，2021年开始逐步取消	-1.8
中、重型替代燃料商用车信贷	对重达1.4万至2.6万磅的专用替代燃料汽车提供2.5万美元的税收抵免，对重达2.6万磅以上的汽车提供4万美元的税收抵免。到2022年12月31日，将提供50%的贷款	-0.5
建设节能型新住房的信贷	将目前为节能新屋提供的1000美元税收优惠延长至2026年。提供新的4000美元的税收抵免，以建设新的合格的能源部零能源就绪家园	-2.5
激励措施将被废除		
提高石油采收率的信贷（EOR）	取消EOR项目的投资税收抵免	0.4
边际油井生产石油和天然气的信贷	取消对边际油井油气生产的信贷	

续表

项目	描述	2016～2026年提案收入变化估算
无形钻井费用的支出（IDCs）	废除资本 IDCs 的费用和 60 个月的摊销。IDCs 将改为资本化，并根据一般适用的费用回收规则收回费用	13.1
三级注入物的扣除	取消三级注入物费用扣除	0.1
石油和天然气开采权益的被动损失限制除外	废除石油和天然气开采权益被动损失规则中的例外	0.3
石油、天然气和硬矿物化石燃料的消耗百分比	废除石油、天然气和硬矿物化石燃料的消耗百分比。纳税人在调整石油和天然气或硬矿物化石燃料资产的基础上，可以主张成本损耗	12.9
国内制造扣除石油、天然气、煤炭等硬矿物化石燃料	修改生产活动的定义，使石油、天然气、煤炭等硬矿物化石燃料的收入不符合规定	11.1
减少地质和地球物理（G&G）支出的摊销期	将独立生产企业油气勘探 G&G 支出摊销年限从 2 年提高到 7 年	1.3
煤炭勘探开发费用	取消煤炭和其他硬矿物化石燃料勘探开发成本的费用摊销、60 个月摊销和 10 年摊销。相反，费用将根据一般适用的规则资本化和折旧或耗尽	0.8
煤炭使用费的资本收益处理	将煤炭和褐煤特许权使用费作为普通收入征税	0.4
免除化石燃料公开交易合伙企业的公司税	从 2020 年以后，出于税收目的，将公开交易的化石燃料合作伙伴关系视为 C 公司	0.8
税收增加		
征收石油费	从 2016 年 10 月 1 日起，分 5 年逐步征收相当于每桶 10.25 美元的原油费。费用会随着时间的推移而调整。该费用将适用于国内生产和进口的石油产品，出口石油除外。家庭取暖油也将暂时豁免	273.4

项目	描述	2016~2026 年提案收入变化估算
提高溢油责任信托基金融资利率，更新法律，纳入其他原油来源	将石油泄漏责任信托基金（OSLTF）的消费税提高一分，并扩大征税范围，使之包括从沥青矿床和富含干酪根的岩石中生产的原油	1.2
恢复超级基金税：消费税	恢复并延长超级基金消费税，包括对国内原油和进口石油产品征收每桶 9.7 美分的消费税，以及对用于制造危险化学品的危险化学品和进口材料征收每吨 22 美分至 4.87 美元的税	6.2
恢复超级基金税：环境所得税	恢复企业环境所得税，对企业修改后的替代性最低应纳税所得额超过 200 万美元征收 0.12% 的所得税	14.8

资料来源：美国财政部：《解释政府的 2017 财年收入的建议》，美国国会税收联合委员会：《估计预算的影响收入规定包含在总统的 2017 财政年度预算计划》。

与前几年类似，美国总统的 2017 财年预算提议取消支持化石燃料的某些税收优惠，同时提高和增加化石燃料的新税。[①] 2016~2026 年，取消对石油、天然气和煤炭的某些供应，预计将筹集 412 亿美元。

美国总统的 2017 财年预算提议，通过对原油征收每桶新的费用，增加财政收入，"支持关键的基础设施和气候弹性需求"。[②] 这一费用将等于每桶 10.25 美元，经 2016 年起的通胀调整后，将在 2016 年 10 月 1 日开始的 5 年内分阶段实施。该费用将适用于国内生产和进口石油产品，但不适用于出口石油产品。家庭取暖油也将暂时豁免。2016~2026 年，这笔

[①] 奥巴马政府已有类似的预算提案，更多背影信息参见 CRS Report R42374，*Oil and Natural Gas Industry Tax Issues in the FY2014 Budget Proposal*，by Robert Pirog and CRS In Focus IF10206，*Oil and Gas Tax Issues in the Tax Reform Act of 2014 and the President's FY2015 Budget Proposal*，by Molly F. Sherlock.

[②] Department of the Treasury，*General Explanations of the Administration's Fiscal Year 2017 Revenue Proposals*，Washington，DC，February 2016，P. 191.

费用预计将筹集 2734 亿美元。① 根据该提案，该费用的收入将用于资助基础设施和交通系统升级，投资于更清洁的交通技术，并为"能源成本特别高"的家庭提供救济。②

美国总统的 2017 财年预算还提议修改其他几项环境税。具体来说，预算提出，一是增加漏油责任信托基金（OSLTF）消费税一分钱税的范围扩大到包括原油产生沥青存款和 kerogen - rich 岩石；③ 二是恢复和扩展超级基金的消费税，包括每桶 9.7 美分消费税对国内进口原油和石油产品和化学危险品税和进口材料用于制造化学危险品，价格从每吨 22 美分到 4.87 美元不等；三是恢复企业环境所得税，对企业修改后的替代性最低应纳税所得额超过 200 万美元的，征收 0.12% 的所得税。④ 美国国会 JCT（joint committee on taxation）估计，提议修改的 OSLTF 消费税将在 2016 ~ 2026 年筹集 12 亿美元，其中超级基金消费税提议将筹集 62 亿美元，超级基金环境所得税将在同一预算窗口内筹集 148 亿美元。⑤

美国总统的 2017 财年预算提案中还包括了几项将影响能源行业的条款，但并不专门针对能源。例如，总统的 2017 财年预算提议废除后进先出（LIFO）存货核算方法。废除后进先出会增加持有存货的公司的税收负担，而这些存货预计会随着时间的推移而增值（如石油）。总统的 2017 财年预算还将修改双能力纳税人的税收待遇，这一提议将影响在海外运营的油气公司。

①⑤ U. S. Congress, Joint Committee on Taxation, *Estimated Budget Effects of the Revenue Provisions Contained in the President's Fiscal Year 2017 Budget Proposal*, committee print, 114th Congress, March 24, 2016, JCX - 15 - 16.

② Department of the Treasury, *General Explanations of the Administration's Fiscal Year 2017 Revenue Proposals*, Washington, DC, February 2016, P. 191.

③ 这项建议的目的是确保 OSLTF 的税收，参见 CRS Report R43128, *Oil Sands and the Oil Spill Liability Trust Fund: The Definition of "Oil" and Related Issues for Congress*, by Jonathan L. Ramseur.

④ 与超级基金消费税不同，企业环境所得税与企业之前或现在的污染活动没有直接联系。

三、美国能源税收政策历史回顾

（一）2004 年《工薪家庭税收减免法案》

作为 2004 年《工薪家庭税收减免法案》的一部分，一些能源税收激励措施得到了延长，该法案包含了 1460 亿美元的中产阶级和企业税收优惠。这项立法于 2004 年 10 月 4 日签署成为法律，追溯延长了四项能源税收补贴：第 45 条可再生能源生产税收抵免、暂停石油和天然气百分耗竭津贴的 100% 净收入限制、电动汽车的 4000 美元税收抵免和清洁燃料汽车的扣除（2000 美元到 50000 美元不等）。第 45 条税收抵免和 100% 纯收入限制的暂停分别于 2004 年 1 月 1 日到期，但已追溯至 2005 年 12 月 31 日。电动汽车信贷和清洁汽车所得税抵扣正在逐步取消（2004 年 1 月 1 日开始逐步取消）。2004 年的《工薪家庭税收减免法案》暂停了这一计划的逐步取消——2005 年提供了 100% 的税收减免。减税政策从 2006 年 1 月 1 日开始恢复，当时只有 25% 的减税政策有效。

（二）2004 年《美国就业创造法案》

2004 年 10 月 22 日，美国颁布了 2004 年《美国就业创造法案》。其中包括约 50 亿美元的能源税收优惠，主要针对可再生能源、酒精和生物燃料。特别值得一提的是，该法案创造了生产税收抵免，取消了大多数混合酒精燃料的税率下调，建立了生物柴油燃料和小型炼油商税收抵免，并允许对边际油井生产的石油和天然气给予抵免。

（三）2005 年《能源政策法案》

2005 年 8 月 8 日颁布了 2005 年《能源政策法案》。其中包括估计在 5 年内 90 亿美元的税收优惠，分配给可再生能源、节能和传统能源。从税收成本的角度来看，该法案的较大条款包括：通过了几项替代技术车辆抵免、通过了三项清洁煤投资抵免，以及延长了生产税收抵免。

（四）《增税预防与和解法》

2006 年 5 月 17 日颁布了《增税预防与和解法》。它通过将摊销期从 2 年提高到 5 年，降低了补贴的价值，这仍然快于 2005 年法案之前的资本化处理，但慢于该法案下的处理。较高的摊销期只适用于主要的综合性石油公司——独立的（未整合的）石油公司可以在两年内继续摊销所有地质和地球物理（G&G）成本——也适用于废弃的和成功的资产。根据 2005 年的《能源政策法案》，这一改变将使大型综合性石油公司在未来 10 年的税收增加约 1.89 亿美元，相当于 11 年石油和天然气生产税收的 20%。

（五）2006 年《税收减免和医疗法案》

2006 年底，第 109 届国会通过了一项增税方案，其中包括延长许多可再生能源和消费税的规定。根据 2005 年的《能源政策法案》，该法案中的许多可再生能源条款已被延长，预计要到 2007 年底或更晚才会到期。2006 年的税收减免和医疗法案规定将这些条款延长一年。

（六）第 110 届和第 111 届国会通过了立法

第 110 届国会的能源税收政策代表着向增加石油和天然气工业的税收负担的转变（通过取消补贴），同时也强调与传统碳氢化合物相反的节约能源和替代和可再生燃料。这一政策方向看来是由于原油和石油产品价格高昂、石油和天然气工业利润高昂，以及 2006 年国会选举后国会的政治改组的结果。这一转变体现在减少油气生产激励或补贴的提议上，这些提议最初被纳入全面能源政策立法，但最终被取消。第 110 届国会晚些时候通过了一项立法，重点是增加对可再生能源生产的激励，而不是减少对石油和天然气行业的税收激励。对石油和天然气的税收优惠措施仍在实施，这在一定程度上反映了 2008 年不断恶化的商业环境。

第 111 届国会通过的能源税立法继续为可再生能源和能源效率提供额外支持。与历届国会一样，第 111 届国会通过的能源税收立法中，有很大一部分延长了已过期或即将到期的能源相关税收优惠。美国复苏和再投资法案对可再生能源和先进能源制造实施了新的激励措施，同时提高了对住宅能效的激励。第 111 届国会还消除了"黑液漏洞"。

（七）2007 年《能源独立与安全法案》

2007 年《能源独立与安全法案》，该法案载有一些旨在提高能源效率和可再生能源供应的规定。具体来说，该法案提高了轿车和轻型卡车联合车队的燃油效率目标，提高了可再生燃料标准，并提高了一系列家用和商用电器设备的能效标准。

（八）2008 年《食品、节约和能源法案》中的能源税规定

2008 年《食品、保护和能源法案》，也称为 2008 年农业法案，包含了两项能源税条款。第一项规定通过每加仑 1.01 美元的生产信贷来推广纤维素生物燃料，这适用于从合格的纤维素原料生产的燃料。第二项规定是乙醇混合燃料的税收减免（适用于国内和国外的乙醇），从每加仑 0.51 美元降至每加仑 0.45 美元。

（九）2008 年《紧急经济稳定法案》

2008 年的《紧急经济稳定法案》包括 170 亿美元的能源税收优惠。这些规定主要是对现有规定的延伸，但也包括若干新的能源税收优惠。新规定包括 109 亿美元用于清洁能源生产的可再生能源税收优惠，26 亿美元用于清洁汽车和燃料的税收优惠，以及 35 亿美元用于促进节能和提高能源效率的税收优惠。2008 年《紧急经济稳定法案》中能源增税法案的成本，通过提高石油和天然气行业的税收（主要是通过减少石油和天然气税收减免）以及其他增税措施，得到了充分的融资或支付。

（十）2009 年《美国复苏与再投资法案》

《美国复苏与再投资法案》（ARRA）修改了对可再生能源生产、节能、替代技术车辆以及其他一些能源税收优惠的激励措施。总的来说，ARRA的能源税规定降低了选定的可再生能源相对于石油和天然气等其他能源的

成本。ARRA 制定的规定扩大了可再生能源投资的一系列激励措施。可再生能源生产税收抵免（PTC）扩展到 2012 年、2013 年风能和其他合格的技术，能源抵免（ITC）扩大至小型风力发电项目，根据 1603 拨款计划，纳税人可以选择直接从财政部获得税收抵免。ARRA 的规定增加了可用于发行新的清洁可再生能源债券的资金，这也鼓励了可再生能源的生产。《住房可再生能源法案》扩大了对可再生能源住宅的激励，取消了针对可再生能源住宅的特定信贷上限。

ARRA 包含两个旨在鼓励节能的税收条款。第一个条款修改了现有住房节能改造的税收抵免，暂时提高了信贷利率，取消了以前与特定类型房地产有关的信贷上限。2009～2010 年安装节能建筑围护结构组件、熔炉或锅炉等符合条件的能效改进，纳税人可以申请 30% 的税收抵免。ARRA 还取消了针对房产的税收抵免上限，取而代之的是对 2009 年和 2010 年申请抵免的总金额设定 1500 美元的上限。第二项节能规定增加了合格节能债券的发行资金。

为了进一步推广替代技术汽车，ARRA 制定的税收规定修改了替代燃料汽车和插电式电动汽车的抵免额。此外，还制定了一项针对插电式汽车改装的税收抵免。

高级能源制造税收抵免也在 ARRA 下引入。这笔经费提供了 23 亿美元的税收抵免，以竞争性地颁发给符合资格的项目。

（十一）2010 年《卫生保健和教育和解法案》

与所有税收政策一样，能源税收政策也可能导致意想不到的后果。值得注意的是，这个问题出现在第 111 届国会关于"黑液"的审议中。在税收方面，"黑液"一词指的是制浆厂使用传统燃料和制浆过程副产品的混合物作为制浆厂的能源的过程。根据《安全、负责、灵活、有效的运输公平法：用户的遗产》，"黑液"有资格获得替代燃料税收抵免，而这并不是该条款的国会意图。美国国税局后来裁定，在替代燃料混合信贷于 2009 年底到期后，黑液将有资格获得纤维素生物燃料生产者信贷。

参议院财政委员会主席马克斯·鲍克斯（Max Baucus）认识到这一意

外后果，在回应立法草案时表示，"我们的措施确保税收抵免始终如一地按照法律的意图使用，而不是通过一个意外的漏洞"。参议员查尔斯·格拉斯利也发表了类似的声明，他指出，"当替代燃料税减免政策实施时，造纸业并不打算获得税收减免。"① 根据 2010 年《医疗和教育和解法案》，黑液被取消了纤维素生物燃料生产商信贷的资格，2011～2019 年减少了 236 亿美元的收入损失。② 此外，随着 2010 年底通过的《税收减免、失业保险再授权和就业创造法案》，"黑液"不再有资格享受替代燃料税收抵免。然而，纳税人可能仍在为"黑液"申请税收抵免，因为以前未使用的抵免可以结转。

（十二）2010 年《税收减免、失业保险再授权和就业创造法案》

2010 年《税收减免、失业保险再授权和就业创造法案》暂时延长了一些即将到期的能源税规定。据估计，包括乙醇在内的酒精燃料的税收抵免延长一年将耗资 49 亿美元。将第 1603 款拨款代替抵税计划延长一年，估计耗资 30 亿元。生物柴油和可再生柴油税收优惠的追溯性延期已于 2009 年底到期，预计将耗资 20 亿美元。延长的其他条款包括对提高住宅能效的税收抵免、节能电器制造商和节能新房。此外，还扩大了与精煤、替代燃料混合物、电力传输重组、石油和天然气生产的百分耗损以及替代燃料汽车加油性质有关的税收规定。

第 112 届国会通过的能源税收立法包括延长已过期或即将到期的能源税收优惠措施。值得注意的是，一些能源规定没有得到延长，包括对乙醇的税收抵免和用第 1603 款赠款代替税收抵免。这两项规定都已于 2011 年底到期。允许暂停对百分比耗竭的 100% 净收入限制的规定也没有延长，这是过去许多增税措施的一部分。

---

① U. S. Congress, Senate Committee on Finance, "Baucus, Grassley Release Staff Draft of Legislation to Close Alternative Fuels Tax Credit Loophole," press release, June 11, 2009, http：//finance. senate. gov/press/Gpress/2009/prg061109. pdf.

② See Joint Committee on Taxation, JCX - 17 - 10, available at http：//www. jct. gov/publications. html？ func = showdown&id = 3672.

（十三）2012 年《美国纳税人救助法案》

作为 2012 年《美国纳税人救助法案》。尽管在 ATRA 框架下，大多数即将到期的能源税收条款都被简单地延长到了 2013 年底，但可再生能源生产税收抵免（PTC）却发生了实质性的变化。具体来说，为了所有合格的技术，PTC 的截止日期从一个放置在服务中的截止日期更改为所有合格技术的施工开始日期。据估计，在未来 10 年的预算期限内，风力发电的 PTC 将延长一年，并将最后期限从投入使用改为建设开工日期，将耗资 122 亿美元。延长的其他条款包括生物柴油、可再生柴油、替代燃料和第二代（纤维素）生物燃料的信贷。纤维素生物燃料的税收优惠被修改为包括基于藻类的燃料。与能源效率有关的其他激励措施，包括对非商业能源财产的税收优惠和对生产节能电器的信贷，也得到了延长。

（十四）2014 年《增税预防法案》

作为 2014 年《增税预防法案》的一部分，几项已过期的能源税收优惠被暂时延长。某些条款被延长至 2014 年底，而其他条款则被允许到期。在包括化石燃料、可再生能源、能效和替代技术车辆在内的多个能源领域，作为《增税预防法案》的一部分，大多数即将到期的能源税收优惠措施都被保留下来。有关替代车辆（电动摩托车和三轮汽车的信贷）和能源效率（节能型器具的信贷）的某些规定已被允许过期。

第五节　美国能源结构转型的财政政策

美国目前的能源财政政策是长期存在的规定和相对较新的激励措施的结合。[①] 支持石油和天然气行业的政策反映了对国内能源生产和能源安全的渴望，这是美国能源政策的长期基石。对可再生能源的激励反映了对多

---

① See also U. S. Congress, Joint Committee on Taxation, *Present Law and Analysis of Energy – Related Tax Expenditures*, committee print, 114th Cong. , June 9, 2016, JCX – 46 – 16.

样化能源供应的渴望，提高能源效率的奖励措施旨在减少所有能源的使用。对可再生能源、能源效率和替代技术车辆的激励反映了政府在能源结构转型的过程中对环境保护的关注。①

一、化石燃料

目前化石燃料生产的税收优惠大致可以分为：加强资本成本回收；补贴开采高成本化石燃料；鼓励投资非石油、清洁化石能源。某些激励措施旨在支持煤炭，而其他措施则倾向于支持石油和天然气行业。

在资本成本补贴中，估计 2015～2019 年，按百分比耗竭法补贴的费用为 88 亿美元，在百分比法下将允许扣除等于销售一种矿物收入的固定百分比。② 使用这种方法，总生命周期扣除额通常超过在项目中投入的资本。如果折扣率超过项目投资，折扣率就成为生产补贴，而不是投资补贴。换句话说，即使在投资成本完全收回后，纳税人也可以申请减免税款的补贴。其他资本成本回收规定包括与勘探和开发有关的无形钻井费用的支出，以及某些地质和地球物理支出（G&G）摊销期的减少。③ 据估计，在 2015 年至 2019 年预算窗口期间，勘探和开发成本的支出导致联邦政府收入损失 75 亿美元，而同期 G&G 支出的摊销期预计将减少 7 亿美元。具体的能源税收政策有以下几种。

1. 费用化超过成本损耗的百分比

开采石油或天然气的公司被允许从总收入中扣除 15%（根据石油价格，边际油井最多可扣除 25%；煤炭和褐煤最多扣除 10%），以收回它们在矿产储备上的资本投资。对油气资产，扣除的金额不得超过净收入的 100%。油气资产折耗免税额不得超过应纳税所得额的 65%。百分比损耗的另一种替代方法是成本损耗，其扣除额是基于纳税人对物业的调整基础。综合油气公司必须采用成本递减法。这项税收政策 2015 年的支出为

---

① Sherlock M F, Stupak J M. Energy Tax Policy：Issues in the 114 th Congress ［J］. 2016.
② 百分比耗竭法的税收支出是通过从百分比折耗值中减去成本折耗值（标准折耗法）来计算的。由此产生的总超额是税收支出。
③ 费用化成本是指扣除当前纳税年度投资的全部成本，而不是在一段时间内对成本进行折旧。

16 亿美元，2015～2019 年预计为 88 亿美元。

2. 无形钻井成本费用化（IDCs）和硬矿物的开发费用

从事石油、天然气或地热勘探和开发的公司可以选择费用化（在发生年度扣除已付费用），而不是资本化某些无形钻井和开发成本（IDCs）。综合油气公司可以扣除 70% 的符合条件的无形钻井和开发成本，剩下的 30% 在 60 个月的时间里进行资本化和摊销。一般开发矿藏或者其他自然矿藏（石油、天然气除外）70% 的支出可以费用化。这项税收政策 2015 年的支出为 13 亿美元，2015～2019 年预计为 75 亿美元。

3. 与油气勘探有关的 G&G 支出摊销

在改良的加速成本回收系统下，对独立生产商和规模较小的综合石油公司来说，选定的地质和地球物理（G&G）支出的成本在两年内将会降低。这项税收政策 2015 年的支出为 1 亿美元，2015～2019 年预计为 7 亿美元。

4. 煤炭生产税收抵免

在生产的前 10 年，用于生产蒸汽的精煤每吨可获得 6.71 美元的生产税收抵免。对于印第安部落拥有的煤炭储量，每吨 2.354 美元的生产税收抵免最长为 11 年。从 1992 年起，这两项税收抵免均经通货膨胀调整。

5. 用于投资清洁煤炭设施的信贷

用于综合气化联合循环系统（IGCC）的投资享受 20% 免税额度，并且根据 2005 年《能源政策法》，其他先进煤炭技术信贷拨款享受 15% 的税收抵免。根据 2008 年《能源改进和推广法》，为 IGCC 和其他先进煤炭技术拨款提供 30% 的信贷支持。这项税收政策 2015 年的支出为 2 亿美元，2015～2019 年预计为 10 亿美元。

6. 大气污染防治设施摊销

允许在 1976 年 1 月 1 日以前投入使用的燃煤发电厂污染控制设备享受 5 年摊销期。1976 年以前工厂的 5 年摊销期奖励只适用于使用年限在 15 年及以下的污染控制设备。在这种情况下，100% 的成本可以在五年内摊销。如果财产或设备的使用寿命大于 15 年，那么可以在 5 年内摊销的成本所占比例小于 100%。这种加速资产折旧的税收优惠有利于企业降低成本。这项税收政策 2015 年的支出为 4 亿美元，2015～2019 年预计为 17 亿美元。

7. 替代燃料和替代燃料混合物的税收抵免

替代燃料（液化石油气、P 系列燃料、液化天然气压缩、液化氢、使用费歇尔 - 托普希法从煤炭中提取的液体燃料，或压缩或液化天然气或生物质中提取的液体燃料）每加仑可享受 50 美分的税收抵免。

二、可再生能源

总体上看，可再生能源的主要税收激励是生产税收抵免（PTC）。[①] 风力发电方面，PTC 适用于 2019 年底前开工建设的项目，不过信贷在 2016 年后开始逐步取消（信贷额度减少）。其他符合条件的技术（如生物质能、地热等）必须在 2016 年 12 月 31 日前开工建设，才能获得贷款。预计 2015～2019 年，PTC 将减少联邦收入 199 亿美元。而能源信贷，即可再生能源投资税收抵免（ITC），也为某些可再生能源技术的投资提供支持。具体税收抵免是 10% 还是 30%，取决于技术。对于大多数技术而言，该优惠将于 2016 年底到期，这意味着符合条件的房产必须在 2016 年 12 月 31 日前投入使用。太阳能和地热享有 10% 的永久 ITC。此外，太阳能发电 30% 的税收抵免将持续到 2019 年，并在 2019～2021 年逐步降低。美国国际贸易委员会在 2015～2019 年大约削减 100 亿美元的联邦财政收入。

1. 可再生能源发电税收政策（"PTC" 或 "生产税收抵免"）

2015 年，风力发电、闭环生物质发电和地热能发电的税收优惠为 2.3 美分/千瓦时。2015 年，开环生物质能、小型灌溉、垃圾填埋气、垃圾焚烧、合格水力发电、海洋和水力资源发电可享受 1.2 美分/千瓦时的税收优惠。该税收抵免自该设施投入使用之日起 10 年内有效。纳税人也可选择以 30% 的投资税收抵免代替生产税收抵免。这项税收政策 2015 年的支出为 26 亿美元，2015～2019 年预计为 199 亿美元。

---

① CRS Report R43453, The Renewable Electricity Production Tax Credit: In Brief, by Molly F. Sherlock.

2. 能源税收政策 ("ITC"或"投资税收抵免")

地热、微型涡轮机或热电联产方式进行能源生产的投资可以享受 10% 的税收抵免。税收抵免相当于太阳能发电、太阳能热水、燃料电池或小型风力发电等能源生产投资的 30%。在 2019 年之后，太阳能电力的信用率将随着时间的推移开始下降，2021 年后开始建设或 2024 年之前未投入使用的项目的抵扣率将降至 10%。这项税收政策 2015 年的支出为 12 亿美元，2015～2019 年预计为 100 亿美元。

3. 住宅节能物业税责减免

购买太阳能电力物业、太阳能热水物业、地热热泵物业或小型风能物业的居民可享受 30% 的税费减免。太阳能技术的税收抵免将按照逐步淘汰的时间表执行。燃料电池发电厂可获得 30% 的贷款，每 0.5 千瓦的发电能力最高可获得 500 美元的贷款。

4. 五年成本回收期

修正后的加速成本回收制度（MARCs）为某些能源资产的投资提供加速折旧免税额。具体来说，某些太阳能、风能、地热、燃料电池和生物质能有五年的恢复期。第二代生物燃料工厂物业允许在第一年加计扣除 50% 的折旧。这项税收政策 2015 年的支出为 3 亿美元，2015～2019 年预计为 13 亿美元。

5. 为持有清洁可再生能源债券的人提供信贷

为债券持有人的所得税提供税收抵免。清洁可再生能源债券（CREBs）的发行规模上限为 12 亿美元，允许债券按面值无息发行。新发行的清洁可再生能源债券（"新 CREB"）的规模上限为 24 亿美元，信用利率为债券面值的 70%，不含利息。这项税收政策 2015～2019 年预计为 6 亿美元。

6. 生物柴油、可再生柴油和第二代（纤维素）生物燃料的税收政策

生物柴油、农业生物柴油和可再生柴油的价格为每加仑 1 美元（小型农业生物柴油生产商要多收 10 美分）。第二代生物燃料可享受每加仑 1.01 美元的税收抵扣额度。根据具体的激励措施，税收抵免将流向燃料生产商和混合燃料生产商。抵免一般是所得税和消费税抵免。

7. 先进能源制造税收抵免

对先进能源产业的合格投资给予 30% 的税收抵免。总共拨出 23 亿美元用于高级能源财产投资税收抵免，这些抵免是由能源部（DOE）和财政部竞争性地颁发的。

三、鼓励能源效率

（一）非商业住宅能源改造

为符合条件的节能改造所支付金额的 10% 提供税收抵免，并为住宅能源物业支付费用，包括建筑围护结构、暖通系统、熔炉或锅炉的符合条件的改造。抵扣额度不超过 500 美元（适用于多个纳税年度）。

（二）节能商业地产支出扣除

用于建筑围护结构组件、加热和冷却系统以及照明的税收减免。对于多次改进，每平方英尺的扣除额限制为 1.80 美元，其中部分项目每平方英尺的扣除额限制为 0.60 美元。

（三）节能新住宅信贷

制造房屋的制造商可以申请 1000 美元的信贷，因为他们建造的房屋的效率比平均标准高出 30%；承包商可以申请 2000 美元的贷款，因为他们建造的房屋的效率比标准高出 50%。

（四）节能债券

联邦政府已授权发行 32 亿美元合格节能债券（QECBs）。QECBs 提供的税收抵免额度为财政部规定的税收抵免债券利率的 70%。国家和地方政府发行的 QEC 债券必须为节能项目提供资金，如公共建筑的绿色改造、替代燃料的研发和公共交通项目。

四、新能源汽车

目前，替代技术汽车的主要税收激励措施是为插电式电动汽车提供高达 7500 美元的税收抵免。一旦每一家制造商售出 20 万辆符合资格的汽车，就开始逐步取消这种贷款。此外，自 2006 年以来，税法不时为其他替代技术汽车提供激励。符合税收优惠条件的汽车包括合格的燃料电池汽车、混合动力汽车、先进的精益燃烧技术汽车和替代燃料汽车，贷款金额因具体技术和车型而异。针对混合动力汽车、先进的精益燃烧技术汽车和其他替代燃料汽车的税收优惠已于 2010 年底到期。符合条件的燃料电池汽车和两轮电动汽车的税收优惠将于 2016 年底到期，此时安装替代燃料加油设施的纳税人也有资格享受税收抵免。

1. 插电式电动汽车和其他替代燃料汽车

根据汽车的容量，可为插电式电动汽车提供的信贷最高可达 7500 美元（2010 年前的信贷限额更高，符合资格的重型汽车最高可达 1.5 万美元）。燃料电池汽车如果重量低于 8500 磅，可获得 4000 美元的基本贷款。较重的车辆可获得最高 4 万美元的贷款。超过 2002 年基本燃油经济性的轿车和轻型卡车可获得最高 4000 美元的额外贷款。

2. 两轮电动车的信贷

购买两轮插电式电动车可获得 10% 的贷款，最高可达 2500 美元。符合资格的车辆包括那些由电池驱动及电动马达驱动的车辆，其容量大于 2.5 千瓦时，并且能够达到至少 45 英里每小时的速度。

第六节　美国能源结构转型的激励机制

近 70 年来，联邦政府的激励措施一直是现代能源市场的重要组成部分。联邦政府一直以多种方式鼓励、促进和支持美国的能源开发，如直接补贴、管制、税收奖励、市场扶持、示范项目、研发资金、协议采购、信息传播、技术转让、直接购买等形式。基于前面已经介绍了美国能源结构转型的税收政策，本章重点其他形式的激励机制。

截至 2016 年，联邦政府对能源开发的激励补贴总额达到了 10183 亿美元（按 2016 年的美元计算），分为以下六个类别：

（1）税收政策——与税法相关的特殊豁免、津贴、扣减、抵免等。

（2）监管——联邦政府法规和授权。

（3）研究与开发——联邦政府研发资金。

（4）市场活动——政府直接参与市场。

（5）政府服务——由政府提供的无偿援助。

（6）垫付款——直接的财政补贴，如政府补助。

表 4 - 5 和表 4 - 6 不仅列出了政府对每一类能源给予的激励补贴，而且还显示了这些补贴在不同机制间的分配情况。从中分析可以看出，联邦能源激励计划的最大受益者是石油和可再生能源，自 1950 年以来，有一半以上（56%）的能源激励是由石油和可再生能源获得的。联邦政府对核能发展的主要支持是以研究和开发（R&D）项目的形式出现的，这是已确定的较为明显的激励措施之一。在过去 20 年里，联邦政府用于煤炭和可再生能源的研发支出超过了核能研发支出。在过去的六年里，2011 ~ 2016 年，可再生能源（太阳能、风能和生物质能）获得的联邦资助是石油、天然气、煤炭和核能总和的 3 倍多，是核能的 27 倍。

表 4 - 5　　　　　1950 ~ 2016 年联邦能源激励概况（2015 年汇率）

政策工具	能源构成（十亿美元）							合计	
	石油	天然气	煤炭	水电	核电	可再生能源*	地热	合计（十亿美元）	比例（%）
税收政策	218	122	40	14	—	84	2	479	47
监管	138	5	11	6	18	1	—	179	18
R&D	9	8	43	6	85	32	6	185	18
市场活动	8	3	3	78	—	4	2	98	10
政府服务	38	2	19	2	2	3	—	66	6
支付	3	—	4	3	27	34	1	10	1
合计	414	140	112	105	78	158	11	1018	
比例（%）	40	14	11	10	8	16	1		100

注：*处主要指风能、太阳能和生物质能。所有估算均以美元为单位，并参考相关美国财政年度的实际支出，由于四舍五入后至最接近的十亿美元，所以总数和百分比略有不同。

资料来源：美国财政部数据。

表 4 – 6　　　　　　　　　　**1950～2016 年美国能源构成**　　　　　　单位：%

税收政策	石油	天然气	煤炭	水电	核电	可再生能源	地热
税收政策	52.66	87.14	35.71	13.33		53.16	18.18
监管	33.33	3.57	9.82	5.71	23.08	0.63	
R&D	2.17	5.71	38.39	1.90	74.36	20.25	54.55
市场活动	1.93	2.14	2.68	74.29		2.53	18.18
政府服务	9.18	1.43	16.96	1.90	2.56	1.90	
支付	0.72		3.57	2.86		21.52	9.09
合计	100.00	100.00	100.00	100.00	100.00	100.00	100.00

资料来源：美国财政部数据。

一、税收政策

1950～2016 年美国税收政策分布情况如表 4 – 45 所示。

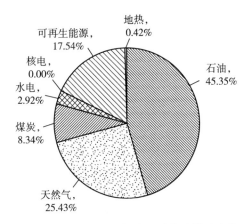

图 4 – 45　1950～2016 年美国税收政策分布情况

资料来源：美国财政部数据。

根据联邦税法，税收政策包括特别免税、免税额、扣除额、抵免额等。到目前为止，税收政策一直是使用最广泛的激励机制，自 1950 年以来，税收政策占联邦能源激励的 4790 亿美元（47%）。煤炭的税收包括耗竭补贴比例、勘探开发成本的支出、煤炭特许权使用费的资本利得处理、能源设施债券利息的剔除以及相关激励措施，截至 2016 年带来了 400 亿美元的税收补贴。石油工业的税收优惠到 2016 年总计 2180 亿美元，这些税收支出主要是耗竭津贴和从"无形钻探和开发费用"中扣除的当期费用。对天然气的税收补贴主要是耗损津贴，以及从"有形的钻探和开发费用"中扣除的当期费用，两者都是根据井口价值和替代燃料生产信贷分配的，以鼓励其改造和发展。联邦税收减免也被用来鼓励使用可再生能源，可再生能源是税收优惠的第二大受益者，这方面的税收支出主要是 1978 年开始针对个人和企业的可再生能源申请的有针对性的、排他的联邦税收抵免和扣减，包括可再生电力生产税收抵免、酒精燃料抵免和部分免除酒精燃料消费税。

二、监管

1950～2016 年美国监管支出分布情况如图 4–46 所示。

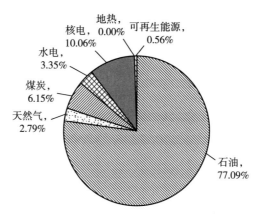

图 4–46　1950～2016 年美国监管支出分布情况

资料来源：美国财政部数据。

这一类别包括联邦政府授权和政府资助的对部署特定能源类型的企业的监督或控制。从某种意义上说，联邦法规是一种激励，因为它们有助于增强公众对使用新技术或潜在危险技术的设施和设备的信心和接受程度。联邦法规或法令也能直接影响某一特定能源的价格。因此，联邦法令和法规是能源政策的重要组成部分，在能源激励措施中占了 1790 亿美元（18%）。其中，主要有两种类型的联邦支出与监管相关：第一种，能源企业在免除提高成本或限制价格的联邦要求时实现的收益；第二种，由一般税收承担的联邦监管成本，不包括在向受监管行业收取的费用中。

第一类监管激励的例子比如石油行业，该行业从以下方面获益：对"低产井"生产的石油免除价格管制；为了鼓励石油的生产，实行了两级价格控制制度；石油工业的再生成本；从消费者那里获得的高于平均水平的回报率。

第二类监管激励的一个例子比如核能行业。美国联邦政府通过核管理委员会（及其前身美国原子能委员会）监管核电站的设计和运营，以确保公众健康和安全。在这种情况下，一个独立的、可信的联邦监管制度促进了公众和投资者对全国商用核企业的信心。到 2016 年，通过 NRC/AEC 监管核安全的成本约为 180 亿美元。这笔款项包括管理这两个机构的费用（从 1975 年以前的 AEC 到 1975 年以后的 NRC），以及电力公司支付的管制用户费用的信贷。自 1991 年以来，这些用户费用抵销了 NRC 的大部分运营预算。

三、研究和开发

这类激励措施包括为研究、开发和示范项目提供联邦资金。自 1950 年以来，联邦政府在能源上的总开支为 10180 亿美元，其中研究和开发资金占 18%，为 1890 亿美元，是美国的第二大激励措施。联邦政府在能源研发方面的作用在 20 世纪 50 年代变得十分突出，这主要是由于 1946 年和 1954 年的《原子能法》。在此期间，联邦政府在与能源有关的研发方面进行了大量投资，特别是核能发电的商业化。20 世纪 70 年代中期，在油价冲击和"能源危机"之后，联邦政府对所有能源研发的支持大幅增加，1976 年后开始快速增长。

自 1950 年以来联邦研发支出的分布情况见图 4-47。其中，核能研发项目包括旨在促进民用核能发展和为支持工业将核电作为基本负荷电力来源提供技术基础的项目。煤炭研发项目包括考虑环境影响后促进煤炭使用的各种技术。可再生能源研发计划包括光伏、太阳能热系统、生物质和风能。它排除了所有其他可再生能源，特别是水力发电和地热发电，这是单独列出的表，以及聚变能源。

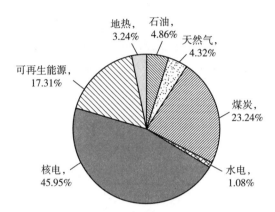

图4-47　1950~2016年美国研发支出分布情况

资料来源：美国财政部数据。

可以看出，联邦政府近90%的能源研发支出用于三种能源：核能、煤炭和可再生能源。核能、煤炭和可再生能源的年度研发支出在1979~1981年达到顶峰，随后大幅下降。这种下降一直持续到20世纪90年代末，如图4-48所示。在过去10年（2007~2016年），核能研发的累计支出低于煤炭，只有可再生能源（风能、太阳能和生物质）的一半左右。另外，自1994年以来，核能的年度研发支出一直低于可再生能源。1976年以前，联邦研发资金的主要重点是核能，特别强调轻水反应堆的商业应用研究和增殖反应堆的开发。自1976年以后，850亿美元的核能研发支出中，只有10%用于轻水反应堆，核能研发总支出的44%（170亿美元）用于增值项目。

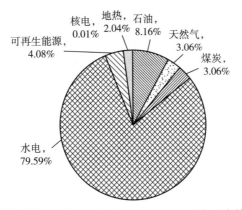

图 4 - 48　1950 ~ 2016 年美国市场活动支出分布情况

资料来源：美国财政部数据。

四、市场活动

这一激励措施包括联邦政府直接参与市场。截至 2016 年，联邦政府的市场活动总额为 980 亿美元，占所有能源激励措施的 10%。这种市场活动的大部分是有利于水力发电的，在较小的程度上也有利于石油工业。

对水电能源的市场干预激励措施包括按比例分摊联邦政府建设和运营大坝及输电设施的成本。这些成本是按比例分摊的，因为从 20 世纪 30 年代开始，联邦政府的水坝和水资源项目就具有多种用途。这些投资可以带来防洪、航运、娱乐、区域开发以及除水电之外的其他好处。

石油行业的市场活动激励措施包括美国内政部（DOI）土地管理局（BLM）的相关规划、租赁、资源管理和相关活动。

五、政府服务

这一激励措施指的是联邦政府历史上提供的所有不收取直接费用的服务，截至 2016 年，这类服务总额达 660 亿美元，占全部激励措施的 6%。相关受助对象包括石油工业和煤炭工业，如图 4 - 49 所示。

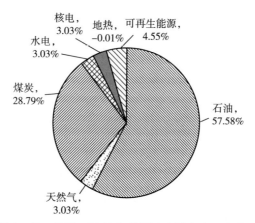

图 4 – 49   1950 ~ 2016 年美国政府服务出分布情况

资料来源：美国财政部数据。

美国政府的政策是提供港口和内陆水道作为免费的公共高速公路。航道深化的主要原因是处理较大船舶的港口，及满足油轮的需求。它们通常是使用该港口的最深吃水的船只，可以为它们分配该比例内的全部疏浚费用。在估计了联邦航海计划的开支后，并根据所有水运贸易中石油和以石油为基础的产品的比例将这些开支作为石油补贴分配。同样，为了估计联邦政府对港口和水道的支出对煤炭生产的刺激，所有改进的费用都乘以煤炭在水运贸易总量中所占的份额。

六、财政补贴

这一类别包括直接财政补贴，如赠款。1950 ~ 2016 年，美国联邦政府直接拨款和补贴在能源政策中发挥的作用非常小，仅占 100 亿美元，不到激励措施总额的 1%。

在对煤炭的财政补贴方面，截至 2016 年，黑肺病信托基金余额为 16 亿美元，废矿复垦基金余额为 25 亿美元，联邦政府对煤炭行业的净支出约为 41 亿美元。在对石油的财政补贴方面，截至 2016 年，联邦政府向石油行业支付了约 75 亿美元，主要是通过补贴建设和油轮运营成本。同时，由于泄漏地下储罐信托基金和溢油责任基金的余额合计为 49 亿美元，因此截至 2016 年，联邦政府对石油行业的净支出总计为 26 亿美元。就核能而言，联邦政府的支出是负的，这意味着该行业向核废料信托基金（Nuclear Waste Trust Fund）捐款的结果是，该行业支付的资金超过了它从支出中获得的资金，也反映了与代表核能源支出相比，核能源行业支付的款项过多。截至 2016 年，核废料信托基金累计盈余 270 亿美元。另外，《美国复苏与再投资税法》第 1603 条，规定向可再生能源项目开发商提供现金支付，以替代投资税收抵免，到 2016 年为止总计约 340 亿美元。

第五章

日本能源结构转型与能源安全的财税政策

第一节 引 言

日本的能源结构由石油时代逐渐过渡到以煤、石油、天然气综合利用的时代，石油消费比例下降，煤炭和天然气消费比例上升。从第二次世界大战以来，日本就开始逐步调整其能源结构，先是改变国内电力结构，将水力发电变为发电效率更高的火力发电。在火力发电方面又不断提高石油发电比例，形成了20世纪60年代高度依赖石油的能源结构。石油危机爆发后，日本开始调整能源结构，大力发展石油替代能源，提高煤和天然气在能源消费中的比例。

日本面临的能源安全挑战主要在三个阶段。首先是第二次世界大战以后，由于战后日本经济遭到严重拖累，国内经济需要快速发展，当时面临的一个关键问题是电力供应问题，国内九成发电都是依赖水电，由于水电发电效率低，所以根本无法满足经济的快速发展。其次是由于战后能源结构的调整，日本到1973年国内石油依赖程度极大。石油危机爆发后，日本面临的能源安全风险主要是油价太高严重拖累经济的发展。最后是步入20世纪以来，能源安全挑战主要是发展多种能源所面临的问题，尤其是福岛核电站事故后，日本能源多样化程度的下降，核能供应面临新挑战。

日本在三个阶段分别实施了不同的能源转型政策，战后首先实行的是

"水主火辅""煤主油辅"向"火主水辅""油主煤辅"转变的能源政策，石油危机后主要是实行代替石油的一些能源政策，如 1980 年实施的《代替石油能源的开发和输出法》《代替石油能源的供给目标》《代替石油的输入方针》等政策。在能源财税政策方面主要是鼓励可再生能源的发展，以太阳能和风能的发展为主，鼓励清洁能源的技术创新，其中包括太阳能上网电价补贴以及在能源投资税收减免和加速折旧等方面的政策。

目前日本的能源安全风险来自本国核能利用程度下降后，对化石燃料的依赖程度进一步上升所产生的能源进口风险，即能源多样性下降的风险。

第二节　日本能源结构转型的趋势与特征

日本的能源结构由石油时代逐渐过渡到以煤、石油、天然气综合利用的时代。国内对石油的依赖程度较大，但近年来石油在日本整个能源供应结构中占比呈小幅下降趋势，煤和天然气在占比保持着稳定状态，2011年后核电站大部分关闭，核能占总能源供应比例较小，遭遇核电的断崖式下降后，但能源供给以及电力供给并没有明显下降，这主要源于日本及时增加煤炭消费填补了核能的缺口，保障了日本的能源供给稳定。

一、日本能源生产消费的现状分析

2016 年日本国内能源生产总量仅为 2314PJ[①]，初次能源消费总量为 19836PJ，能源供应缺口高达 17522PJ，能源供给的绝大部分依赖进口，尤其是日本几乎不生产煤、石油、天然气等能源，这几种能源几乎完全依赖于进口，能源净进口占总消费量的比例接近 90%。

日本能源净进口总量 17461PJ，能源进口总量 18773PJ，能源出口总量 1322PJ，且能源进口来源地也较为集中。在电力生产结构方面，由于

---

① PJ = 皮焦耳，1 皮焦耳 = 10^{15} 焦耳（J），2016 年日本初次能源消费 19836PJ 约合 6.77 亿吨标准煤。

近年来一直受福岛核电站事故影响，核能在整个电力生产中占比很低，目前国内发电主要依靠煤、天然气以及可再生能源等。在能源消费终端，工业部门能源消费占比接近一半，家庭和第三产业能源消费较为接近，交通运输部门能源消费略高。总之，日本国内能源生产少，进口量大，出口量小，能源供应的近九成依赖进口，对外依赖度极大，核能发展面临严峻挑战。

（一）日本能源生产端现状

1. 以可再生能源和回收利用能源的生产为主

2016 年日本国内能源生产总量为 2314PJ，从图 5-1 可以看出，占比从高到低由可再生能源（不包括水能）、水能、有效回收利用浪费能源、核能、天然气、煤以及石油所构成。能源生产结构的 3 个主要部分产量 1999PJ，占比总和约为 86.38%，可再生能源生产比例最大，约为 32.97%，而煤、石油、天然气的生产总和仅仅约为 7.18%。由此可知，日本几乎不生产煤、石油、天然气等化石燃料，能源生产以可再生能源和回收利用的浪费能源为主。

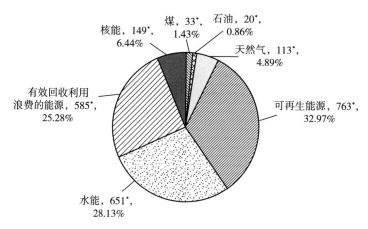

图 5-1　2016 年日本能源生产结构现状

注：*处单位为 PJ。

资料来源：日本资源能源厅"综合能源统计"数据。

2. 电力消费来源以天然气，煤，可再生能源为主，核电比例小

截至 2018 年，日本电力消费总量为 1051.6 太瓦时，日本的电力消费量主要依靠煤，天然气等化石燃料发电，以及部分依靠可再生能源发电。电力消费对煤和天然气等一次能源发电的依赖性较强，煤、天然气发电量占总发电量的比例为 69.81%。可再生能源得到了较大的发展，发电总量为 112.1 太瓦时，占总电力消费比为 10.66%，是电力发电的第三大来源。受 2011 年福岛核电站事故的影响，核能发电一直没有重新利用，核能发电占比仅为 4.67%，如图 5-2 所示。

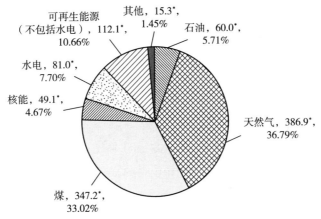

可再生能源（不包括水电），112.1*，10.66%
其他，15.3*，1.45%
石油，60.0*，5.71%
水电，81.0*，7.70%
核能，49.1*，4.67%
天然气，386.9*，36.79%
煤，347.2*，33.02%

图 5-2　2018 年日本电力消费结构

注：*处单位为太瓦时。
资料来源：BP 数据。

3. 水力发电和太阳能发电为可再生能源发电的主要来源

如图 5-3，可再生能源发电以水力发电和太阳能发电为主，两者占比总和为 78.81%。地热能、生物质能和其他能源发电占可再生能源比例总和为 17.91%。日本国内有丰富的地热资源，因此地热资源有待开发利用。风能发电量占比仅为 3.28%，占比很小。

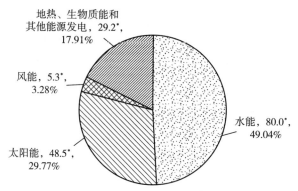

图 5 - 3　2018 年日本可再生能源电力结构

注：＊处单位为太瓦时。
资料来源：BP 数据。

（二）日本能源进出口现状

1. 日本能源进口量大，出口量小，能源进口量与出口量差距悬殊，能源进口主要以石油、煤以及天然气这三大能源为主

如图 5 - 4 所示，2016 年日本能源进口总量为 18773PJ，能源进口需求量较大，其中石油、煤、天然气占能源总进口比例分别为 38.86%、26.53%、24.59%，三大能源的进口总量占能源总进口比例约为 90%。从日本能源进口的比例来看，石油进口总量最大，为 7296PJ，本国原油生产量仅为 20PJ。煤和天然气的进口量分别位于各类能源进口量的第二、第三名。煤炭和液化天然气进口量分别为 4981PJ、4616PJ，生产总量分别为 33PJ、114PJ。其他能源，包括石油产品，煤炭产品和可再生能源进口量之和仅仅为 10.02%。由此可知化石燃料进口在日本能源进口中为主要部分。

如图 5 - 5 所示，日本的能源出口总量为 1312PJ，其中出口的绝大部分为石油产品出口，占总能源出口比例 97.71%，出口的煤炭产品占比仅为 2.29%。能源出口量与进口总量相比差距悬殊。

如图 5 - 6 所示，能源净进口可以近似反映一个国家的能源消耗对外依存情况，日本能源净进口量为 20086PJ，石油、煤、天然气占比分别为 36.32%、24.08%、22.98%。能源净进口中石油净进口量最大，为 7296PJ。

煤和天然气净进口量分别为4981PJ、4616PJ。三大能源的净进口比例总和为84.1%。由于能源出口中主要以石油产品为主，因此能源净进口中石油产品占比很小。

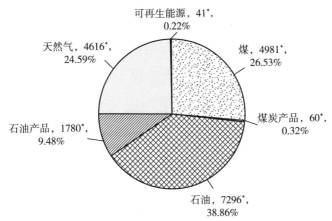

图5-4　2018年日本能源进口结构

注：＊处单位为PJ。
资料来源：BP数据。

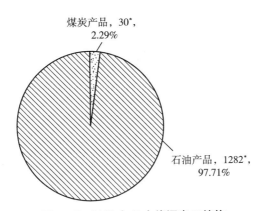

图5-5　2018年日本能源出口结构

注：＊处单位为PJ。
资料来源：BP数据。

2. 日本的能源进口来源地较为集中，其中石油进口来源地集中程度最大

（1）原油进口主要来自中东地区，石油进口来源集中。2018年日本原油进口量为150.8百万吨，其中来自沙特阿拉伯、阿联酋、科威特、伊拉

克、其他中东地区分别为 57.4 百万吨、37.3 百万吨、11.7 百万吨、2.7
百万吨、21.9 百万吨，分别占比约为 38.71%、25.13%、7.87%、
1.84%、14.80%，占比总和约为 88%，如图 5 - 7 所示。此外，俄罗斯是
除去中东地区的最大原油来源国，来自俄罗斯的原油为 7 百万吨，占比
4.74%。总体来说，石油进口来源地集中程度大，石油的进口大部分依赖
中东地区，如图 5 - 8 和表 5 - 1 所示。

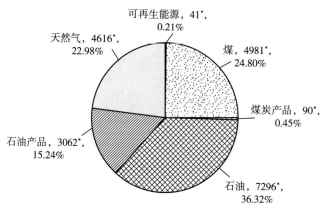

图 5 - 6　2018 年日本能源净进口结构

注：＊处单位为 PJ。
资料来源：BP 数据。

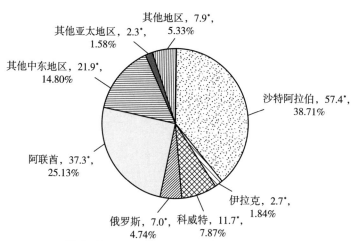

图 5 - 7　2018 年日本原油进口来源地结构

注：＊处单位为百万吨。
资料来源：BP 数据。

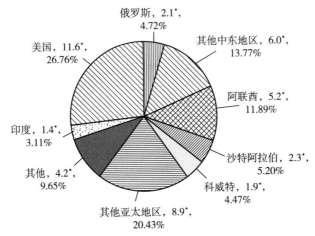

图 5 - 8　2018 年日本石油产品进口来源地

注：＊处单位为百万吨。

资料来源：BP 数据。

表 5 - 1	2018 年日本原油进口来源地结构 　　　单位：百万吨
进口来源地	进口量
墨西哥	1.8
美国	2.5
南美洲地区	1.9
欧洲	*
俄罗斯	7.0
其他独联体国家	1.5
伊拉克	2.7
科威特	11.7
沙特阿拉伯	57.4
阿联酋	37.3
其他中东地区	21.9
北非	0.2
西非	0.5

续表

进口来源地	进口量
东非和南非	0.1
澳大利亚	0.5
中国	1.5
其他亚太地区	2.3
总计	150.8

注：＊小于0.05。
资料来源：BP数据。

（2）石油产品主要来源地为中东地区、美国以及一些亚太地区。2018年日本石油产品进口总量43.7百万吨，来自阿联酋、沙特阿拉伯、科威特、其他中东地区的石油产品进口量分别为5.2百万吨、2.3百万吨、1.9百万吨、6.0百万吨，比例分别为11.89%、5.20%、4.47%、13.77%，来自中东地区石油产品占比总和约为35%。来自美国和其他亚太地区的石油产品分别为11.6百万吨、8.9百万吨，占比分别为26.76%、20.43%。

（3）煤炭主要来自澳大利亚，占煤炭进口比例的一半以上。2018年日本煤炭进口总量119.7Mtoe①，按煤炭数量从大到小的顺序，依次为澳大利亚73.1Mtoe，印度尼西亚17.8Mtoe、俄罗斯11.7Mtoe、美国7.6Mtoe、加拿大5.2Mtoe以及中国2.2Mtoe，分别占比61.08%、14.87%、9.75%、6.35%、4.37%、1.86%，如图4-9所示。总体来说，煤炭进口来源地较为集中，煤炭进口来源地以澳大利亚为主，其余来源相对分散。相对于石油进口来源地，煤炭进口来源地较为分散。

（4）天然气的1/3进口来源于澳大利亚，其余来源地较为分散。2018年日本天然气进口量113.0（十亿立方米），来自澳大利亚的天然气量最大，为39.1（十亿立方米），比例为34.65%。其余天然气的进口主要来

---

① Mtoe为能源单位：百万吨油当量。

自马来西亚、卡塔尔、俄罗斯、印度尼西亚、阿联酋、文莱、巴布亚新几内亚以及美国，来源地较为多样化，如图 5－10 所示。总体来说，日本天然气进口来源地最大国为澳大利亚，其余的天然气进口来阅读较为分散。并且相对于石油和煤炭进口来源地，天然气进口来源地总体相对分散。

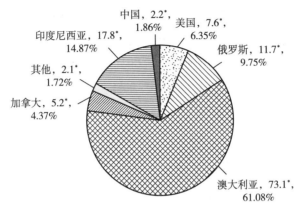

图 5－9　2018 年日本煤炭进口来源地结构

注：＊处单位为百万吨。
资料来源：BP 数据。

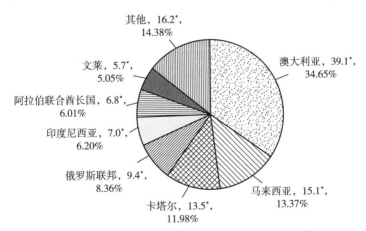

图 5－10　2018 年日本液化天然气进口来源地结构

注：＊处单位为十亿立方米。
资料来源：BP 数据。

（三）日本能源初次消费现状

1. 能源对外依存度大，能源自给率低，国内初次能源消费基本依赖进口

2016 年日本能源生产总量为 2314PJ，能源进口总量为 18773PJ，能源出口总量为 1312PJ，初次能源消费总量 19836PJ。能源生产量和消费量差距很大，能源的产销缺口为 17522PJ。能源对外依存度为 94.64%，能源自给率为 11.67%。通过以上分析，可知日本的能源供应的对外依存度很大，能源自给率低，国内初次能源生产量很少，大部分依赖进口。

2. 能源消费中化石燃料占比 85% 以上，石油消费最多，天然气和煤炭消费量相当

日本初次能源消费中占比最大的三种能源仍为石油、煤、天然气，分别占能源总消费比例为 37.10%、25.8%、23.85%，石油以及石油产品占比总和接近 40%。初次能源消费中化石燃料消费比例为 86.23%，化石燃料消费占主要部分，石油消费量最大，煤炭和天然气各约占 1/4，如表 5-2 所示。

表 5-2　　　　　　　　　2016 年日本能源供给平衡表

类型	生产（PJ）	进口（PJ）	出口（PJ）	净进口（PJ）	库存变化（PJ）	供给总量（PJ）	比例（%）
煤炭	33	4981	0	4981	0	5014	25.8
煤炭产品	0	60	30	30	-2	28	0.14
石油	20	7296	0	7296	43	7359	37.10
石油产品	0	1780	1282	498	20	518	2.61
天然气	114	4616	0	4616	1	4731	23.85
城镇燃气	0	0	0	0	-1	-1	-0.01
可再生能源	763	41	0	41	0	804	4.05
水能	651	0	0	0	0	651	3.28
有效回收利用浪费的能源	585	0	0	0	0	585	2.95

类型	生产 （PJ）	进口 （PJ）	出口 （PJ）	净进口 （PJ）	库存变化 （PJ）	供给总量 （PJ）	比例 （%）
核能	149	0	0	0	0	149	0.75
电能	0	0	0	0	0	0	0.00
热能	0	0	0	0	0	0	0.00
总计	2314	18773	1312	17461	61	19836	100

资料来源：日本自然资源能源局（Agency for Natural Resources and Energy）数据。

3. 可再生能源消费比例较低，核电消费很少

可再生能源消费量（包括水电）为1455PJ，占比7.33%，水电比例为3.28%，其他可再生能源比例为4.05%。自从核事故发生以来，核能消费一直处于低谷状态，核能消费仅有149PJ，占比仅为0.75%。总之，日本可再生能源比例较低，可再生能源发展潜力较大，核能消费在总能源消费中占比不到1%。

（四）日本能源最终消费现状

1. 能源最终消费中工业和交通运输业占比最大

2016年日本能源最终消费总量为343.7Mtoe，如表5-3所示，其中工业部门为158.5Mtoe，占比约为46.12%。第三产业，家庭以及交通运输部门能源消费分别占比16.03%、14.40%、23.45%。能源消费中工业部门占比最大，交通运输业为能源需求的第二大部门，第三产业是现代经济发展的重要组成部分，但其对能源的依赖程度较低，因此服务业能源消费比例也较低。可以发现的是日本家庭能源消费最低，可见国内居民节能意识较高。

表5-3   **2016年日本能源终端消费构成**   单位：百万吨石油当量

能源终端消费构成	数量
最终能源消费（final energy consumption）	343.7

续表

能源终端消费构成	数量
产业 （industry）	158.5
金融业 （commercial industry）	55.1
住宅 （residential）	49.5
运输 （transportation）	80.6

资料来源：日本自然资源能源局 （Agency for Natural Resources and Energy） 数据。

2. 汽车消费燃料构成中石油占比非常大，新能源汽车比例很小

2016 年运输业最终能源消耗量为 80.6Mtoe，如表 5-4 所示，其中绝大部分来自运输部门的燃油消耗，汽车燃油比例高达 97.89%。可见国内运输行业的能源消费基本依靠石油提供，运输行业对石油的依赖程度很大。运输行业中的电力，天然气等清洁能源消费仅为 1.7Mtoe，占运输行业总能源消费的比例为 2% 左右。可以知道的是日本新能源汽车比例很少，传统油耗车仍然占据主体部分。

表 5-4   2016 年日本汽车消费燃料构成

汽车消费燃料构成	数量
总计（百万吨石油当量）	80.6
石油（百万吨石油当量）	78.9
城镇燃气（百万吨石油当量）	0.1
电力（百万吨石油当量）	1.6
汽车燃油比例（%）	97.89

资料来源：日本自然资源能源局 （Agency for Natural Resources and Energy） 数据。

二、日本能源结构转型的趋势分析

（一）日本能源生产与进口的结构趋势

（1）能源生产总量不大，变动呈现先上升后下降的趋势，如图 5-11

所示。1995～2010 年这段时间总体上日本能源生产总量呈现先上升趋势，2010 年之后呈现直线下降趋势，1955 年日本能源生产总量为 2127PJ，2010 年能源生产总量 4320PJ，其间能源生产扩大 2 倍。核危机后，核电生产直线下降，到了 2016 年能源生产总量又下降为 1995 年的水平，仅为 2314PJ。能源生产总量下降主要体现为核电的断崖式下降。

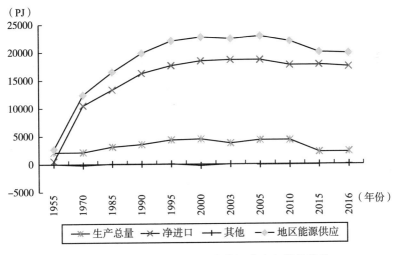

图 5 - 11　1955～2016 年日本能源生产与供给趋势

资料来源：日本自然资源能源局（Agency for Natural Resources and Energy）数据。

（2）能源净进口整体呈现上升趋势，近年来趋于稳定。由于能源生产量较小，能源净进口趋势与能源供应趋势较为一致，2005 年前能源净进口呈现增长趋势，增长速率逐年减少，能源净进口在 2005～2010 年有所下降，其中 2005 年净进口量为 18462PJ，2010 年净进口量下降为 17726PJ。2010～2016 年净进口趋于稳定，2016 年能源净进口量为 17661PJ 与 2010 年相当。

（3）国内能源消费整体呈现先上升后小幅下降的趋势。与能源净进口趋势一致，1970～2005 年日本能源供应的总体趋势是总量一直在增长，但其增长速率在不断递减，1970 年能源消费总量为 2696PJ，到 2005 年为 22905PJ，其间扩大了约 8.5 倍。2010～2016 年地区能源供应呈现小幅下降趋势，其中 2010 年能源供应为 21979PJ，2016 年为 19836PJ，由于 2011 年福岛核电站事故的影响导致核电生产断崖式下降，因此能源供应量的下降主要体现为能源生产量的下降。

（二）日本能源初次消费的结构趋势

1. 初次能源消费中以三大化石燃料为主，石油占比下降，煤和天然气占比上升，但石油仍占主体地位

如图 5 - 12 和图 5 - 13 所示，分析日本能源供应结构趋势，可知能源供应总量在 2005 年达到最高点，2005 年之前能源供应总量呈波动型上升趋势，之后能源供应呈现下降趋势，最近几年能源供应量波动较小。1973 年秋石油危机爆发，而该年日本能源供应结构主要由石油和煤构成，且其对石油的依赖度极高，石油占日本总能源消费比重高达 77.14%，煤炭占比为 16.34%。由于本国几乎不生产石油，国内石油供应几乎都来自进口，石油危机爆发后油价大幅上涨，导致之后的几年内国内石油供应量均未超过 1973 年的水平。石油危机使日本意识到调整国内能源结构迫切需要，之后日本将代替石油的重点放在煤炭和核能以及天然气的利用方面。

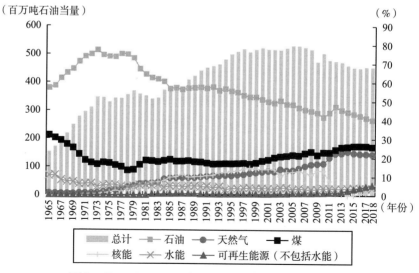

图 5 - 12　1965～2018 年日本地区能源供应结构趋势

资料来源：BP 数据。

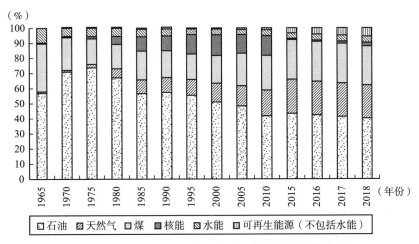

图 5 – 13　1965～2018 年日本地区能源供应结构趋势

资料来源：BP 数据。

（1）石油在初次能源消费大的比例逐渐下降。1985 年石油占日本总能源消费比重下降到 56.56%，进入 20 世纪后日本国内石油供应一直处于不断下降的趋势，到 2018 年石油比例下降为 40.16%。

（2）煤炭和天然气在初次能源中的比例呈现上升趋势。煤炭由 1985 年的 18.99% 上升为 2018 年的 25.87%；天然气由 1985 年的 9.13% 上升为 2018 年的 21.91%。

（3）核能危机前核能发展较为稳定，呈现缓慢增长趋势，核能的危机并没有明显影响总的能源供应。1985 年核能比例为 9.58%，到 2010 年增长为 13.11%。2011 年福岛核电站事故导致日本国内关闭大部分核电站使其核能供应下降为总能源供应的不到 1%，2011 年日本总能源供应为 479.12Mtoe，2012 年为 475.68Mtoe，下降了不到 4Mtoe，但核能却由 36.87Mtoe 下降为 4.07Mtoe，下降了 32.80Mtoe，可见核能的下降并没有影响日本总能源的供应。近年来日本核能供应量正以每年较小的速率增加，未来会有可能会有进一步增加的趋势。

（4）可再生能源比例较小，可再生能源正在不断发展。2018 年可再生能源（不包括水能）占总能源供应比由 2012 年的 1.63% 增长到 5.59%，水能占总能源供应比为 4.04%。值得注意的是日本可再生能源正在逐渐发展，尽管可再生能源占比依然很小。

2. 电力消费结构趋势由多种能源发电转变为以煤、天然气发电为主，电力结构的多样性变差

从图 5 - 14 和图 5 - 15 我们可以得知：20 世纪 80 年代，日本的电力结构中以石油发电、核电、天然气发电、煤电以及水电为主，1985 年石油与核能发电占据了总发电量的 50% 以上，90 年代起石油发电在日本电力结构上逐渐减少，转而依靠核能、煤以及天然气对减少的石油发电进行替代。在采用煤发电替代石油发电上，日本积极开发液化煤技术，用液化煤来对替代石油发电，20 世纪 80 年代的日本研制出了一种煤油混合燃料（简称 "COM"），从而减少了的石油的消耗。

1985 年，日本煤炭发电比例为 14.78%，到 2018 年增长为 33.01%；天然气发电比例为 19.06%，到 2018 年增长为 36.79%；而石油发电比例由 27.36% 下降为 5.70%。天然气和煤发电这两大能源发电量占日本电力总量约为 70%，日本石油替代政策取得了很大的成功，日本的电力结构由多样化变为以煤核天然气发电为主。在可再生能源发电方面，水力发电近年来发展较为平稳，日本正在积极开发可再生能源发电（不包含水电），可再生能源发电量正逐年上升，1985 年可再生能源发电（不包含水电）比例为 1.89%，截至 2018 年可再生能源发电量（不包含水电）占比已经达到 10.66%，且核能发电也正逐渐增加，核能发电量 2014 年为 0，到 2018 年上升为 49.11 太瓦时。预计未来日本电力结构会越来越多样化。

3. 可再生能源发电逐渐增加，以水力发电和太阳能光伏发电为主，太阳能发电迅速发展

从图 5 - 16 和图 5 - 17 可再生能源电力结构图可以得知：可再生能源发电总量 2013 年起有了一个明显的提高，2013 年日本国内可再生能源发电量为 119.22 太瓦时，到了 2018 年增加到 193.13 太瓦时，5 年间增长了大约 62%。可再生能源发电主要以水能和太阳能为主，从图中明显可以看出水力发电是最早的可再生能源发电方式，随着可再生能源的不断开发，出现了风力、太阳能、地热能、生物质能等可再生能源的类型，可再生能源发电方式也更加多样化。

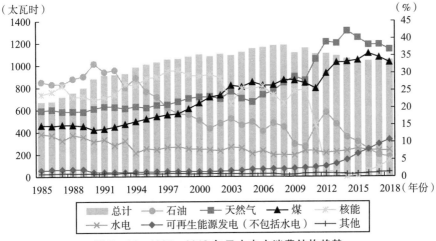

图 5－14　1985～2018 年日本电力消费结构趋势

资料来源：BP 数据。

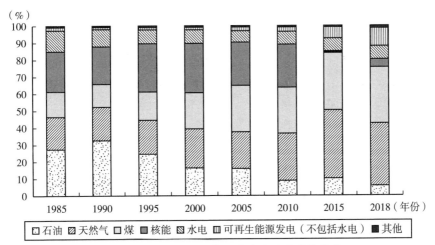

图 5－15　1985～2018 年日本电力消费结构趋势

资料来源：BP 数据。

风能以及其他可再生能源发展缓慢。2012 年风能发电为 4.73 太瓦
时，到 2018 年仅增长到 6.79 太瓦时；地热能、生物质能以及其他能源发
电量由 2012 年的 22.13 太瓦时仅增长到 2018 年的 33.66 太瓦时。

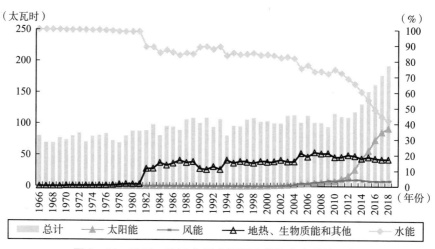

图 5-16　1966～2018 年日本可再生能源发电结构趋势

资料来源：BP 数据。

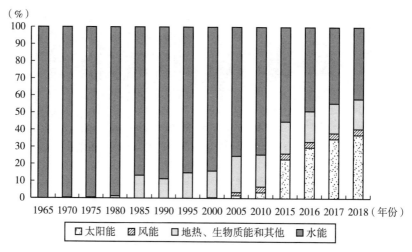

图 5-17　1965～2018 年日本电力消费结构趋势

资料来源：BP 数据。

　　水力发电由于其成本高昂，投资大，发电速度慢的特点，在可再生能源发电的占比中呈现逐年下降趋势。由 2009 年占可再生能源发电的 74.51%下降至 2018 年的 41.94%，水力发电量由 2009 年的 68.80 太瓦时增长到 2018 年的 81.00 太瓦时，9 年间仅增长 12.2 太瓦时，水力发电增长缓慢。

近年来日本积极发展成本低廉的太阳能光伏发电。2012～2018年，太阳能光伏发电量由7.37太瓦时提升到71.69太瓦时，占可再生能源发电的比例由6.68%提高至37.12%。在近5年内，太阳能光伏发电量与水力发电量的差距不断缩小，并且有赶超水力发电的趋势。

（三）日本能源最终消费的结构趋势

1. 企事业单位是能源最终消费的主要部门，呈现U形发展趋势，民生部门能源消耗呈现下降趋势

从日本能源最终消费主要去往三个部门：企事业单位，民生部门（非政府部门使用）以及运输部门。2016年总能源消费量为13321PJ，其中企事业单位占比约为62.16%，是能源消费量最大的一个部门。1970年企事业单位能源消耗5704PJ，占比64.51%；2000年企事业单位能源消耗总量7534PJ，占比47.46%；到2016年企事业单位能源消耗增长至8280PJ，占比为62.15%。可见企事业单位能源消耗呈现出U形发展态势。

1990～2000年最终能源消费总量一直处于不断增长趋势，最终能源消费共增长2659PJ，其中民生部门增长了1103PJ，对能源消耗增长的贡献率约为41.5%，民生部门相对于其他部门，其能源消耗增长平稳。直到2003年民生部门能源消费合计4462PJ，占总能源消耗比例约为28.38%，但是，2016年下降为1917PJ，民生部门能源消费十几年间减少了一半以上，占总能源消耗比例下降为14.49%。2016年总能源消耗相对于2003年减少2591PJ，民生部门能源消耗的减少对总能源消耗减少的贡献率约为74%，这是日本能源利用的一大进步。这一现象反映出日本倡导全民低碳计划的成功，低碳生活在日本已经成为国民生活的主流。

交通运输部门能源消耗变动较小，其中1990年为3212PJ，占比24.11%，到2016年为3124PJ，占比23.45%，可以说几乎没有增长，反而有小幅下降，见图5－18。

2. 人均能源消费整体呈现先扬后抑趋势

能源消费可以间接反映一个国家经济发展水平，一般来说人均能源消费越高GDP就越高。20世纪70～90年代是日本经济平稳增长的时期，反

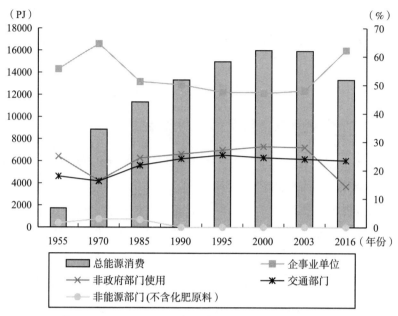

图 5 – 18　1955～2016 年日本能源终端消费结构趋势

资料来源：日本自然资源能源局（Agency for Natural Resources and Energy）数据。

映在人均能源消耗以及人均电力消耗方面，这两项指标也都呈现出一定的上升趋势。步入 20 世纪以后日本经济增长较为缓慢，人均能源消耗也呈现出稳定趋势，但近年来人均能源消耗又呈现出下降的趋势，从侧面也反映出日本经济发展出现疲软状态。从图 5 – 19 也可以看出，日本人均能源消费呈现先上升后下降的趋势，1969 年人均能源消费为 2193.61 千克石油当量，2010 年增长为 3893.27 千克石油当量，但到 2015 年下降为 3428.56 千克石油当量。

3. 人均电力消费先呈上升趋势后又呈现出微服波动下降趋势

与人均能源消费一样，人均电力消费也呈现着先扬后抑的趋势，人均电力消费一定程度上也能够反映经济发展状况。1969 年日本的人均电力消费量只有 2863.18 千瓦时，到 2010 年人均电力消费增长为 8594.91 千瓦时，但到 2014 年又下降为 7819.72 千瓦时，如图 5 – 20 所示，这种变动一方面与 2011 年发生的福岛核电站事故有关，另一方面也与日本目前经济增长乏力有关。

（千克石油当量）

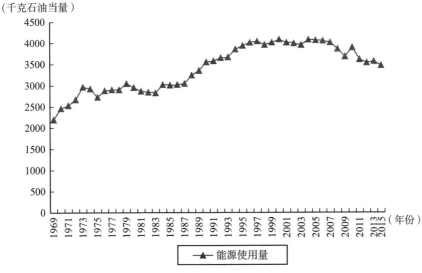

图 5 – 19　1969 ~ 2015 年日本人均能源消费趋势

资料来源：世界银行数据。

（千瓦时）

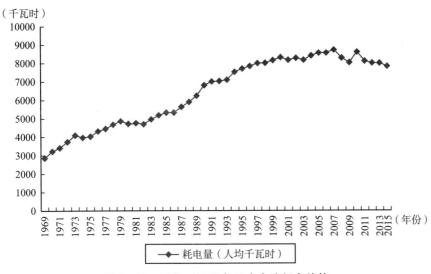

图 5 – 20　1969 ~ 2015 年日本人均耗电趋势

资料来源：世界银行数据。

三、日本能源结构转型的特征分析

（一）石油、煤、天然气等化石燃料在日本能源结构中占据重要地位

日本国内几乎不生产煤、石油、天然气等能源，国内能源需求主要来自进口。能源生产主要以可再生能源以及回收利用的废弃能源为主。2011年以前核能生产是日本能源生产主要部分，但之后受福岛核电站事故的影响，核能生产比例到目前为止依然很小。能源初次消费结构由石油为主转变为以石油、煤和天然气为主，三大能源占能源初次消费比例的88%。

日本电力生产来源最大的为天然气和煤，两者分别占电力总生产比例为36.79%、33.01%。电力生产中可再生能源（不包括水能）占比10.66%。而在20世纪前电力结构中电力生产结构多样化，其中石油是电力生产中占比最大能源，20世纪90年代石油发电开始下降，煤、天然气、核能发电开始呈上升趋势，到2016年为止石油在电力结构中占比仅为5.70%。电力结构中以煤和天然气为主，整个能源结构以石油、煤和天然气为主。

（二）能源进口来源国集中，尤其是石油和煤炭进口来源与天然气相比相对集中

日本的原油、液化天然气以及煤大都来源于进口。其中原油进口主要来自中东地区，占总原油进口的比例为86.88%。进口来源最大的国家为沙特阿拉伯，占总原油进口比例的38.07%，因此原油进口较为集中。煤的进口最大量来自澳大利亚，占比总煤炭进口比例61.07%，进口来源地较为集中。液化天然气最大进口来源地也是澳大利亚，占总天然气进口比例的34.62%，其他进口量来源较大的国家分别为马来西亚、卡塔尔、俄罗斯等国家，因此进口来源与石油和煤炭比较起来相对分散。

（三）能源终端部门消费结构相对稳定

能源最终消费总量有所下降，其中企事业单位部门能源消费比例上

升，家庭部门能源消费比例下降，交通运输部门能源消费比例稳定，总体上日本最终能源消费主要以企事业单位为主，占比62%其次是交通运输部门，占比23.5%，家庭部门能源消费最低。人均能源消费和电力消费均先扬后抑趋势，人均能源消费逐渐下降，人均电力消费波动较小，近年来呈现微幅下降趋势。

（四）可再生能源稳步发展，太阳能光伏发电发展较快

可再生能源发展以水力和太阳能光伏发电为主，水力发电增长缓慢，水力发电量较为稳定，太阳能光伏发电增长较快，两者占比基本相当，太阳能光伏发电又反超水力发电的趋势。地热能、生物质能和其他能源发电量微幅增长，日本有较为丰富的地热资源，地热资源发展潜力巨大。风能发展缓慢。

第三节 日本能源政策与能源安全分析

一、日本的能源政策

（一）能源消费结构的目标要求

根据2014年日本的战略能源政策（SEPs）：到2030年日本要实现70%能源自给率和70%发电零排放占比率的目标。由于依赖化石燃料进口，国家能源供应的脆弱性，SEPs还包括了与燃料供应国建立良好外交关系、提高能源效率和政府对海外能源供应项目（特别是对于新的美国液化天然气出口）的支持的需要。包括：

（1）可再生能源。推动可再生能源装置，特别是风力和地热发电，这些装置在容量方面不如太阳能光伏先进。人们注意到可再生能源在促进日本能源安全方面的作用，以及建设包括海上风力发电在内的新产业的重要性。该计划还强调了电池储存和氢气在缓解风能和太阳能的间歇性方面

所起的作用。

（2）核能。核能是日本的准国内能源，由于核能可以通过利用储备的化石燃料实现数年发电，它被认为是提高能源安全的一个重要因素。

（3）煤。尽管燃煤产生的大量温室气体排放，但煤炭依然是一种重要能源，因为煤炭成本低（不包括外部性）、地缘政治风险低的特点，以及自2011年以来作为核能的一种替代能源。

（4）液化天然气。低地缘政治风险也是一个以液化天然气（LNG）的特点，该燃料在日本能源结构中扮演着更大的角色。

（5）石油。石油被认为具有最高的地缘政治风险和最高的发电成本，但SEPS也认为是在峰值发电时的一项电力来源。

根据长期能源供需展望（2015年）：日本2030年需实现的目标：

（1）核电站发电量占20%～22%（虽然仍低于福岛核电站之前25%的发电量）。

（2）可再生能源发电量略高于（22%～24%）。其中太阳能发电量占7.0%、风能占1.7%、生物质能占3.7%～4.6%、地热能占1.0%～1.1%、水能8.8%～9.2%。

（3）煤炭发电量从2015的34%下降到2030年的26%。

（4）天然气发电量2030年占比为27%。

（5）石油发电量从2015年的约9%下降至3%。

政府在2016年出台了新的法规，要求到2031年3月底（2030财年），发电机的热发电效率至少提高到44.3%。目前，日本最新的燃煤发电厂的效率约为41.5%。即使是日本最先进的燃煤技术也未能达到政府的排放目标，J－Power等发电厂商也表示，他们需要关闭低效的煤田，增加生物燃料的使用，并从煤炭转向液化天然气效率超过50%的工厂。

（二）温室气体的减排要求

根据长期能源供需展望（2015年）：到2030年，发电产生的二氧化碳排放量将比2013年下降21.9%，2013年二氧化碳排放量为1408百万吨。日本政府宣布将温室气体排放量在2013年的总体水平上（比2005年的水平低 25.4% ）减少 26% 。在不会影响经济增长的前提下到 2050 年二氧化碳排放量比 2013 年减少 80% 。

（三）可再生能源比例和结构要求

据日本长期能源供需展望，日本可再生能源 2030 年的目标：可再生能源发电量占比 22% ~24% 。其中太阳能光伏 7.0% 、风能 1.7% 、生物质能 3.7% ~4.6% 、地热能 1.0% ~1.1% 、水能 8.8% ~9.2% 。2030 年地热能和风能发电量扩大为 2013 年的 4 倍，生物质能发电量扩大 3 倍，水力发电扩大 1.1 倍，太阳能发电扩大为 7 倍。

1. 太阳能

福岛核电站事故后，太阳能光伏发电项目得以发展。自 2012 年以来，该项目已批准约 80 吉瓦的发电量。从 2013 年到 2015 年，日本成了全球第二大太阳能安装国。随着适配度的下降，安装更多太阳能的可能性也会下降。在确保电网连接和土地安全方面存在一些困难，使得日本批准的 80 吉瓦太阳能项目中的许多项目无法完全实现。

然而，政府在 2017 年推出了一个新的大型太阳能光伏拍卖系统。在其他模式推动了全球太阳能供应量的快速下降，并在 2016 年创造了一系列新的低价格纪录之后，它将拍卖太阳能光伏投标，价格从 0.024 至 0.030 美元/千瓦时不等。2017 年 500 兆瓦和 2018 年 1 吉瓦的试点拍卖价格上限为 21 日元/千瓦时（0.178 美元/千瓦时）。

与许多其他国家相比，日本的太阳能发电成本很高，因为辐射水平较低，不到迪拜、墨西哥、智利或美国西南部辐射水平的一半。上网电价补贴政策（Fits）的逐渐减少以及政府转向竞争性拍卖可能会推动重大的合作。政府预计在 2030 年的前景中，太阳能的安装会放缓，但如果拍卖会像其他地方那样降低成本，如果政策和监管环境变得更加有利，这种观点可能会逆转。

2. 陆上风能

日本风电协会（Japan Wind Power Association）的安装路线图显示，到 2020 年，日本风电总装机容量将达到 10 吉瓦，到 2030 年，日本风电总装机容量将达到 27 吉瓦。然而，迄今为止，陆上风力发电能力的扩张被太阳能光伏所拖累，而太阳能光伏发电获得了大部分有利条件。2012 ~ 2014 年，风力发电装机实际下降。太阳能相对于风能的部分优势在于，日本冗长而烦琐的审批程序偏向于太阳能。风力发电场需要 7 年的时间。陆上风电安装率的任何显著上升都需要对审批流程进行大修。

3. 海上风能

日本风电协会发展路线图显示，到 2020 年，海上发电量将达到 700 兆瓦，其中有 100 兆瓦的浮动容量。到 2030 年，预计海上总容量为 10 吉瓦，其中有 4 吉瓦的浮动容量。

4. 水能

由于监管的挑战和缺乏相应机会，日本的水力发电量不太可能大幅扩大。日本的抽水蓄能容量为 26 吉瓦，在世界遥遥领先，未来抽水蓄能水电站的定位是用来满足电力高峰期的需求。

5. 地热能

日本拥有丰富的地热资源，据估计，日本依靠这种资源可以发电 20 吉瓦。但到 2014 年为止，地热能发电量只有 500 兆瓦。由于地热能的大部分潜力都位于国家公园的边界内，开发地热能可能会对旅游资源造成破坏，因此地热资源的开发面临着环境因素的阻碍。

（四）战略性能源储备政策

石油储备的重点将放在提高灵活应对危机的能力上，日本的油罐出租给沙特阿拉伯和阿联酋的国营石油公司，作为向东亚供应商业原油的中转或库存基地，在供应危机的情况下，日本有优先获得供应的权利[①]。

2013 年 3 月，完成了两个国家液化石油气储备基地的建设，使该基地总数达到 5 个。8 月底，第一艘装载液化石油气的美国船只进入日本港口，卸下储存在这两个基地的天然气。日本政府持续推进液化石油气的采购和储存工作。

---

① 《日本能源战略计划》（2014 年 4 月）。

二、日本的能源安全风险分析

(一) 日本能源进口依存度分析

1. 能源进口依存度呈现 U 形特征

本节的能源的进口依存度指标按 2014 年国际能源署（IEA）公布的能源净进口占能源使用量百分比的数据来近似衡量。本节中各能源领域包括石油、天然气以及煤三种能源进口依存度指标数据是根据该种能源进口量与国内消耗量之比间接计算得出。

总体来说，不同历史时期的能源进口依存度明显不同，但能源进口依存度很少有低于 80% 的时期，这也反映出了日本是一个高度依赖进口能源的国家，进口依存度高同时也说明日本能源面临的供应风险也大。20世纪 70 年代初是能源进口的一个峰值点，经历过石油危机以后，能源安全也开始得到日本政府的重视，在能源进口比例有所下降，20 世纪 80 年代至 2011 年，尽管能源进口依存度有所波动，但大体上稳定在 80% ～85% 区间内。福岛核电站事故后日本能源安全又面临新挑战，核电站的关闭使日本不得不提高其能源进口比例来弥补核能的损失，到 2015 年为止，能源进口依存度已经高达约 93%，能源进口依存度极高，如图 5 - 21 所示。

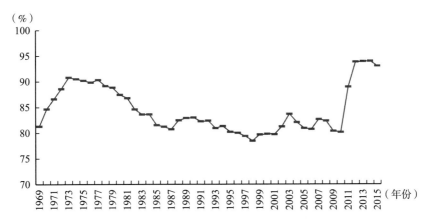

图 5 - 21　1969 ～ 2015 年日本能源净进口占能源使用量的百分比变化趋势

资料来源：2014 年 IEA 统计数据。

2. 三大能源的进口依存度居高不下

本章统计了三种能源的进口依存度。由于进口依存度是按相关数据计算的出，有些年份的能源进口依存度超过100%我们可以按100%来衡量，是由于进口量与消耗量的比例关系所决定，但不影响我们用两者之比来近似衡量日本的能源进口依存度。

从图5－22可以看出三种能源包括煤，石油，天然气的进口依存度均超过95%，并且在一些年份能源进口依存度已经达到100%，可见三种化石燃料几乎是完全依赖进口，本国不生产或生产量极少。

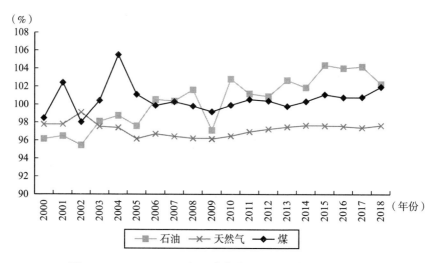

图5－22　2000～2018年日本各能源进口依存度变化趋势

资料来源：BP数据。

（二）日本能源消费多样性

1. 能源消费相对集中，整体呈现出下降趋势，初次能源消费多样性有所改善

能源集中度是按能源消费量最大的两项之和与总能源消费量之比计算得出，反映了能源消费的多样性，即能源集中度越大，能源多样性越差。日本的能源集中度的整体趋势是逐渐下降的，也即日本能源多样性越来越呈现出向好的趋势。在日本的能源结构中以石油和煤是占比最大的两项能

源。自 1973 年石油危机以来，石油在总能源消费中占比下降幅度较大，
从 1973 年的 77%下降到了如今的 40% 左右，而煤炭在总能源占比呈现小
幅的上升趋势，1973～2018 年煤炭在总能源消费中大约提升了 10%，如
图 5 – 23 所示。

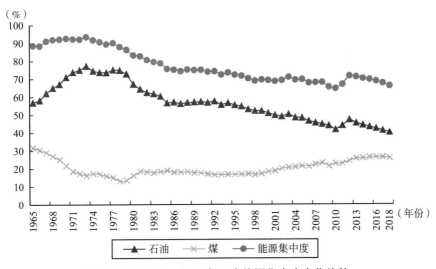

图 5 – 23　1965～2018 年日本能源集中度变化趋势

资料来源：BP 数据。

**2. 电力结构多样性较差，集中度由平稳趋势转变为直线上升趋势后
又呈现缓慢下降趋势**

从图 5 – 24 可以看出，日本的电力集中度从 1985～2010 年这段时间
内较为稳定一直保持在 50%～55% 区间内，在电力结构中石油、核能、
天然气、煤炭均占有相当比重，尤其是在 20 世纪初四种能源在能源结构
占比几乎相当，这也体现出当时日本的电力来源较为多样化。以 2011 年
为转折点，该年后由于日本核电站的关闭，电力集中度呈直线上涨趋势，
自 2013 年来电力集中度呈下降趋势，但 2018 年的电力集中度依然接近
70%。由于石油和核能占比下降，近年来日本电力来源以煤炭和天然气发
电为主，发电来源较为单一。可再生能源在电力中的比例近年来一直呈上
升趋势，2018 年占比为 18.37%，2008～2018 年的 10 年间提升了大约

10%，体现出日本对可再生能源开发给予重视，未来可再生能源将会是能源利用的重点，其占比会有不断上升的趋势，可再生能源的发展会使日本电力来源更加多样化。总体来说，日本电力结构多样性差，电力集中度较高，但未来集中度有下降的趋势。

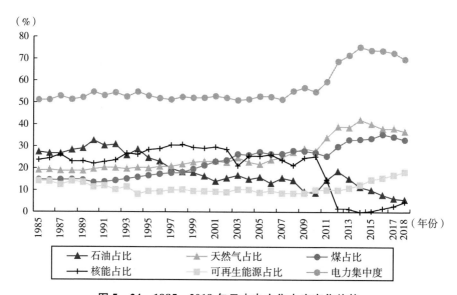

图 5 – 24　1985 ~ 2018 年日本电力集中度变化趋势

资料来源：BP 数据。

（三）日本能源使用效率分析

1. 单位 GDP 能耗呈现缓慢下降的趋势，能源使用效率逐步上升

单位 GDP 能耗指的是一次能源供应量与国内生产总值的比率，能够反映日本能源使用效率。单位 GDP 能耗（1000 美元 GDP 所使用的能源，按千克石油当量计算）由 1990 年的 116. 12 下降为 2015 年的 90. 50（见图 5 – 25），也即单位 GDP 能耗总体上呈现下降趋势，表明日本经济的发展对能源依赖程度也在逐渐下降，日本的能源使用效率在逐步提升，同时也表明日本的社会节能政策的取得了一定成效。工业占比是工业增加值占GDP 的比重，工业占比由 1990 年的 44. 72% 下降为 2017 年的 27. 91%（见图 5 – 26），也即日本的工业占比总体呈现下降趋势，反映了日本经济发展中产业结构正朝向第三产业方向演变，工业在国民经济中份额逐渐下降。

图 5 – 25   1990～2017 年日本单位 GDP 能耗变化趋势

资料来源：世界银行数据。

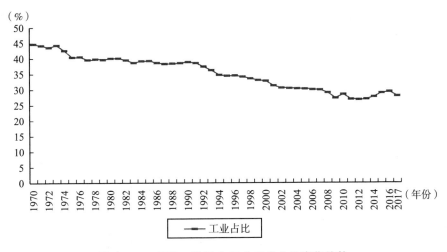

图 5 – 26   1970～2017 年日本工业占比变化趋势

资料来源：联合国贸易和发展会议数据。

2. 人均能源消费和人均电力消费均呈现先升后降的趋势

从 19 世纪 70 年代到 20 世纪初人均能源消费与人均电力消费总体来说是上涨趋势，这是由于过去重工业得快速发展对要求增强能源使用强度以及家庭中电气和电子设备使用的增加造成的。2005～2014 年人均能源消费与人均电力消费都呈现小幅逐年下降的趋势，两者呈现的趋势特征也较为一致，2005 年人均能源消费（千克石油当量）为 4062.98（见图 5 - 27），人均电力消费为 8539.01 千瓦时，到 2014 年这两项指标分别下降为 3070.76、7819.71 千瓦时（见图 5 - 28）。福岛核电站事故发生后，日

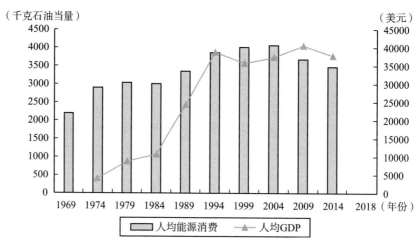

图 5 - 27　1969～2018 年日本人均能源消费和人均 GDP 变化趋势

资料来源：世界银行数据、联合国贸易和发展会议数据。

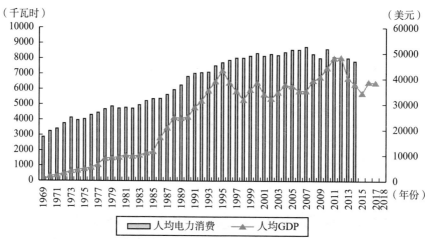

图 5 - 28　1969～2018 年日本人均电力消费和人均 GDP 变化趋势

资料来源：世界银行数据、联合国贸易和发展会议数据。

本推出了一系列节能措施，这些措施通过改变消费者行为在减少用电方面取得了巨大成功。21 世纪以来受经济发展的不确定性因素的影响人均 GDP 呈现较大的波动趋势，但人均能源消耗与人均电力消耗受经济波动影响较小，与经济得周期波动关系不大。

第四节　日本能源结构转型的财税政策

一、日本不同能源领域的政策

日本的能源政策目标是要构建一个多元化并且灵活的能源供需结构，日本将 2018～2020 年作为能源相关的基础设施升级建设和建立稳定能源供给结构的关键改革实施期。

不同能源的定位和要求如下：将地热能、水电（径流式）、核能以及煤炭最为基本发电来源，这些能源的特点是能够低成本并且稳定的运行；将天然气最为中间能源，可作为应对电力需求变化的一种灵活发电能源，其特点是低成本；将石油、抽水蓄能电站作为峰值电力的来源，来快速应付电力需求的变化，特点是成本高[1]。

（一）可再生能源领域的政策导向

可再生能源是一种有前途，并且是一种重要的能源来源，发展可再生能源可以促进日本能源安全。2013 年以来，日本政府加快了可再生能源的引入步伐，并稳步推进电网的建设、合理监管、降低研发成本。成立了"可再生能源相关部长内阁会议"，旨在通过政策协调，促进部门合作。

1. 太阳能光伏发电

中小型太阳能设施减少了主电网的负荷，可作为应急电源。由于太阳能发电成本高，发电量不稳定的特点，需要进一步的技术创新。从中长期

---

[1] 《日本能源战略计划》（2014 年 4 月）。

来看，预计成本的降低将促进太阳能的引入，可以补充分布式能源系统白天高峰需求。

2. 风力发电

风力发电是一种有潜力能够确保经济效率的能源，因为大规模开发发电成本接近火力发电成本。在考虑经济效益的同时，促进风力发电的利用。

3. 地热能

地热发电的发展需要较长的时间和成本，因此有必要通过降低投资风险、建立输电线路和促进地区和谐发展使其顺利引进。

4. 水力发电

水力发电具有良好的稳定能源供应的作用。普通水电（径流式）运行成本低，作为基本负荷电源，抽水蓄能型水电作为调峰电源。

在普通水电方面，除了大力发展大型水电外，政府还通过相关方的合作，促进现有大坝的有效利用。例如，它将在没有发电设施的现有水坝上安装发电设施，并通过替换现有水坝的现有发电设施来增加产量。

5. 生物质能等

生物质能发电（包括使用未利用材料的木质生物质能）可以用作一个稳定的电源，也可能有助于当地的振兴。

（1）考虑到生物材料的多样性，包括木材和废弃物，以及使用方式的多样性和成本等问题，在考虑到竞争的协调性的同时，通过追求规模优势和在现有火力发电厂采用混合燃烧，增加生物质能源的引入。

（2）对于以进口为主的生物燃料，在考虑国际形势和相关技术发展趋势的基础上，继续引进生物燃料。

（二）非可再生能源领域的政策导向

1. 核能领域的能源政策导向

（1）核能的能源政策以安全为主，核电站的评估要通过核管理局（NRA），严格执行监管要求的被称为世界上最严格的标准。日本政府将重新启动符合标准的核电站。

（2）通过节约能源、发展可再生能源、提高火力发电效率等措施，尽可能降低对核能发电的依赖。

（3）努力解决核能发电所积累的辐射性质的废弃燃料。

（4）定期举行核安全首脑会议和通过修订后的《核物质保护公约》（*Physical Protection of Nuclear Material*），采取必要措施和促进相关研发，以确保核不扩散和加强核安全。

2. 煤炭能源政策导向

煤炭存在的问题是会排放大量的温室气体，但其地缘政治风险低，在化石燃料中每单位产出热能价格最低，被日本政府评估为重要的基本电力供应来源。

日本将通过对煤炭利用的技术创新，提高燃煤效率并降低环境负荷。促进老化火电站的更换和引进先进技术建设新设施或者扩建现有设施，促进新技术的开发，减少温室气体的排放，提高发电效率。

3. 天然气能源政策导向

天然气能源利用效率高，与石油相比天然气的地缘政治风险低，且在化石燃料中排放的温室气体最少。天然气也有可能成为未来氢能源的基础。因此天然气是一种重要的能源。

（1）由于日本的液化天然气采购价格高于国家标准，因此要避免天然气的过度依赖，通过多种能源的利用，来降低目前能源发电成本。

（2）对全球变暖的对策：鼓励天然气的多样化利用方式，包括利用天然气通过热电系统进行地方级的电源分配等，以及利用天然气作为氢源，促进天然气的先进利用，如联合循环火力发电。

（3）提高供应系统对紧急情况的恢复能力。

4. 石油能源政策导向

石油具有不同部门广泛适用性的优点，石油是制造业的重要能源，运输业也严重依赖石油。石油的地缘政治风险高，可作为峰值电力需求的来源。因此日本政策将其定为未来的一种替代能源。

（1）促进与产油国的能源合作，促进石油来源地的多元化，努力降低能源安全风险。

（2）在内需下降和亚洲地区石油供应增加的同时，加强石油供应网络的快速恢复能力和石油工业的管理基础。

5. 液化石油气政策导向

对中东地区依赖度高导致能源供应风险大，可以购买廉价的北美页岩石油气，使液化石油地缘政治风险有降低趋势。液化天然气排放的温室气体相对较少，在便携性和储存方便性方面具有一定优势，可作为电力的中间动力源。

（1）将液化石油气作为能源危机时一种补充能源，推动富有弹性的能源供给。

（2）促进液化石油气使用的多样化，包括日本政府为企业经营者提供液化石油气零售价格，以使信息透明并改善企业供应结构以此控制成本、发挥在运输行业中为液化石油气汽车提供动力来源的重要作用。

（三）二次能源领域的政策导向

1. 电力

（1）电力供应方面，保证基本电力供应稳定且价格低廉、中间电力供应要根据需求灵活调整、调峰电源应与分布式电源结合发挥其作用。

（2）在电力来源方面，避免过度依赖特定能源，促进电力结构的多样化。

（3）在电力供应效率方面，应提高电力供应效率，逐步降低高峰用电负荷。

（4）对未来新能源发电需要大规模投资，尤其是可再生能源发电设施的投资与建设。

（5）目前的上网电价补贴产生财政亏空未来可能需要调高电价，因此要采取必要手段防止电价的过度上涨。

（6）在紧急情况下的电力恢复方面，要结合天然气设施来发展分布式电源。

2. 热能

（1）热电联产是一种同时利用热能和电能最有效地利用能源的方式。可作为紧急情况的备用电力来源。要促进各区域的热电联产设施的建设。

（2）促进发挥地区特点的热源的利用。使地方热供给需求相匹配。

（3）利用可再生能源产热，提高能源供给结构的效率。

3. 氢能源

由于氢能源利用方面存在技术以及成本方面的问题，为了推动各种研发和降低成本，日本政府将展开系统的基础设施的战略布局，为成功实行这一目标提供切实可行的政策措施。

二、日本的能源税收工具与财政补贴

（一）财政补贴

1994 年日本首次推出住宅用太阳能发电补贴政策。对每户安装太阳能发电设备的家庭 90 万日元/千瓦的补贴，补贴力度达到初装费用的 45%。随着太阳能发电设备成本下降，由 1994 年的 200 万日元/千瓦下降至 2006 的 68 万日元/千瓦。补助金额下调，2005 年补助额度 2 万日元/千瓦。2006 年停止补助。

2009 年太阳能家用补助总预算 200.5 亿日元，补贴额度为 7 万日元/千瓦，为初装成本额 10%。补贴由日本中央政府直接拨款，通过太阳能发电协会辖的太阳能发电普及中心管理，并通过个地方政府的受理窗口进行审核，并最终发放。

2012 年 7 月日本推出可再生能源进行上网电价补贴政策。

2014 年 4 月，补贴额度为 37 日元/千瓦时住宅用电和 32 日元/千瓦时（10 千瓦以上的系统）。20 千瓦以上的陆上发电机组的风力发电装机 22 日元/千瓦时，海上风电机组的风力发电装置由 22 日元/千瓦时提高至 36 日元/千瓦时，小型发电机组的风力发电装置为 55 日元/千瓦时[1]。

2014 年日本经济产业省（METI）宣布接受个人和单位安装 1 千瓦及以上容量固定应用锂电子电池的补贴申请，经过指定机构评估储能装置并满足安全性等特定技术标准后，将补贴合格系统 2/3 的成本，该补贴计划

---

① 2018 年《日本能源补贴》。

最高为个人申请者和企业申请者分别提供总计100万日元和1亿日元的补贴，计划总预算为100亿日元。METI还开展了检查电网变电站安装和利用大规模储能电池的项目，资助特定企业开展此类活动①。

太阳能上网电价补贴分别为2015年4月1日至2015年6月30日期间的31.32日元/千瓦时和2015年7月1日至2016年3月31日期间的29.16日元/千瓦时。从2015年4月1日至2016年3月31日期间，风力发电的上网电价补贴为23.76日元/千瓦，上网电价补贴政策每年修订一次②。

上网电价补贴申请人必须满足以下条件：

（1）发电厂发展计划需经政府批准。

（2）申请与电力公司进行输电线路互连的开发计划。

（3）申请人须于批准后第二天起的180天内，向经济贸易及工业部提交土地登记册及设备购置协议/订单副本。

如果所需文件未在截止日期内提交或提交的文件不足以证实是太阳能用地和设备，则取消其批准。

（二）税收激励与加速折旧

根据日本2009年4月开始实施的《2009年税制改正纲要》，对于导入太阳能发电设备的住宅用户可享受相当于太阳能设备安装费用10%的所得税减免，上限为30万日元③。

绿色投资税收优惠政策：适用对象为获得上网电价补贴批准并在收购后1年内购买太阳能或风力发电设备和营业场所的纳税人。假设设备在2016年3月31日前投入使用，纳税人可以从以下各项中选择一项奖励：

（1）除普通折旧外的30%特别折旧。

（2）风力发电设备前期的总购置成本100%折旧。

---

① 《日本调整可再生能源上网电价 新设锂电子电池补贴计划》，载《华东电力》2014年第4期，第810页。

② Taxation and incentives for renewable energy—KPMG, 2015.

③ 常杪、杨亮、王世汶：《日本住宅用太阳能补贴政策的调整分析》，载《环境保护》2019年第14期，第76~77页。

（3）税收抵免（收购成本的7%，仅适用于中小企业）。中小企业是指实际控制资本不超过1亿日元的公司，或者是实收资本1亿日元但拥有的实际资本控制权不超过50%的大公司。

一系列税收激励政策推动了太阳能产业发展，对提高全民节能意识有重要作用，并推进了清洁能源的普及与应用。

———————— 第六章 ————————

德国能源结构转型与能源安全的财税政策

第一节　引　　言

　　研究一个国家的能源结构特征，对一个国家的能源供应和能源安全甚至于一个国家的经济稳定发展而言至关重要。近30年来，德国的能源结构发生了较大的变化。作为世界第五大能源消费国和欧盟最大的经济体之一，德国因其可再生能源尤其是风能和光伏发电的迅速发展而成为向可再生能源转型的"全球典范"，其成绩与经验备受瞩目。[①]

　　从生产端来看，传统化石能源的产量一直处于下降趋势，而可再生能源的产量一直处于增长中，截至2016年两者的产量已经不相上下，并且随着时间的推移，可再生能源的产量反超传统能源是必然的。核能源的生产量是呈现出先升后降的态势，并且由于德国"弃核"策略的实施，核能产量定会面临进一步的下降并且将于2020年被完全淘汰。关于可再生能源的生产结构，主要表现为风能和太阳能的产量不断上升，正逐步代替固体生物燃料成为主要供能来源，截至2017年，德国风能容量已占据整个欧洲市场的1/3，仅次于中美两国。

　　从消费端来看，消费量最大的两类能源仍然是石油和天然气，对核能

　　[①] 林绿、吴亚男、董战峰、耿海清：《德国和美国能源转型政策创新及对我国的启示》，载《环境保护》2017年第19期，第64~70页。

的消费量也是先升后降，相反的是可再生能源的消费量一直保持着上升的趋势。关于可再生能源的利用（这里主要考虑发电情况），作为清洁能源的风能和太阳能的发电量总体上呈现出明显的上升态势，另外除氢能源发电量明显下降之外，其他都表现出较为平稳的比例变化趋势。相比较而言，能源的进出口状况并没有很大的波动，石油和天然气仍然是主要的进口能源，德国作为欧盟最大的电力出口国，电力的出口也一直保持高比例。

德国在能源的供应方面总体来说是比较安全的。2017 年德国的能源总体进口依存度已达到 64% 左右的高水平，而且近年来一直保持上升的趋势，这并不是一个好现象，表明其能源要大量依靠进口，自身独立性很难保证。随着能源转型的逐步推进，德国的能源强度指标值是不断下降的，表明德国的能源使用效率在不断提升，浪费和污染逐步减少。到 2017 年时，能源强度指标值下降到 110Mtoe/亿美元，伴随着能源强度的下降，人均 GDP 也一直处于上升的过程，工业生产总值占 GDP 的比例在 2017 年仅为 28% 上下，从这方面来说，德国的能源利用对环境来说是相对安全与清洁的。

第二节　德国能源结构转型的趋势与特征

近 30 年来，德国在能源转型方面做出了很多努力，目标是使得可再生能源成为其主要的能源供应，减少对国内传统能源的开采。随着环境保护与节约能源的理念日益深入，人均能源消费量与碳排放量也有所减少。虽然传统能源的生产量与发电量仍然占据很大的份额，但是不可否认的是这些举措在很大程度上优化了德国的能源结构，提高了能源的利用效率，但是同时也导致德国的能源越来越依赖于国外的进口，能源的独立性日益下降，风险日益增加。

一、德国能源生产消费的现状分析

从 2017 年的能源生产情况来看，可再生能源和生物燃料的生产量最大，一次能源供应结构中可再生能源对化石能源和核能的替代作用明显。

并且电力结构中，可再生能源发电比率上升，可再生能源和生物燃料发电占据总发电量的绝对比重，形成了以风电为首，生物质能发电、光伏发电等多种可再生能源齐头并进的局面。能源进出口情况中进口量最大的能源是石油及石油产品，出口量最大的是天然气，净进口量最大的是石油及石油产品。能源趋势中，长期下降终端消费短期消费量有所上升，主要消费渠道为工业、运输业、住宅和服务业。

（一）德国能源生产端现状

1. 可再生能源为主导，固体化石燃料和核能占比较大

能源生产决定了一个国家的能源供应进而决定了该国家的经济脉络，研究能源生产现状有利于解释当前经济发展现象，并为经济进一步发展出谋划策。从图表显示的来看，2017 年德国能源生产总量为 117Mtoe。其中可再生能源和生物燃料的产量占比最大，达到 36.75% 之多，生产量高达43Mtoe，其次是固体化石燃料，占比为 33.34% 左右，再次是核燃料，所占比约为 17.09%，这三种能源目前基本上是德国能源的主要供应来源。然后依次为天然气、不可再生垃圾和石油及石油产品（见图 6 - 1）。此外，油页岩和油砂生产量为 0，表明此类能源尚未得到或尚未完全得到有效开发利用。

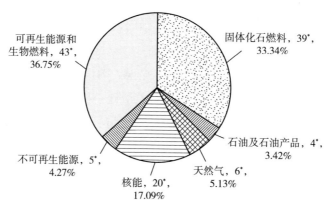

图 6 - 1　2017 年德国能源生产现状

注：* 处单位为 Mtoe。
资料来源：欧盟数据。

2. 传统化石燃料仍然是德国主要发电来源，可再生能源发电后来居上

经济的发展离不开电力的生产与消费，一个国家的电力生产情况也在不断变化之中，发电的主要能源也一直发生变化。从图 6-2 显示的来看，2017 年德国燃料发电总量为 652 亿千瓦时，其中固体化石燃料、泥炭及其制品、油页岩和油砂发电以及可再生能源和生物燃料发电量达 464 亿千瓦时，占总燃料发电量的 71.1% 之多，是德国燃料发电的主要来源。其次分别是天然气和人工煤气发电、核燃料发电、不可回收垃圾发电和石油及石油产品发电。

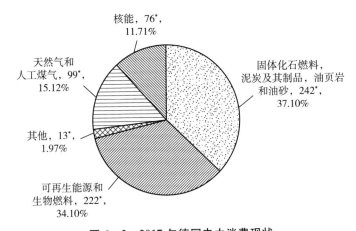

图 6-2　2017 年德国电力消费现状

注：＊处单位为亿千瓦时。其他来源为石油及石油产品和不可再生垃圾等。
资料来源：欧盟数据。

最值得欣喜的情况是，2018 年上半年，德国可再生能源总发电量达到 1180 亿千瓦时，而煤炭发电量为 1140 亿千瓦时。这是可再生能源发电量首次超过燃煤发电量，是德国发电行业一座重要的里程碑。

3. 风能发电占据可再生能源发电的半壁江山，太阳能和沼气其次，三者加起来达到可再生能源发电总量的 80% 以上

可再生能源发电逐渐成为德国发电的主要来源。从图 6-3 显示的来看，作为德国燃料发电主要来源，2017 年可再生能源和生物燃料的发电总量达 222 亿千瓦时，这其中近半数来自风能发电，而太阳能和沼气发电占比大致相当，两者合计占可再生能源发电量的 32.9% 左右，其次是氢气和固体生物燃料和可再生垃圾发电等。然而，德国的潮汐能、海洋能和沼气能以及地热能资源都尚未得到或尚未完全得到有效开发利用。

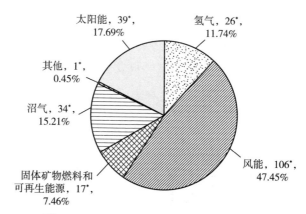

图 6 - 3　2017 年德国可再生能源发电现状

注：*处单位为亿千瓦时。其他来源为地热能，潮汐、波浪和海洋能以及液体生物燃料。
资料来源：欧盟数据。

（二）德国能源进出口现状

1. 德国能源进口量较大，石油和天然气进口量最大

由于德国能源自身分布不均，由于受制于资源禀赋，难以满足国内正常的经济生活需要，因此德国是一个能源进口大国。从图 6 - 4 显示的来看，2017 年德国能源进口量为 268Mtoe，其中逾半数是石油及石油产品的进口，天然气进口也占到进口总量的 35.74%，其次是固体化石燃料、电能和可再生能源以及生物燃料的进口。

2. 德国能源出口量相对较小，以石油和天然气两种能源的出口为主

由于德国正处于能源转型的关键期，越来越重视环境保护，对本国能源开采量适当减少，因此能源出口量相对较小。从图 6 - 5 显示的来看，2017 年德国能源的总出口量为 62Mtoe，其中出口量最大的能源是天然气，其次是石油及石油产品，这两者差距不大，再次是电能的出口，最后是可再生能源和生物燃料以及固体化石燃料的出口。

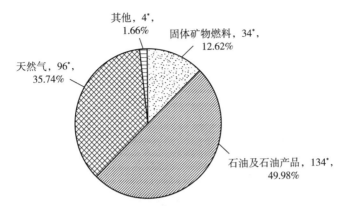

图6－4　2017年德国能源进口现状

注：*处单位为Mtoe。其他能源为固体矿物燃料、电能和可再生能源等。
资料来源：欧盟数据。

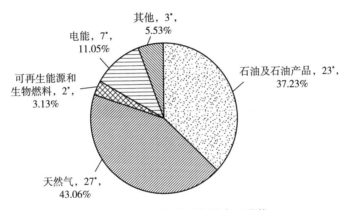

图6－5　2017年德国能源出口现状

注：*处单位为Mtoe。其他为热能、不可再生垃圾和固体矿物燃料。
资料来源：欧盟数据。

3. 德国是一个能源净进口大国，净进口量最大的三类能源是石油、天然气和固体矿物燃料

作为能源进口大国，从图6－6显示的来看，2017年，德国净进口总量为207.37Mtoe，其中石油及石油产品占据总净进口量的半壁江山，其次是天然气的净进口，占比为31.81%，这与德国"富煤缺油少气"的资源禀赋相吻合，净进口量第三大的是固体化石燃料，占比达到14.93%。

值得注意的是，德国电能供应充足，是一个电能净出口国家，2017 年电能出口量为 4 亿千瓦时左右。

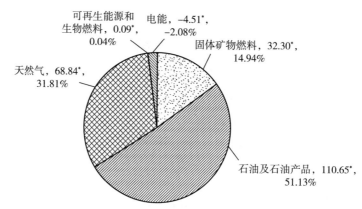

图 6 - 6　2017 年德国能源净进口现状

注：＊处单位为 Mtoe。
资料来源：欧盟数据。

4. 德国天然气进口的主要来源地是俄罗斯、挪威与荷兰 3 个国家，进口来源地相对比较集中

德国进口量最大的两类能源是石油和天然气，但是由于数据有限，这里只研究管道天然气的进口来源地情况。

研究能源的进口来源地情况可以在某种程度上了解能源风险特征与国际间政治关系。德国的管道天然气进口量 2017 年有小幅下降，2018 年又出现回升。从图 6 - 7 显示的来看，管道天然气进口主要来源地是荷兰、挪威以及俄罗斯。其中从俄罗斯进口的管道天然气数量最大，近三年来也呈现上升态势，对俄罗斯的进口依赖度逐渐加大。荷兰和挪威是德国在欧洲管道天然气进口的两个主要来源地，进口量也保持平稳。

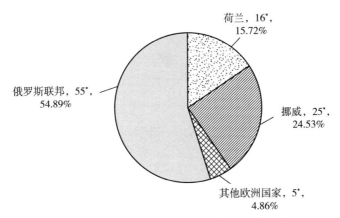

图 6 - 7   2018 年德国管道天然气进口来源地

注：＊处单位为 Mtoe。
资料来源：欧盟数据。

（三）德国能源初次消费现状（见表 6 - 1）

表 6 - 1 　　　　　　　德国能源初次消费现状　　　　　　　单位：Mtoe

能源种类	生产	进口	出口	2017 年净进口	国内能源消费总量
化石燃料	39.44	33.80	1.50	32.30	71.31
石油及石油产品	4.01	133.91	23.26	110.65	113.17
其中原油及液化天然气	2.25	92.12	0.00	92.12	94.62
天然气	6.03	95.74	26.90	68.84	75.34
核能	19.65				19.65
可再生能源	42.62	2.04	1.95	0.09	42.71
水能	1.73				1.73
风能	9.09				9.09
太阳能光伏	3.39				3.39
太阳能热能	0.68				0.68

续表

能源种类	生产	进口	出口	2017年净进口	国内能源消费总量
生物燃料					26.50
地热					0.26
热泵					1.07
电能		2.39	6.90	−4.51	−4.51
废物	4.51	0.00	0.00	0.00	4.51
总计	116.27	267.89	60.52	207.37	324.47

资料来源：欧盟数据。

2017年，德国能源供应的自给率为35.83%（能源自给率＝能源生产量/能源消费量），净进口占能源消费的比例也即能源的对外依存度为64.17%，可见德国的能源自给水平相对较低，也决定了德国能源的产销缺口相对较大（产销缺口＝生产－消费），所以德国的能源供应较多依赖外界，风险较大。

2017年，能源消费中化石消费占比将近4/5，主要是石油和天然气的消费，其次是固体化石燃料的消费，煤炭消费量很少。可再生能源起步较晚，但后来居上，也成了德国的主要消费能源之一。

由于德国逐渐放弃核电，所以核电消费比例较低。可再生能源消费中，生物燃料和可再生垃圾的消费量最大，两者占比超半数以上，其次是风能和太阳能消费，包括潮汐能在内的一些可再生能源尚未得到或尚未完全得到有效开发与利用。

（四）德国最终能源消费现状

1. 2017年，德国能源最终消费量略有上涨

2017年，德国能源最终消费量为204.60Mtoe，相对于2015年和2016年来说，消费量略有上涨。

2. 德国能源主要用于工业、交通以及住宅的终端消费

研究能源的终端消费，可以了解一个国家经济发展的主要能耗部门，从降低能耗方面为经济发展献策。从图 6 – 8 显示的来看，2017 年占据德国能源消费最大比例的是工业能源消费、交通能源消费和住宅能源消费，三者占据总消费量的 75% 之多，其次是服务业的能源消费，农渔业基本上无能源消费，其余为其他渠道的能源消费。（住宅业主要包括住宅建筑业和住宅房地产业两大部分，指的是住宅设计与建筑、经营、维修、管理和服务等。）

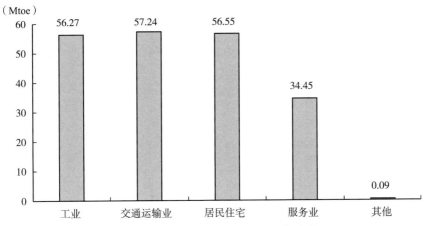

图 6 – 8 2017 年德国能源终端消费构成

资料来源：欧盟数据。

3. 德国汽车消费燃料主要为石油产品

作为汽车生产大国，研究德国汽车消费燃料的构成情况对研究整体能源利用情况至关重要。从图 6 – 9 显示的来看，2017 年德国汽车燃料消费总量为 58193.2Ktoe，主要是石油产品、天然气和生物燃料的消费。其中石油产品的消费占据绝对的比重，基本上供应了汽车消费的全部能源，其次是生物燃料和天然气的消费，只占据了很小一部分。

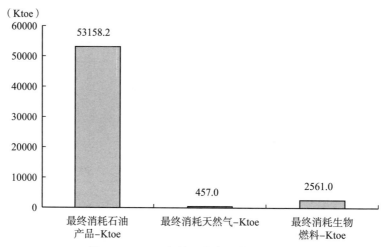

图 6 – 9 2017 年德国汽车消费燃料构成

资料来源：欧盟数据。

二、德国能源结构转型的趋势分析

（一）德国能源生产与进口的结构趋势

1. 能源生产总量长期略有下降，主要能源消费区域集中在内陆

为了进一步研究德国的能源生产与进口情况，本章选取了 1990 ~ 2017 年近 30 年的数据进行纵向趋势分析。其中，生产 + 净进口 + 其他 = 本地区能源供应。从图 6 – 10 显示的来看，1990 ~ 2017 年近 30 年间，德国的能源生产总量总体保持着略有下降的发展态势；净进口量浮动次数较多但波动幅度不大，总体上保持上升的发展态势；可用能源总量和国内消费总额数值相当，表明德国能源消费主要区域在本国内，消费量相对比较稳定，在 2006 年之后表现出了明显的下降趋势，但消费总量一直保持在 300 ~ 350 Mtoe。

2. 传统化石燃料的生产一直保持下降趋势，可再生能源的生产一直呈现上升趋势并且逐渐出现反超

从图 6 – 11 显示的来看，在德国的能源生产中，固体化石燃料近 30 年来虽然一直保持下降的趋势，但是仍然占据着绝对的比重，截至 2017 年，

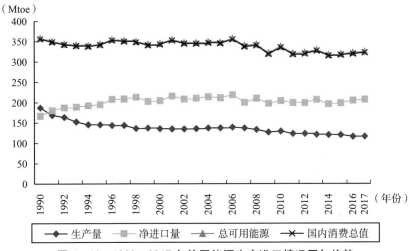

图 6 – 10　1990 ~ 2017 年德国能源生产进口情况历年趋势

资料来源：欧盟数据。

仍然占据能源生产总量的 35% 以上，表明能源转型之路仍然很漫长。同时可再生能源和生物燃料产量比重近些年来也一直保持着上升的趋势，到

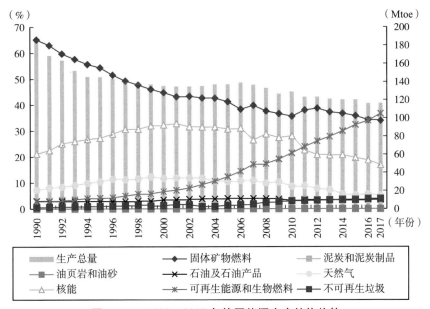

图 6 – 11　1990 ~ 2017 年德国能源生产结构趋势

资料来源：欧盟数据。

2015 年时就和固体化石燃料的产量比重相当，这也说明能源转型已取得一定的成效。核能源的产量比重在经历了几年的上升之后，在 2010 年之后又出现了明显的下降，很大程度上时由于日本福岛核电站泄漏引发的关于核能源安全的思考，决定逐步放弃核能源的使用，采取措施关闭境内多所核电站所致。天然气产量也是在经历了上升之后在 2000 年前后出现了下降，其他能源的生产量相对来说都表现出稳中有升的趋势。

3. 石油进口虽然总量最大，但是一直表现为下降态势，天然气进口量则持续上升

从图 6 – 12 显示的来看，德国能源的净进口量一直有波动，但是波动幅度都不是很大，有升有降。与德国"富煤缺油少气"的资源禀赋相一致，石油及石油产品是主要进口能源，第二主要进口能源是天然气。但是近 30 年来石油进口一直表现出下降态势，天然气作为相对比较清洁的能源一直保持着比较稳定的略有上升的进口趋势。作为第三大进口能源的固体化石燃料，在过去时间内总体上表现出的是上升（即使在 2004 年和 2007年有出现下降，但是只是小幅度）的趋势，但是在 2017 年却出现了明显

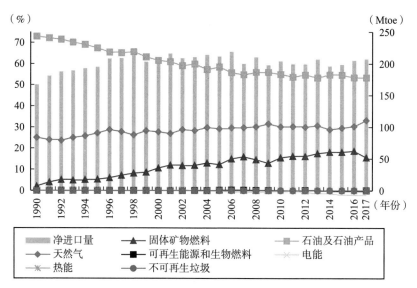

图 6 – 12　1990 ~ 2017 年德国净进口结构趋势

资料来源：欧盟数据。

的下降。其他几种能源（可再生能源和生物燃料、电能、不可再生垃圾）进口量比较小，变化幅度也比较小。

（二）德国能源初次消费的结构趋势

1. 初次能源消费中以石油和天然气为主，可再生能源的消费量一直稳步上升

从图 6-13 显示的来看，本地区能源供应总量一直有波动，升降频率很大，但是总量一直保持在 310~360Mtoe，总体来说供应量比较稳定。在地区能源供应总量也即初次消费量中，消费最多的仍然是石油及石油产品，即使一直在推动能源结构转型，这类能源消费在总消费中也仍然保持着 35% 左右的高比例。消费量第二大的是天然气，在 2013 年经历了较大的下滑之外，又于 2015 年发生了回升，消费也占总能源消费量的 20%~25%。紧随其后的是核能源的消费，2010 年之前一直消费平稳，2010 年前后发生下滑，也是出于对福岛核电站事故的反应。值得关注的是可再生能源和生物燃料的消费量一直在平稳上升，其他几大类能源的消费总体来说占比相当，消费趋势平稳，大致都维持着 1% 左右的消费比例。

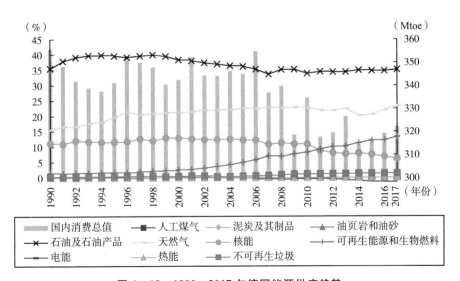

图 6-13　1990~2017 年德国能源供应趋势

资料来源：欧盟数据。

2. 电力消费结构表现出可再生能源发电量持续上升，传统化石燃料和核能发电量持续下降的趋势

从图 6 - 14 显示的来看，德国近 30 年来总发电量变化不大，最低发电量为 1993 年的 526.28 亿千瓦时，最高发电量为 2017 年的 652.04 亿千瓦时。其中，固体化石燃料、泥炭及其制品、油页岩和油砂发电量一直呈下降态势，但是仍然占据着绝对的比例，到 2017 年时占总发电量比例仍高达 37%。同样一直保持下降的是核能发电量，从 20 世纪的 30% 左右回落至 2017 年仅占 12% 左右。与这两类表现不同的是可再生能源和生物燃料发电，一直保持上升趋势，到 2017 年时，这两类能源的发电量已达到总发电量的 34%，可以预计此后可再生能源和生物燃料发电将会超过传统的固体化石燃料、泥炭及其制品、油页岩和油砂的发电量。另外一个主要的发电来源是天然气和人工煤气发电，在总发电量中所占的比例也一直保持在 10% 上下，没有较大的波动。其他来源的发电量则比较少，相对来说也一直比较稳定。

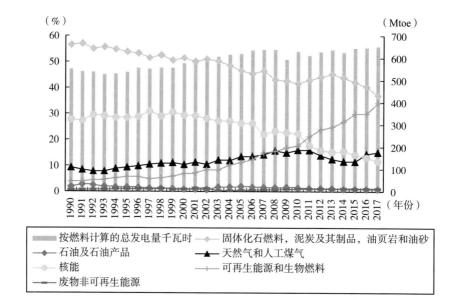

图 6 - 14　1990 ~ 2017 年德国电力消费结构趋势

资料来源：欧盟数据。

3. 可再生能源发电量逐年上升，风电氢电表现出一升一降的趋势

从图 6 – 15 显示的来看，德国近 30 年来可再生能源和生物燃料发电总量持续上升。氢能源发电量在总可再生能源发电量中比重却出现明显的持续下降的特征，从 1990 年超过 90% 到 2017 年仅占 15%，部分是出于氢能源使用不安全的问题考虑。风能发电除了在 2007 年和 2011 年出现过下降之外，其余年份都呈现上升趋势，到 2017 年，德国的风能发电发展迅速，其发电量已占据可再生能源总发电量的近半数，作为清洁能源的风能，这样的变化也是值得关注的。与此同时，太阳能发电虽然不像风能发电有那么大的规模，但是也一直呈现上升态势，到 2017 年时，占总可再生能源发电量比例已达到 17%。固体生物燃料和可再生垃圾发电在经过持续上涨之后到达 2006 年 16% 的高比例，之后逐渐回落到 10% 左右的水平。其他可再生能源发电量占比较小，趋势也比较稳定。

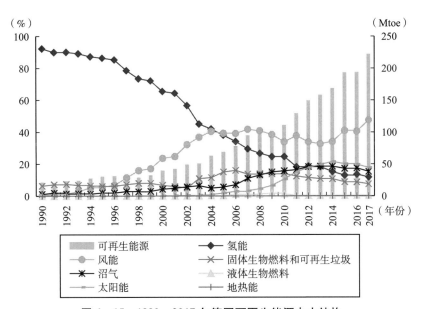

图 6 – 15　1990 ~ 2017 年德国可再生能源电力结构

资料来源：欧盟数据。

（三）德国能源最终消费的结构趋势

1. 德国能源终端消费中，工业、交通和住宅是能源消费三大主要部门

考察能源的终端消费，就需要考察能源的终端消费结构。从图 6－16 显示的来看，德国能源消费主要有工业、交通运输业、住宅、服务业、农渔业五个渠道，并且消费结构一直比较稳定。其中用于工业、交通运输业

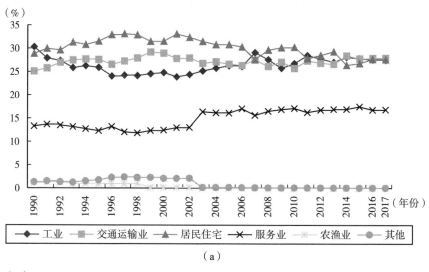

（a）

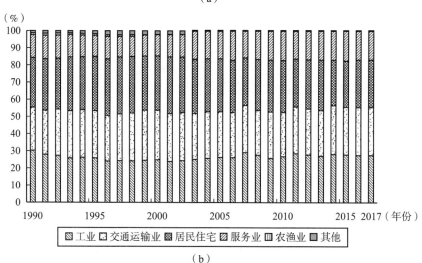

（b）

图 6－16　1990～2017 年德国能源消费结构

资料来源：欧盟数据。

和住宅能源消费比例大体相当，都保持在能源消费总量30%左右的水平，是能源的主要消费行业，其次是用于服务业的能源消费，占能源消费总量的10%～20%。农渔业能源消费相对较少，这与农渔业的生产方式也是有关的。

2. 汽车能源消费长期以化石燃料为主，可再生能源有所上升但是占比仍然较小

从图6－17显示的来看，德国作为汽车消费大国，2004～2017年，可再生能源消耗在汽车消费中的比例虽然占比较小，一直有波动，但总体上呈现上升趋势，这也是积极的现象。不仅节约了能源的使用，在一定程度上也减少了汽车有害尾气的排放对环境造成的污染，有利于推进能源的绿色使用。

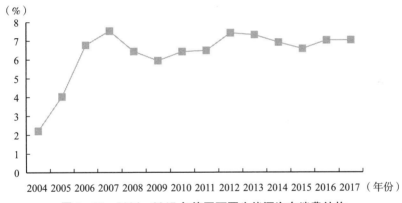

图6－17　2004～2017年德国可再生能源汽车消费结构

资料来源：欧盟数据。

3. 人均能源消费总体保持下降趋势

从图6－18显示的来看，近30年来，德国人均能源消费波动较大总体上呈现下降趋势，从1990年的人均4400千克油当量的高位到2015年仅有人均3800千克油当量左右的消费量，并且随着能源转型与节约能源使用的意识推进，有理由认为未来人均能源消费会出现进一步的下降。

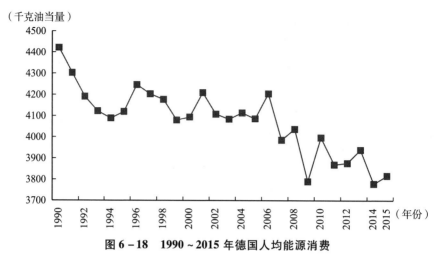

（千克油当量）

图 6 - 18　1990 ~ 2015 年德国人均能源消费

资料来源：世界银行数据。

4. 人均电力消费有升有降，但是一直保持在 6200 千瓦时以上

从图 6 - 19 显示的来看，1990 ~ 1994 年德国人均电力消费量持续下降，出现谷底值 6245 千瓦时的人均电力消费，后在 1994 ~ 2007 年持续上升，出现峰值 7230 千瓦时的人均电力消费。之后的两年又有明显下降，出现新一轮谷底值 6817 千瓦时的人均电力消费，而后又上升到 2011 年出现新一轮的峰值 7281 千瓦时的人均电力消费。而后直到 2014 年，仍然是持续的下降，其中 2013 ~ 2014 年的下降比较显著。

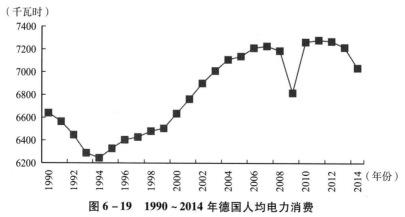

（千瓦时）

图 6 - 19　1990 ~ 2014 年德国人均电力消费

资料来源：世界银行数据。

三、德国能源结构转型的特征分析

（一）石油、天然气和可再生能源在能源结构中占据重要地位

石油、天然气和可再生能源在能源结构中占据重要地位，可再生能源和传统化石燃料的生产量以及发电量呈现完全相反的趋势。在德国的能源结构中，石油、天然气以及可再生能源是最主要的三大能源种类。在德国的电力生产中，可再生能源和生物燃料发电量显著上升，虽然和固体矿物燃料、泥炭及其制品、油页岩和油砂发电量相比仍有差距，但是差距在不断缩小，必将会替代传统发电渠道成为主要电力生产来源。在德国的能源生产中，生产量最大的能源仍然是传统固体燃料，但是可再生能源和生物燃料的生产一直保持上升趋势，相反的是包括固体矿物燃料在内的传统能源的生产一直保持下降态势，有理由认为可再生能源代替传统能源成为德国生产量最大的能源是发展的必然。

（二）能源进口量大且进口来源地相对比较集中

根据以上分析，可以发现德国是一个能源进口大国，能源生产是以进口为主，能源对外依存度居高不下。其中石油及石油产品与天然气的进口占据进口能源的绝大部分，仅从管道天然气的进口情况来看，主要进口来源地是荷兰、挪威和俄罗斯这三个国家，进口来源地相对比较集中。

（三）能源终端消费结构相对稳定

考虑到能源的终端消费，德国能源消费一直以来主要是服务于工业、住宅和服务业，而用于工业的能源总体上一直保持下降的趋势，这在一定程度上来说对环境是有利的。关于汽车消费燃料中可再生能源的比例，上面已经分析过虽然一直比重较低且有所波动，但是总体上是呈现上升趋势的，这对生产者和消费者双方都是有利的。

（四）人均能源消费和人均电力消费变化趋势不尽相同

德国的人均能源消费水平近30年来也表现为下降态势，且总体下降

幅度很大，并且认为受能源转型的持续推进，这一数值会继续下降。虽然人均电力消费并没有表现出像人均能源消费这样持续的下降态势，但是这和经济水平与人们的生活水准是密切相关的，并不能代表德国的能源转型政策是失败的。

第三节　德国的能源政策与能源安全分析

一、德国的能源政策

（一）可再生能源法案

在发展可再生能源方面，德国首部《可再生能源法》于 2000 年初通过，该法案替代了 1991 年开始实施的《电力上网法》，成为推动德国可再生能源电力发展的重要法律基础。[①] 并且分别于 2004 年、2007 年、2009 年、2012 年、2014 年和 2016 年对该法案进行了修订。2014 年 8 月 1 日修订的《可再生能源法》规定了可再生能源并网优先，但是可再生能源电厂的运营商必须承担相应成本，同时生产电力可获得报酬。2016 年的改革方案对可再生能源发电设施扩建及入网补贴政策予以调整，以期降低成本，鼓励竞争，防止可再生能源投资过热。根据改革方案，为平抑电价，降低成本，2017 年德国决定实施新的方案，放弃以往由政府收购绿色电力的举措（其价格往往较高），而是通过市场竞价的方式，出价最低的企业就可以按该出价获得新建可再生能源发电设施入网补贴。[②] 并且规定了可再生能源的扩建目标：到 2025 年，可再生能源的产量将产生总能源组合的 40% ~ 45%，到 2035 年，可再生能源将产生总能源组合的 55% ~ 60%。此外，德国还估计到 2030 年对太阳能发电的补贴成本将达到 460 亿欧元。德国议会于 2012 年 3 月 30 日正式批准大幅度削减太阳能光伏发

---

① 舟丹：《德国〈可再生能源法〉的沿革》，载《中外能源》2014 年第 9 期，第 55 页。
② 王佳：《德国政府调整可再生能源入网补贴政策》，载《节能》2016 年第 7 期，第 70 页。

电补贴方案，自4月1日起对补贴额下调最多29%，具体下调幅度取决于光伏电站的装机规模。法案规定，若每年新增的太阳能安装量超过政府设定的2.5~3.5吉瓦目标，将会缩减补贴；同样若安装量并未超过政府目标，也会相应减轻补贴降幅。[①]

（二）节能减排

德国是欧洲国家中节能减排法律框架和鼓励低碳经济政策最完善的国家之一。从1995年的《排放控制法》，1996年的《循环与废弃物法》到2000年《可再生能源法》的颁布以及2005年相继出台的《联邦控制大气排放条例》和《能源节约条例》以及《电器设备法案》，目的都是在于确保德国能源的持续供应，降低其供应成本，同时实现对气候、自然和环境的保护。

2002~2007年，德国出台了《可持续发展国家战略》（*National Strategy for Sustainable Development*）和《综合气候保护计划》（*Integrated Climate Protection Program*），两者都将减排目标设定在40%以下。为了实现这一目标，德国政府采取了一系列政策，包括对能源和电力使用征税。这进而为提高能源使用效率创造了动力，并为能源安全和气候政策目标筹集资金。

欧盟于2002年提出"能源最终使用效率和能源服务"指令，为深入贯彻该指令，2007年9月27日，德国联邦经济和技术部也相应提出国家能源效率行动计划（EEAP）。该计划提出其基本目标：2008~2016年，德国在欧盟碳排放交易体系（EU ETS）之外的最终能源消耗部门5年期能耗总量需要下降9%。2007年8月，德国内阁也提出能源与气候"一揽子"计划。计划认为，此前德国已实现温室气体年排放相比1990年减少18%。而通过测算，实施该计划，将能促使2020年相比1990年温室气体排放总量降幅超36%，从而该计划启动实施，将能为实现2020年减排

---

① 尹航：《德国下调光伏发电补贴》，载《能源研究与信息》2012年第1期，第52页。

40%的目标做出重要贡献。[①]

(三) 战略性储备能源

关于作为战略性储备的能源，在煤炭方面，德国一开始是采用褐煤作为国家战略资源。褐煤与硬煤的不同之处在于德国褐煤储量丰富且煤层厚，埋藏浅，全部采用露天开采方式，因而较之于硬煤来说开采难度小，生产成本低且不需要政府补贴。再加之褐煤地区和企业并没有像硬煤矿区那样进行过大规模的合并与调整。因此，对于德国来说，硬煤不具备作为战略资源的优势，而褐煤作为战略资源在产品和市场上具有竞争力。[②] 然而，褐煤恰恰是环境污染最为严重的煤炭品种之一，为减少对大气污染，德国规定，到2040年，褐煤开采就要全部停止。而天然气与可再生能源由于储存期限有限且储存成本高昂，也不适于作为战略储备资源。日本福岛事故之后，德国计划至2022年关闭所有核电站，核能自然也不能承担战略储备资源的重任。

因此即使德国是一个油气资源及其匮乏的国家，也仍然选择石油作为其战略储备资源，这也是世界上大多数国家的选择。在乌克兰危机背景下，作为德国最大的能源进口国的俄罗斯与西方国家的关系不断恶化，使得德国及欧盟的整个能源供应系统显得非常脆弱。俄罗斯在处理与别国的关系上，可能会将自身能源的天然优势作为一种政治手段，2006年的俄乌天然气之争早已表明，借助于能源优势，对其能源进口国施加压力。而欧盟与俄罗斯和乌克兰之间的政治关系一直比较复杂和不稳定，这种并不坚固的进出口关系已成为德国及欧盟其他成员国能源供应安全面临的一大挑战。另外石油世界上的石油资源一般都分布在政治极其不稳定的地区（如中东），所以即使是石油进口国自身的政治动乱也会使得德国国内石油供应情况面临巨大的风险。[③] 20世纪的几次世界性的石油危机的爆发都

---

① 《德国经济低碳转型的政策环境和主要成就》，中华人民共和国商务部网站，2012年7月8日，http://www.mofcom.gov.cn/aarticle/i/dxfw/jlyd/201207/20120708208500.html。

② 唐琳：《德国：煤炭产业与能源的双重转型》，载《科学新闻》2017年第10期，第82~84页。

③ Paul Belkin. The European Union's Energy Security Challenges [R]. 2008：10–14.

使得德国认识到石油战略储备的重要性。经过近 40 年的发展，德国在这方面已经建立起一套高效完备的机制，这也是德国一大基本能源政策。①

（四）核能政策

除煤炭和石油之外，核能也是德国较早利用的能源。德国对核能源的使用可追溯到 1956 年联邦德国原子能委员会的成立。1967 年之后，对核能源的使用开始由测试阶段转向实用阶段。然而 1986 年切尔诺贝利事故的发生直接影响了德国核能政策的进程。出于安全考虑，2001 年，德国决定要逐步放弃核能源的使用。为此，政府为每个核电厂设定了一定的指标（未来几年的总发电量），一旦达到这个指标值，该核电厂将被淘汰。然而，2010 年 10 月，德国政府又决定延长 17 座核电站运行期限（至少到 2036 年）。但日本 2011 年大地震引发的福岛核事故，又一次引起了德国政府的思考，它再次决定放弃核能。② 并且"能源转型"计划将"去核"的时间表提前到了 2022 年，在可再生能源发电比例方面也设定了新的目标（2035 年将该比例提高到 55% ~ 60%）。③ 同年 6 ~ 7 月，联邦政府又进一步制定了补充协议，其中主要包括 11 个方面的内容：大力加强可再生能源的建设；加大可再生能源在全部能源体系中所占的比重；将风力作为可再生能源的中心组成部分；保证电力的价格在可承受范围内；加强电网建设；建设智能配电网和储能器；改建化石能源发电站；对房屋进行节能改造；将能源效率标准作为发放公共订单的重要标准；在欧洲层面倡议制定提高能源效率的、高标准的、有约束力的措施；建立并启动对能源转向实施的检测程序。④ 这一系列措施都表明了德国在放弃使用核能方面的决心。

---

① 李北陵：《欧盟战略石油储备模式管窥》，载《中国石化》2007 年第 9 期，第 48 ~ 50 页。

② 顾科杰：《从传统能源到可再生能源——德国能源结构的转型之路》，载《常熟理工学院学报》2018 年第 6 期，第 104 ~ 110 页。

③ 唐琳：《德国：煤炭产业与能源的双重转型》，载《科学新闻》2017 年第 10 期，第 82 ~ 84 页。

④ 郭晋辰：《德国能源转向政策研究》，上海师范大学硕士学位论文，2017 年。

(五) 上网电价政策

2012 年德国国会通过了德国《可再生能源来源法》的修正案,该修正案的实施强烈冲击了光伏面板买家的上网电价。此修正案表明,由消费者支付的电费绿色附加费得到了政府的成功有效控制。为了削减财政压力,德国议会于 2012 年 3 月 30 日正式批准大幅度削减太阳能光伏发电补贴方案,自 4 月 1 日起对补贴额下调最多 29%,幅度取决于光伏电站的装机规模。

2016 年,德国联邦政府通过了《可再生能源法》新一轮的改革方案,主要是调整可再生能源发电设施扩建及入网补贴政策,以达到降低成本,鼓励竞争的目的。德国目前的入网补贴政策规定,电网运营商必须优先并以较高的指定价格收购利用可再生能源所发绿色电力,多出的成本由消费者承担。不可否认该做法在一定程度上鼓励了可再生能源的发展,但是也使得电价被抬高。根据改革方案,为平抑电价,降低成本,减轻财政以及消费者负担,自 2017 年起,政府将不再收购绿色电力(收购价格往往较高),补贴将通过市场竞价的方式发放,出价最低的企业谁就可以按此价格获得新建可再生能源发电设施入网补贴。[①] 在可再生能源的利用方面(这里主要是可再生能源发电),面临的主要矛盾甚至可以说是瓶颈就是电网扩建的速度难以跟上可再生能源的发展速度。北部风电丰富,满足需求之外还有一定剩余,南部对于电力需求旺盛,但是两区域却缺乏有效的运输渠道,还给电网造成了严重的负担。针对于此类问题,德国政府的选择不是扩建电力基础设施,而是通过调控来限制可再生能源的发展,以此来均衡两者的发展速度。显然,这并不是解决此问题的最佳路径。

(六) 脱碳政策

德国的一项研究得出结论:德国目前的能源税和附加费征收与清洁能

---

① 《德国调整可再生能源入网补贴政策》,中国能源网,2016 年 6 月 12 日,http://www.china5e.com/news/news - 947433 - 1. html。

源转型的进程并不一致①，该研究提供了一个有趣的案例：财政政策是如何阻碍脱碳进程的。

这项研究考察了添加到不同能源中的额外收费。研究发现，每千瓦时的税费和附加费分别是 0.6 美分用于采暖用油，2.2 美分用于天然气，4.7 美分用于柴油，7.3 美分用于汽油，18.7 美分用于电力。可再生能源在电力系统中的普及率越高，对电力的征税就越高，与用于运输和取暖市场的化石燃料相比，可再生能源的竞争力就越弱。值得重申的是欧盟的可再生能源目标指的是对所有类型能源的需求，而政策重点一直放在电力上，这是因为电力是可再生能源可以以最少的成本交付的领域。

虽然电力脱碳的资金来自可再生能源税，但该报告的摘要称，热电厂的附加费和更高的电网费用，以及"21 世纪初对加热用油、天然气、汽油和柴油的环境税改革已完全化为泡影"。结果是，德国的采暖用油、天然气、汽油和柴油价格低于欧洲平均水平，也低于五年前的水平，而电价却大幅上涨。德国的事实也说明了一个问题：其对矿物燃料征税并没有充分内化环境外部性。

二、德国的能源安全风险分析

（一）德国能源进口依存度分析

1. 能源进口依存度不断上升，对进口愈加依赖

能源进口依存度是指能源净进口量与国内能源消费量的比例，主要用以衡量能源的外部依赖程度。从图 6 - 20 显示的来看，近 30 年来，德国能源的进口依存度一直有浮动，总体上呈现上升趋势，2017 年时，总体上能源进口依存度已达 64%。可见，随着德国深入对本国能源的转型，对国外进口愈加依赖，在减轻了本国能源负担的同时也加剧了本国的能源风险。

---

① David Robinson with annexes by Malcolm Keay and Klaus Hammes. Fiscal policy for decarbonization of energy in Europe. 2017, pp. 22 – 23.

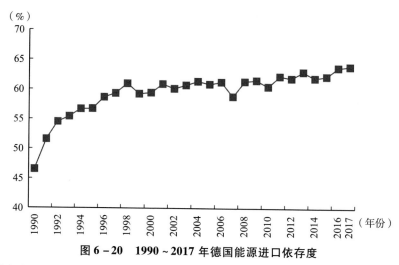

图 6 - 20　1990 ~ 2017 年德国能源进口依存度

资料来源：欧盟数据。

2. 几种主要能源的进口量逐渐上升，石油和原油基本上完全依赖进口

从图 6 - 21 显示的来看，在德国的能源中，对外依存度最大的是原油和天然气和石油及石油产品，几乎是完全依靠进口，而且近 30 年来并未有过变化，作为能源匮乏的德国，这也是可以理解的。其次是天然气的进口，进口依存度一直保持在 80% 左右，近几年还有上升趋势。值得关注的是对硬煤和固体化石燃料的进口依存度一直呈现出上升的态势，尤其是对硬煤的进口依存度上升幅度明显（因为硬煤相对来说对环境的污染会更大），至 2017 年已达到 96% 的比例，也就是说，到 2017 年，硬煤的供应已基本上完全依赖进口。

（二）德国能源消费多样性

1. 初次能源消费多样性较差但逐渐改善

本文定义：能源集中度 = （各类能源中最大的两个能源消费之和）/能源消费总量，计算出各年份的能源集中度在表中列示。就图 6 - 22 显示的来看，近 30 年来，德国的初次能源消费的集中度呈现下降趋势，这表明德国能源消费的多样性是有所改善的。同时可以看出，占德国初次能源消费比例最大的是石油、天然气和煤炭，且在 2016 年之前（包括 2016 年）

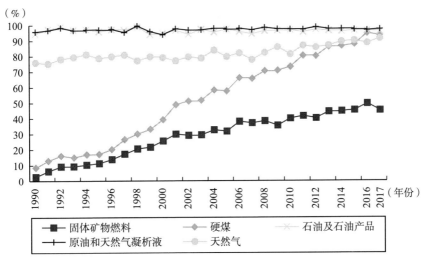

图 6 – 21　1990 ~ 2017 年德国各能源进口依存度

资料来源：欧盟数据。

石油和煤炭的消费最大，2016 年之后天然气取代了煤炭的位置，成为德国第二大消费能源。

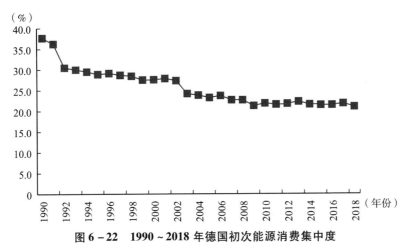

图 6 – 22　1990 ~ 2018 年德国初次能源消费集中度

资料来源：BP 数据。

2. 电力结构多样性较差，集中度指标呈现先降后升的趋势

本文定义：电力消费集中度 =（电力能源中最大的两个电力消费）/电力能源消费总量，计算出各年份的电力消费集中度在表中列示。根据图 6－23 显示的来看，1990～2010 年，德国电力结构的集中度有所下降，表示电力结构多样性有所上升，但是在 2010 年之后，出现了相反的情况，电力结构多样性开始变差。同时，可以看出，在 2011 年之前（包括 2011 年），发电的主要能源是煤炭和核能，在 2011 年之后，发电的主要能源是煤炭和可再生能源，且可再生能源发电量相比于煤炭发电量而言是一直呈现上升趋势的，至 2018 年底，和煤炭发电量已经不相上下。

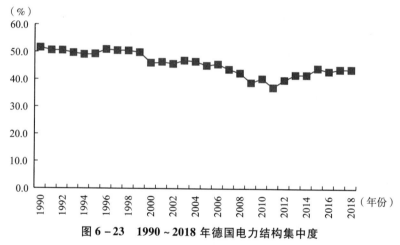

图 6－23　1990～2018 年德国电力结构集中度

资料来源：BP 数据。

3. 可再生能源发电比例稳步上升

从图 6－24 显示的来看，可再生能源消费占总电力消费的比重是一直呈现上升趋势的，目前已经占据电力总消费量的 1/4 左右，涨势和现状都表明了一种很好的发展态势，表明可再生能源的利用在电力领域发展较好。

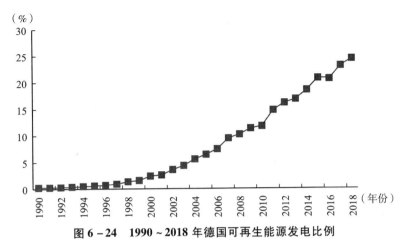

图6-24 1990～2018年德国可再生能源发电比例

资料来源：欧盟数据。

（三）德国能源使用效率分析

1. 单位GDP能耗与GDP工业占比不断下降，能源效率不断提升

能源集中度即能源强度，指的是能源消费总量与国内生产总值（GDP）的比例，也即单位GDP能耗。从图6-25显示的来看，近30年来，德国的能源强度一直呈现下降趋势，表明德国在生产效率的提升、产业发展、

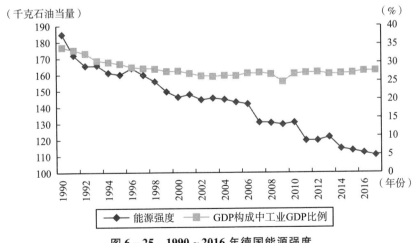

图6-25 1990～2016年德国能源强度

资料来源：欧盟数据和联合国贸易和发展会议数据。

清洁能源利用等方面发展很好。同时工业占 GDP 的比例在近 30 年来也有下降态势，但是在 2008 年前后却出现了上升，这与德国工业复苏密切相关。

2. 人均能源消费与人均 GDP 一降一升

从图 6-26 显示的来看德国的人均能源消费近 30 年来时有波动但总体上呈现的是下降态势，这个在上面有具体分析，在此不多加赘述。人均 GDP 在近 30 年来也是有波动但总体上呈现上升态势，这与德国的经济发展和人口减少是分不开的。人均能源消费在减少的同时人均 GDP 却在不断上升，两者结合带来的便是生活水平的提升。

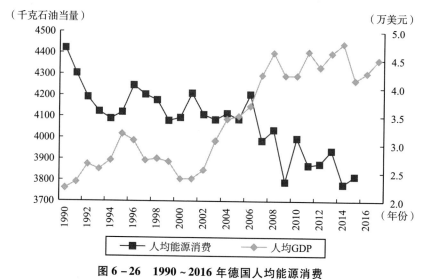

图 6-26 1990～2016 年德国人均能源消费

资料来源：世界银行数据、联合国贸易和发展会议数据。

3. 人均电力消费与人均 GDP 变化趋势相似，总体上是有所上升的

从图 6-27 显示的来看，近 30 年来，德国的人均电力消费有升有降，这一点在上文也有详细分析，在此也不再多加赘述。人均 GDP 也有具体分析，也不再详细说明。总体来说，人均 GDP 和人均电力消费的变化趋势是相似的（生活改善，电力消耗相应增加），这个和一般的认知也是符合的。

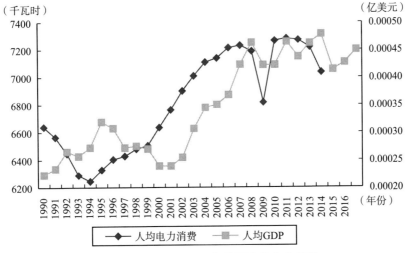

图 6 - 27　1990 ~ 2016 年德国人均电力消费

资料来源：世界银行数据、联合国贸易和发展会议数据。

4. 能源消费强度直线下降，表明能源效率不断提升

能源消费强度指标主要用来衡量一个国家能源利用效率、反映能源消费水平和节能降耗状况，它是指产出单位经济量所消耗的能源量，强度越低，能源效率越高。从图 6 - 28 显示的来看，德国近 30 年来的初次能源消费强度是直线下降的，这得益于生产效率的提升、产业发展、清洁能源利用等因素，同时表明德国的能源转型和节约能源的措施取得了一定成效。

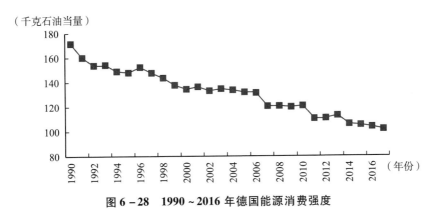

图 6 - 28　1990 ~ 2016 年德国能源消费强度

资料来源：欧盟数据。

第四节　德国能源结构转型的财税政策

一、能源结构转型目标

德国能源结构转型一直备受世界各国的关注，因其不仅决定在 2022 年前要关闭全部核电站，还提出了更宏大的能源转型目标：可再生能源作为电力发电来源，2030 年在德国电力供应中的份额要达到 50%，2040 年要达到 65%，2050 年要达到 80% 以及 2020 年要在 1990 年的基础上减排40%。表 6 - 2 给出了德国能源结构转型的目标。

表 6 - 2　　　　　　　　　　德国能源转型目标　　　　　　　　　　单位：%

项目	2011 年	2020 年	2030 年	2040 年	2050 年
温室气体排放 （相对 1990 年）	- 26.4	- 40	- 55	- 70	- 80 ~ 95
一次能源消费量 （相对 1990 年）	- 0.6	- 20		- 50	
能源生产量 （终端能源消费量）	每年 2.0 （2008 ~ 2011 年）		每年 2.1 （2008 ~ 2050 年）		
用电总量 （相对 2008 年）	- 2.1	- 10		- 25	
热电联产发电 的比例	15.4 （2010 年）	25		—	

资料来源：笔者根据相关资料整理所得。

二、电力市场运营补贴政策

根据《可再生能源法》（EEG）新电厂的自产电消耗收取 30%（自2015 年底）、35%（2016 年）或 40% 的附加费（从 2017 年开始），现有发电厂和特殊情况下的新发电厂（无电网连接的装置、无购电来源的自动发电以及装机容量高达 10 千瓦的小型发电厂）可以免除，发电厂将直接出售电力。除了直接出售电力的收入外，还可以申请市场溢价。市场溢价包括按技术和额定功率区分的法定款项（补贴额），减去技术特定的每月市场价值。

1. 水力发电的补贴

固定法定补贴，取决于单个发电厂的名义发电量：

（1）高达 5 兆瓦：6.31 美分/千瓦时至 12.52 美分/千瓦时。

（2）超过 5 兆瓦：4.28 美分/千瓦时至 5.54 美分/千瓦时。

（3）超过 50 兆瓦：3.5 美分/千瓦时。

2. 生物质能发电补贴

（1）法定补贴额取决于单个发电厂的名义发电量：5.85 美分/千瓦时至 13.66 美分/千瓦时（生物废料装置和小型粪便气体 15.26 美分/千瓦时至 23.73 美分/千瓦时）。

（2）额定发电量超过 100 千瓦的发电厂。

①每年固定法定补贴额仅为额定发电量的 50%；

②额外灵活性补贴：每年 40 欧元/千瓦装机容量。

3. 沼气（矿山、填埋场、污水污泥气等）发电补贴

（1）法定补贴额，取决于单个发电厂的名义发电量：3.8 美分/千瓦时至 8.42 美分/千瓦时。

（2）额定发电量超过 100 千瓦的发电厂：

①每年仅按名义发电量的 50% 支付固定法定款项；

②额外的灵活性溢价：每年 40 欧元/千瓦的装机容量。

4. 地热发电补贴

法定补贴额：25.20 美分/千瓦时。

5. 风能发电补贴

（1）陆上风能发电补贴。

法定补贴额：

①4.95 美分/千瓦时（基本补贴）；

②至少 5 年内增加 8.9 美分/千瓦时的基本补贴（初始补贴）；参考收

益率低于130%的地点的延期可能性。

（2）海上风能发电补贴。

扩建目标：2020年前为6.5千兆瓦，2030年前为15千兆瓦。

固定法定补贴额：

①基本补贴：美分3.90/千瓦时；

②增加初始补贴（基本模式）：调试后的前12年内，美分15.4/千瓦时（根据水深和离岸距离延长）；

③加速模式：如果海上风电场在2019年12月31日之前投入使用，运营商可以选择8年内增加的初始补贴美分19.4/千瓦时（根据地点增加，在延长期内支付美分15.4/千瓦时）。

6. 太阳能发电补贴

（1）建筑物内和建筑物上：取决于额定发电量：美分9.23/千瓦时至美分13.15/千瓦时。

（2）露天地面安装设备。

对于2015年9月1日之后开始运行的电厂：

①工厂必须参与投标过程并获得奖励，以获得市场溢价形式的财务支持；

②合同授予具有最低报价的固定法定补贴价值的标书，直至投标总金额达到相应标准。

对于2015年9月1日之前运行的电厂：固定法定补贴额：额定发电量不超过10兆瓦为9.23美分/千瓦时。[①]

三、环境税改革

环境税改革的核心是非工资劳工成本占总税款比率较低的公司可以获得环境税改革减少和免除；根本动机是，以往的税收工具在对经济活动征税时没有（或没有充分）反映环境标准。通过实施一个环境税收制度，德国政府旨在内部化外部影响，如环境污染，同时产生税收收入。环境税

---

① KPMG International. Taxes and incentives for renewable energy. 2015，pp. 30 – 33.

改革要求增加化石燃料的税收，并对电力使用征税。预计能源价格的上涨将刺激更有效的能源使用和鼓励部署可再生能源。电力、石油、天然气和煤炭环境税改革的标准税率分别为 21 欧元/兆瓦时、49 欧元/兆瓦时、32 欧元/兆瓦时和 1 欧元/兆瓦时。用于取暖的石油和天然气的标准税率较低，约为 6 欧元/兆瓦时。来自能源和电力税的税收收入被用来降低非工资劳动力成本，特别是雇主对公共养老基金的缴款率——预计这一规定将会对提高就业率和保持环境税收改革收入中性产生激励。制造业被授予较低的税率。此外，环境税收改革的目的是使能源密集型产业且雇用相对较少工人而不能从降低非工资劳动力成本的中受益的公司，可以申请退税。电力、石油、天然气和煤炭的免税额度分别低至 2 欧元/兆瓦时、4 欧元/兆瓦时、2 欧元/兆瓦时和 1 欧元/兆瓦时。在环境税收改革下，制造业的免税、减税在 2010 年总额达到 44 亿欧元（BMF，2010）。[1]

四、《热电联产法》

《热电联产法》（KWKG）的目的是促进热电联产（CHP）电厂产生的电力。网络营办商须向热电联产装置营办商按市价购买热电联产电力，并须缴付额外费用。网络运营商可以将这一溢价转嫁给运营商。最终用户（包括工业部门用户）作为征税对象。2011 年，网络运营商报告称，对普通电力终端用户征收每千瓦时 0.30 欧元的 KWKG 税。制造企业的比例较高周转费为 0.25 欧元/千瓦时。[2]

五、《可再生能源法案》减税

《可再生能源法案》减税是授予电力成本与总附加值之比高的公司。《可再生能源法案》旨在帮助提高可再生能源发电的市场渗透率。根据可再生能源法案，某些可再生能源是优先考虑发电并网的。网络运营商必须以固定的价格购买可再生能源发电——即上网电价（FIT）。超出这个价格

---

[1][2] Anja Rosenberg, Anne Schopp, Karsten Neuhoff, and Alexander Vasa. Impact of Reduction and Exemptions in Energy Taxes and Levis on German Industry. Climate Policy Initiative Berlin, 2011, pp. 8 – 11.

的额外成本是可以的传递给最终用户（行业以及其他部门）。2011 年，普通电力终端用户的可再生能源法税为 35.3 欧元/兆瓦时。用电比例占总附加值成本高年用电量超过 1000 万小时的制造企业需额外付降低了 0.5 欧元/兆瓦时的税率。由于消费低于 10 兆瓦时的公司目前支付的是标准费率，而且该条款没有设定门槛，所以这些公司有动机增加他们的用电量。[1]

六、能源财税政策的缺陷与评估

德国的能源财税政策虽然在很大程度上支持了德国的能源结构转型，但是也存在一些固有的缺陷，主要表现在税收减免所导致的能源定价的复杂性。

（一）对不同能源征收不平等的税收

一般来说，制造业的税率降低了：根据《电力税法》对电力征收的标准税率和税费，《可再生能源法案》和《热电联产法》合计为 56 欧元/兆瓦时。如果全部削减，那么制造业的税收和征收率将减少 96%。

此外化石燃料的标准税率低于电力的税率，用电量平均占能源结构的 30%，也就是说电力费用由较低的能源费用（占能源结构的大部分）来平衡。

工业用户可享受高达石油 33% 的、天然气 62% 的和液化石油气 55% 的减税和免税。在政治讨论中，经常提到石油和天然气的能源减税率分别为 26.7% 和 40.0%（UBA，2010）。这些减免率描述了标准税之间的差异。

（二）对政策组合的评价

由于担心能源价格上涨可能会对德国工业的国际竞争力经济产生不利

---

① Anja Rosenberg, Anne Schopp, Karsten Neuhoff, and Alexander Vasa. Impact of Reduction and Exemptions in Energy Taxes and Levis on German Industry. Climate Policy Initiative Berlin, 2011, pp. 8 – 11.

影响，这些重大税收减免和税收减免都处于过渡时期。这些能源政策组合可以使得工业消费者的标准能源和电力税率分别降低 33%（石油）、62%（天然气）、55%（液化石油气）和 96%（电力）。此外，政策诱发的能源价格随着能源总量的下降而下降。与小型消费者（年能源使用量 1 兆瓦时）相比，大型消费者（年能源使用量 60000 万千瓦时）平均降低 45%。

　　研究表明，2010 年削减的 70 亿欧元税收被分配给相对较少的大型能源企业。对于符合所有的豁免条件的公司和没有任何豁免、只使用少量能源的公司相比，能源价格的初始政策组成部分可以降低高达 75%（行业平均水平）。此外，减税和免税取决于能源结构。定量分析表明，电力在能源结构中所占比例高的工业分部门（例如运输设备或基本化学品制造商）比主要使用化石燃料的工业分部门（例如制造商）面临更高的额外政策性能源成本（基本金属或矿物加工商）。下一步，应该将能源价格的政策组成部分与能源总成本进行比较。此外，政策制定者感兴趣的是，政策导致的能源成本是否以及在多大程度上影响工业部门的能源效率。[①]

---

　　① Anja Rosenberg, Anne Schopp, Karsten Neuhoff, and Alexander Vasa. Impact of Reduction and Exemptions in Egergy Taxes and Levis on German Industry. Climate Policy Initiative Berlin, 2011, pp. 18 – 19.

第七章

法国能源结构转型与能源安全的财税政策

第一节 引 言

随着经济的不断发展，世界性的能源安全以及气候问题越来越严峻，各国都在积极寻求解决方法来应对这一全球性难题。目前，一个较为可行且有效的解决方法是以转变能源结构带动提高本国能源安全性，实现能源的可持续发展。

法国是一个传统化石能源资源十分贫乏的国家，截至 2017 年，法国的石油探明储量仅为 900 万吨，天然气探明储量为 84 亿立方米，两者储量不到世界油气探明总储量的 0.02%，而法国又是一个能源消费大国，它拥有欧洲第二大石油需求、第四大天然气需求以及第十二大煤炭需求。

为了调节能源供需间的矛盾、确保国家能源安全，法国走上了减少核电依赖、促进新能源发展的能源转型之路。在实现能源转型的过程中，法国制定了一些能源政策和财税政策，例如，将税收与更广泛的能源政策进行微调和整合来引导社会环保行为，这些政策使得法国在能源转型的进程中取得了一些进展。因此在传统化石能源储量日益减少、能源需求仍在扩大的今天，对法国的能源结构以及能源安全的财税政策进行分析研究，对我国能源发展和进步具有很大的借鉴意义。

第二节　法国能源结构转型的趋势与特征

法国作为核电大国，能源生产始终以核能为主，但 2006 年以来可再生能源生产量开始呈现逐渐上升趋势，2017 年法国可再生能源生产占比为 19.6%。由于传统能源紧缺，法国的煤炭石油天然气几乎全部依赖进口，其中石油和液化天然气进口来源地呈现多元化的特点，而管道天然气则相对集中。1990~2017 年法国电力消费量整体呈现增长趋势，核电始终是电力消费中最主要的电力类型，2005 年以后核电占比开始出现下降趋势，与此同时可再生能源发电得到了较大发展。

在能源终端消费方面，交通系统和居民家庭系统是法国能源消费较多的领域，核能是法国第一大终端消费能源，其次是石油及石油制品、天然气和可再生能源。2005 年后，法国可再生能源消费呈逐年增长态势，可再生能源消费量占全部能源消费量的比例由 2005 年的 6.7% 增长至 2017 年的 10.4%。

一、法国能源生产消费的现状分析

能源生产端方面，2017 年法国能源生产量为 132.2 百万吨油当量，核能依然是法国能源生产中占比最大的能源，与此同时可再生能源也占据较大比例。电力行业作为能源最主要的表现形式之一，2017 年发电量为 561.5 太瓦时，占世界发电总量的 2.2%，其中核电量占全部发电量的 71.0%，法国仍然是世界第一核电大国。在能源终端消费方面，2017 年法国能源终端消费量为 141.0 百万吨油当量，就能源类型来看，核能是第一大消费能源，就能源消费的行业来看，交通和家庭住宅是法国用能较多的领域。

（一）法国能源生产端现状

1. 核能为主导，可再生能源占比较大

根据欧盟能源数据统计，2017 年法国能源生产量为 132.2 百万吨油当量，从能源类型划分来看，核能依然是法国能源生产中占比最大的能源类型，2017 年核能生产量为 103.9 百万吨油当量，占能源总产量的78.54%，其次是可再生能源，生产量为 25.9 百万吨油当量，占能源总产量的 19.57%，两者总产量为 129.7 百万吨油当量，占能源生产总量的98.11%。由于传统能源稀缺，2017 年法国石油、煤炭、天然气三大传统能源的产量总和仅占能源生产总量的 1% 左右，特别是石油及石油产品的产量很低，仅为 0.99 百万吨。由此可见，目前法国能源生产端以核能为主，可再生能源占比较大，传统化石燃料能源产量很少。图 7 - 1 显示了法国 2017 年按燃料划分的能源生产情况。

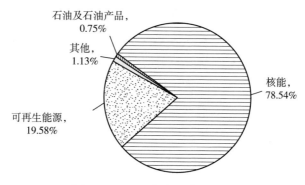

图 7 - 1　2017 年法国能源生产

资料来源：欧盟数据。

2. 核电是法国电力行业的核心，可再生能源、天然气发电占比较大

能源的表现形式多种多样，而电力行业是能源最主要的表现形式之一。2017 年法国发电量为 561.5 太瓦时，占世界发电总量的 2.2%，作为世界核电大国，2017 年法国全年核能发电量为 398.3 太瓦时，占比70.95%，是全世界最高的核电占比。近年来法国政府对可再生能源的开发力度不断加大，可再生能源已经成为法国电力生产的第二大来源，2017年可再生能源发电量为 97.7 太瓦时，占比 17.41%。与此同时，天然气和人造煤气在电力生产结构中也占有一席之地，以 7.63% 的比例排名第三大电力生产源，而其他能源（包括固体化石燃料、泥炭及其产品、油页岩和油砂、石油及石油产品以及非可再生能源浪费）电力生产量较少，仅占比4.01%。图7-2显示了法国2017年按能源类型划分的发电量及其占比，可以看出核电是法国电力行业的核心，可再生能源和天然气发电占比较大。

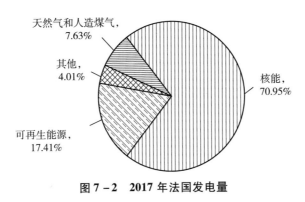

图7-2 2017年法国发电量

资料来源：欧盟数据。

3. 水电、风电是可再生能源发电的主要来源，太阳能和生物燃料发电有较大占比

由于可再生能源具有清洁、高效、可持续等优点，可再生能源发电日益成为各国关注的焦点。2015年9月法国正式通过了《绿色能源发展过渡法》，该法案规定法国将在未来十年内大力发展太阳能、风能等可再生能源。2017年法国全年可再生能源发电量为97.7太瓦时，其中超过一半（56%）的电力由水力发电提供，其次是风电和太阳能发电，发电量为24.7太瓦时和9.6太瓦时，占比分别为25.28%和9.79%。另外，作为欧洲农业大国，法国拥有发展生物质能的巨大潜力，2017年固体生物燃料和可再生能源发电量占比约5.73%，而其他可再生能源，如潮汐能、地热能、沼气等还未得到充分开发，发电量很低。图7-3显示了2017年法国可再生能源的分类发电量，水电和风电是重要发电来源，太阳能发电和生物燃料也有较大占比。

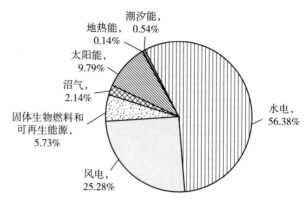

图 7 - 3   2017 年法国可再生能源发电量

资料来源：欧盟数据。

（二）法国能源进出口现状

1. 法国能源进出口规模较大，以石油天然气为主，电力为净出口状态

（1）法国能源进出口规模较大，传统化石能源供应几乎全部依赖进口。与许多地处欧洲大陆的国家一样，法国的传统化石燃料资源十分匮乏，国内煤炭、石油、天然气的探明储量和产量都很低，多数油田和气田已经处于能源开发的后期，人均化石能源占有量很少。第二次世界大战以后，为了满足消费者日益增长的能源需求，法国进行了大量的能源进口。2017 年法国能源进口总量为 156.8 百万吨油当量，出口量为 31.7 百万吨油当量，能源进出口规模较大。

（2）法国能源进出口以石油天然气为主。从能源进口端来看，法国传统化石能源供应几乎全部依赖进口，进口量最大的是石油及石油制品（特别是原油），占能源进口总量的 64.21%，其次是天然气，进口量为 43.2 百万吨油当量，占比 27.52%，两者占能源进口的绝大部分。相比之下固体化石燃料（6.44%）、电力（1.16%）和可再生能源（0.67%）的进口量则相对较少。图 7 - 4 显示了 2017 年法国能源进口情况，可以看出，法国能源进口规模较大，以石油和天然气为主，固体化石燃料、可再生能源能和电力进口量则相对少。从能源出口端来看，出口能源种类以石油和石油制品为主，天然气和电力在能源出口结构中也占有一定比例。得益于先进的石油加工技术和强大的石油炼制能力，法国石油及石油产品的出口占据能源出口的大部分，2017 年法国石油和石油产品出口量为 20.6 百万吨油当量，占能源出口总量的 65.17%，天然气和电力占比均在 17% 左右，相比之下可再生能源和固体化石燃料的出口则相对较少甚至零出口。图 7 - 5 显示了 2017 年法国能源出口情况，石油和石油制品是法国能源出口的主导，天然气和电力出口不相上下，均在能源出口结构占有一定比例。

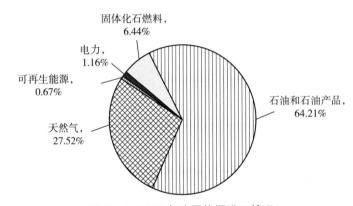

图 7 - 4　2017 年法国能源进口情况

资料来源：欧盟数据。

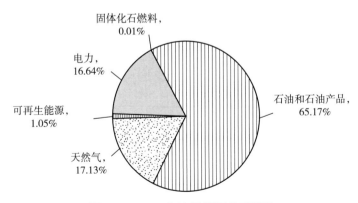

图 7 - 5　2017 年法国能源出口情况

资料来源：欧盟数据。

（3）法国是能源净进口国，仅电力处于净出口状态。2017 年法国能源进口量为156.8百万吨油当量，出口量为31.7百万吨油当量，能源净进口量为125.2百万吨油当量，法国依然是能源净进口国。在法国众多能源的进出口中，只有电力始终保持着净出口的状态，2017年其净出口量为3.5百万吨油当量，而石油、天然气、固体化石燃料以及可再生能源均处于净进口状态。在众多净进口能源中，石油和石油产品的净进口量最大，达到了80.1百万吨油当量，占能源净进口总量的63.97%，其次是净进口量为37.7百万吨油当量的天然气，最后是固体化石燃料和可再生能源。图7-6显示了2017年法国能源的进出口情况，除电力外，法国三大常规能源均处于净进口状态，石油及石油制品是能源净进口的主体，天然气和固体化石燃料也有较多进口，相比之下可再生能源和生物燃料的净进口量则很少。

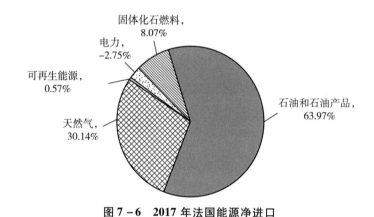

图7-6 2017年法国能源净进口

资料来源：欧盟数据。

2. 液化天然气有2/3来自阿尔及利亚和尼日利亚，挪威是管道天然气的主要来源国

法国液化天然气进口的主要来源地是以阿尔及利亚和尼日利亚为主的非洲OPEC国家以及挪威和俄罗斯等非OPEC的欧洲周边国家，其他来源相对分散。2017年法国进口的液化天然气有2/3来自以阿尔及利亚、尼日利亚为代表的非洲OPEC国家，其中阿尔及利亚由于历史原因以及与法国签订的双边能源协议，已然成为法国液化天然气最大的来源地，占比为

30.53%，尼日利亚以 27.48% 的占比居第二。另外，法国还从世界第一液化天然气出口国——卡塔尔进口约 8.41% 的液化天然气，而其余 32% 则来自一些非 OPEC 的欧洲周边国家，特别是挪威和俄罗斯，两者进口量占比为 22.9%。图 7-7 显示了 2017 年法国液化天然气进口来源情况，其中阿尔及利亚以及尼日利亚是主要来源国，俄罗斯和挪威也有相对较大的进口，其他来源相对分散。

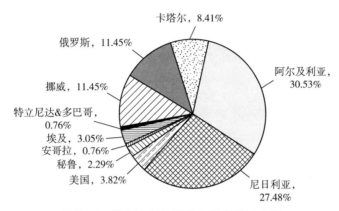

图 7-7 2017 年法国液化天然气进口来源

资料来源：BP 数据。

与液化天然气相比，管道天然气的进口来源则相对比较集中，主要来自挪威、俄罗斯以及荷兰等天然气资源丰富的欧洲国家，这主要得益于欧洲完善的天然气管道网，如 20 世纪 70 年代就已建成的联盟天然气管道，该条线路的北部干线北起俄罗斯，途经乌克兰、德国，最终到达法国，管道输气能力为 280 亿立方米/年。挪威是法国进口管道天然气最多的国家，2017 年法国从挪威进口管道天然气 19.6 百万吨油当量，占比 53.26%，其次是俄罗斯和荷兰，占比分别为 24.18% 和 14.41%。图 7-8 显示了 2017 年法国管道天然气进口来源情况，挪威为主要进口来源国，俄罗斯和荷兰进口占比较大。

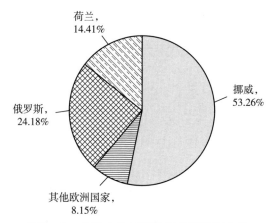

图 7 – 8　2017 年法国管道天然气进口来源

资料来源：BP 数据。

（三）法国一次能源消费现状

1. 能源自给率和对外依存度不相上下，产销缺口较大

2017 年法国生产消费缺口为 123.7 百万吨油当量，能源总体对外依存度为 48.3%，能源自给率为 51.7%，根据数据可以看出，法国约有一半的能源消费来自国内生产，一半来自国际市场进口，对进口能源的依赖程度比较高，因此仅从能源自给率和对外依存度来看，法国的能源消费安全存在一定风险。但是仅仅依靠能源贸易依存度并不能完全反映出一国的能源安全性，还需要从能源多样性以及储备期等其他指标进一步分析能源的安全性。

2. 能源消费以核能和石油为主，天然气和可再生能源消费占比较大，煤炭消费很少

2017 年法国一次能源消费总量为 256.0 百万吨油当量，一次能源消费从高到低依次为核能、石油和石油制品、天然气、可再生能源和固体化石燃料。从表 7 – 1 可以看出核能和石油及石油制品是一次能源消费的主导，两者合计消费数量为 182.94 百万吨油当量，占比为 71.5%，其中有40.6% 的能源消费来自核能，消费量为 103.86 百万吨油当量。另外，在一次能源消费中，天然气和可再生能源的占比也较大，虽然法国天然气资源几乎全部依靠进口，但是它的消费量仍然较大，2017 年法国天然气和可再生能源的消费量38.5百万吨油当量和26.6百万吨油当量，占比分别为15%和10.4%。由此可知，法国一次能源消费主要以核能和石油为主，天然气和可再生能源的消费占有较大比例，相比之下，固体化石燃料的消费则很少。

表7-1　　　　　　　　　2017年法国一次能源的消费现状

类别	百万吨标准油 Mtoe					
	生产	进口	出口	净出口	国内总消费	消费占比（%）
固体化石燃料	—	10.11	—	10.11	9.91	3.9
石油和石油制品	0.99	100.71	20.63	80.08	79.08	30.9
原油和轻烃	0.77	58.93	0.07	58.86	59.26	23.2
天然气	0.01	43.16	5.42	37.73	38.49	15.0
核能	103.86	—	—		103.86	40.6
可再生能源	25.87	1.05	0.33	0.72	26.59	10.4
水能	4.3	—	—		4.3	1.7
风能	2.12	—	—		2.12	0.8
太阳能光伏	0.82	—	—		0.82	0.3
太阳热能	0.17	—	—		0.17	0.1
可再生能源浪费	16.42	—	—		16.42	6.4
地热能	0.41	—	—		0.41	0.2
热泵	2.29	—	—		2.29	0.9
电力和热力	—	1.82	5.27	-3.45	-3.45	-1.3
其他	1.49	—	—		1.49	0.6
总计	132.23	156.84	31.66	125.18	255.97	100.0

资料来源：笔者根据相关资料整理所得。

3. 可再生能源消费以水电和风电为主

在可再生能源消费方面，除能源浪费外，水电和风电是可再生能源的主要来源，两者合计占可再生能源有效消费的2/3以上，太阳能的发电量也占有较大比重。除此之外，法国还有1/4左右的可再生能源消费来自地热能和热泵，这得益于法国出台的一系列与新建筑采暖相关的能源政策，包括限制在家庭采暖中使用传统化石燃料、对使用热泵的家庭进行补贴。表7-1显示了2017年法国一次能源的消费现状，可以看出能源消费以核能和石油为主，天然气和可再生能源消费也有较大消费，而煤炭消费很少。

（四）法国能源终端消费现状

1. 能源终端消费中交通和住宅占比最大

交通领域是法2017年国能源终端消费中用能第一的行业，占法国能耗总量的32.17%，另外随着城市化进程的推进，住宅领域（包括建筑业和房地产业）用能跃居第二位，占比28.83%。除此之外，工业和公共服务业的终端能源消耗量也不相上下，2017年两者的能源消费量分别是26.5百万吨油当量和23.8百万吨油当量，占比分别为18.82%和16.90%。相比之下，农业、渔业以及其他行业领域等能源消费量则非常少，仅用能4.6百万吨油当量，占比只有3.28%。从图7-9可以看出，交通和住宅是法国用能较多的行业，其次是工业和公共服务业，相比之下农业和渔业用能很少。

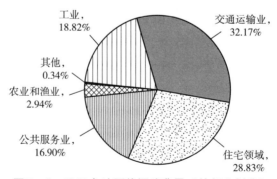

图7-9　2017年法国能源消费量（按行业划分）

资料来源：欧盟数据。

2. 交通消费中汽车消费最大，燃料中石油占比最大，新能源占比较小

在能源交通消费方面，汽车（公路）消费占绝对主导地位，国内航

空、航运以及铁路占比较小，而管道运输和其他占比则微乎其微，几乎为零。从图 7-10 中可以看出，2017 年法国公路能源消耗占交通领域能源消费总量的 94.81%，保持着绝对高的比例。另外，法国的汽车燃料消费结构较为单一，消费以石油为主，生物燃料占比不大。目前，法国汽车燃料消费大致分为石油产品、生物燃料和天然气三种，其中石油是法国汽车燃料的最大消费来源，2017 年法国汽车石油消耗总量为 40998.0 千吨，在全部汽车燃料消费中占比 92.3%，占有绝对大比例。相比之下，生物燃料和天然气燃料消费量较少，共计 3335.2 千吨石油当量，占比 7.7%。图 7-11 显示了 2017 年法国汽车燃料消费情况。

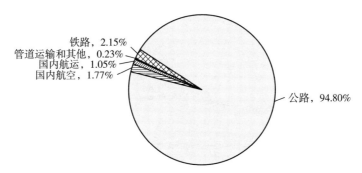

图 7-10 2017 年法国能源交通消费结构

资料来源：欧盟数据。

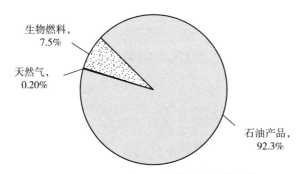

图 7-11 2017 年法国汽车燃料消费结构

资料来源：欧盟数据。

二、法国能源结构转型的趋势分析

(一) 法国能源生产与进口的结构趋势

1. 能源生产与进口不相上下，进口依存度缓慢下降

为了进一步探究法国能源生产与进口的结构趋势特征，本章选取了与法国能源生产与进口的相关数据，涉及数据的时间范围自 1990 年始，主要是由于 1991 年欧共体通过的《马斯特里赫特条约》标志着欧盟的诞生，同时欧盟及国际组织制定的许多气候能源政策也是以 1990 年作为基准年的，经过数据搜集和整理，图 7-12 和图 7-13 展示了 1990~2017 年法国能源的生产与进口情况。

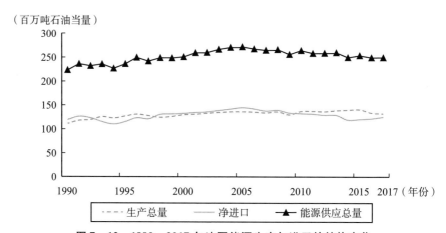

图 7-12　1990~2017 年法国能源生产与进口的结构变化

资料来源：欧盟数据。

(1) 能源供应量呈现缓慢先扬后抑趋势，2005 年后平稳下降。1990 年以来，法国能源供应总量逐渐上升，由 1990 年 223.2 百万吨油当量上升至 2005 年的 271.8 百万吨油当量，这也是 1990 年以后法国能源供应量的峰值。2006 年能源供应总量开始逐渐下降，2014 年下降至 249.5 百万吨油当量，此后能源供应总量趋于平稳，基本稳定在 250 百万吨油当量左右。

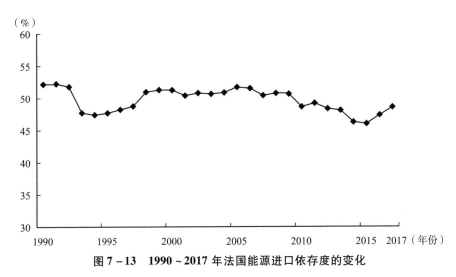

图 7 – 13　1990 ~ 2017 年法国能源进口依存度的变化

资料来源：欧盟数据。

（2）能源净进口缓慢下降，进口依存度整体呈现逐年降低趋势。与能源供应量的变化趋势不同，法国能源进口呈现缓慢下降趋势，1990 年法国能源净进口总量为 119.4 百万吨油当量，2014 年净进口出现了大幅度的下降，由 129.0 百万吨油当量降至 2017 年的 119.1 百万吨油当量，降幅为 7.6%，相应地，法国能源进口依存度也逐渐降低，从图 7 – 13 可以看出，法国进口依存度由 1970 年的 52.2% 下降至 2017 年的 48.6%。

（3）国内能源生产总量缓慢增加。1990 年以来，法国能源生产总量一直处于缓慢增加的状态，从 1990 年的 111.1 百万吨油当量增长至 2017 年的 132.2 百万吨油当量，18 年间增长了 4.8%，增长较为缓慢。

（4）能源生产与净进口平分秋色，呈现交替变化趋势。由图中变化趋势可以看出，法国的能源供应中本国生产和国际市场进口基本各占 1/2，不相上下，能源生产和能源净进口也相应呈现出交替变化的趋势，1993 年法国能源生产首次超过能源净进口，但这一状态只维持了不到十年，随着能源净进口量的不断增加，1998 年法国能源净进口量实现反超并在此后 15 年间一直处于高于本国能源生产的地位，此后随着能源净进口的不断减少，2010 年能源生产再次超过能源净进口并一直维持到数据截止年（2017 年），2017 年法国能源生产总量为 132.2 百万吨油当量而能源净进口总量为 125.2 百万吨油当量。

2. 核能长期保持能源生产主导地位，可再生能源产量逐渐增加

（1）核能占比长期保持绝对主导地位，2006 年后呈缓慢下降趋势。1990 年波斯湾战争爆发，阿拉伯国家的石油供应量大幅降低，国际原油市场出现混乱，爆发了第三次世界石油危机。为了保证能源安全、降低能源对外依存度，法国政府开始大力发展核能，法国也因此拥有了仅次于美国的核能发电能力。自此以后，核能产量在能源生产中一直居高不下，1997 年法国核能生产占比首次超过 80%，虽然在 2006 年以后核能产量开始缓慢下降，但核能在能源生产总量中占比仍然在 80% 左右，保持着能源生产的绝对主导地位。

（2）可再生能源和生物燃料产量逐渐增加。近年来为了优化能源结构，法国政府开始推动降低对核电依赖程度并增加可再生能源使用，1990 年可再生能源在能源总产量中占比为 13.7%，但在 2017 年这一占比已经达到 19.6%。

（3）煤炭、石油、天然气等传统化石燃料占比持续下降，上面提到的法国是一个传统能源稀缺的国家，为了保障国家能源安全，法国政府鼓励降低传统化石燃料的生产，2015 年煤炭、石油的生产占比均已降至零，2017 年天然气的生产也已经降至 0.01 百万吨油当量，占比微乎其微。图 7-14 和图 7-15 为包括各类能源生产量和其生产占比的双轴柱状折线图，显示了按照能源类型划分的法国能源生产结构的变化。

3. 可再生能源持续增长，风能、太阳能增长迅速

为了更好地优化能源结构，法国走上了新能源转型之路——提高可再生能源占比，逐步降低对核电的依赖。2005 年世界上第一个限制温室气体排放的法规——《京都议定书》正式生效，同年 7 月法国颁布了"能源基本法"以及可持续发展税收抵免政策（CIDD），一系列政策法规的颁布意在促进法国能源转型、加快可再生能源的发展，得益于此法国可再生能源的产量出现了明显的增加，2017 年法国可再生能源生产量为 25.9 百万吨油当量，而 2007 年这一数据为 16.9 百万吨油当量，10 年间可再生能源生产增长了 53.3%。图 7-16 显示了 1990~2017 年法国可再生能源生产结构变化趋势，大致呈现以下特点：

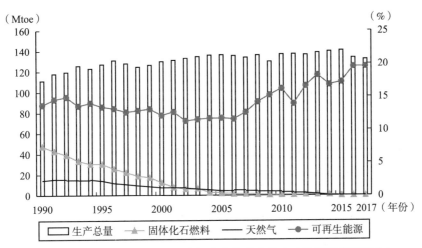

图 7 – 14　1990 ~ 2017 年法国能源生产结构变化 1（按能源类型划分）

资料来源：欧盟数据。

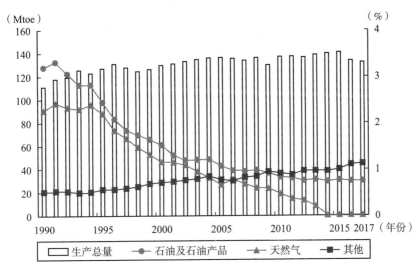

图 7 – 15　1990 ~ 2017 年法国能源生产结构变化 2（按能源类型划分）

资料来源：欧盟数据。

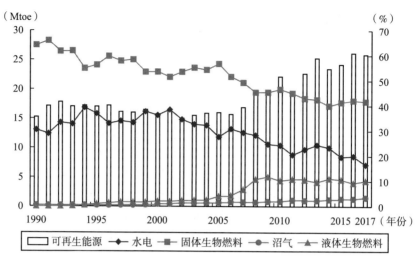

图 7 - 16　1990 ~ 2017 年法国可再生能源生产结构变化 1

资料来源：欧盟数据。

（1）固体生物燃料和水能占比较大，呈现缓慢下降趋势。法国是欧洲重要的农业大国，境内河流众多，水量充沛，十分利于生物燃料和水电的开发，虽然近年来法国固体生物燃料和水电的占比有所下降（固体生物燃料和水电分别从 1990 年的 64.2%、30.4% 下降为 2017 年的 41.7%、16.6%），但两者仍然在可再生能源生产中占据较大比例，特别是固体生物燃料，2017 年仍占能源生产总量的 41.7%。

（2）液态生物燃料快速增长后呈现相对稳定趋势。在优越的地理环境和国家政策的帮助下，法国液态生物燃料的生产于 2005 年起快速增长，从 1992 年的零占比增长到 2009 年 11.8%，2010 年后基本稳定在了 10% 左右的比例。

（3）风能、太阳能增长迅速（图 7 - 17）。经过多年的开发，法国的水电几近饱和，基于此法国并未继续进行大规模水电开发，而是把能源开发重点转向了风能和太阳能等可再生能源。2005 年后法国风能开始迅速发展并于 2017 年达到能源生产总量的 8.2%，2010 年后太阳能光伏和太阳能热也得到了相应发展，两者合计达到了能源生产总量的 3.8%，两者具有广阔的发展前景。

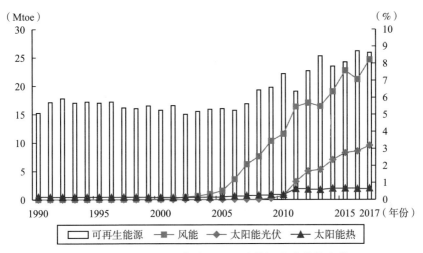

图 7 - 17 1990 ~ 2017 年法国可再生能源生产结构变化 2

资料来源：欧盟数据。

4. 传统能源始终处于净进口，石油进口占比最大，电力始终保持净出口

图 7 - 18 显示了按照能源类型划分的法国能源净进口结构变化，其中净进口占比为负值，意味着该种能源处于净出口状态，即能源出口量大于能源进口量。从图中可以看出法国的能源净进口呈现以下几个特点：

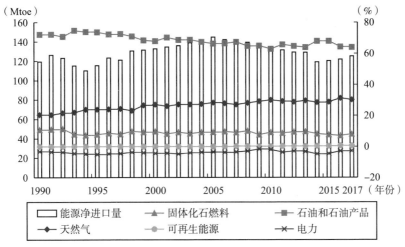

图 7 - 18 1990 ~ 2017 年法国能源净进口结构变化（按能源类型划分）

资料来源：欧盟数据。

（1）能源净进口量近年来不断下降，但法国始终是能源净进口国。1990 年以来法国始终是能源净进口国，1994 年法国能源净进口不断上升直至 2005 年开始呈现下降趋势，能源净进口数量从 2005 年的 144.6 百万吨油当量下降至 2017 年的 125.2 百万吨油当量。

（2）三大传统能源均需进口，石油占比始终最大。1990 年以来法国三大传统能源均处于净进口状态，其中石油和石油产品始终位于能源进口首位，虽然其占比不断下降但始终在 60% 以上，相比之下天然气净进口量则不断上升，从 1990 年 20.4% 的能源净进口占比攀升至 2017 年 30.1% 的比例，而另一重要的化石燃料——煤炭的变化则较为平稳，进口占比基本保持在 8% 左右。

（3）电力始终保持净出口。作为传统的电力输出国，法国的电力输出比例基本稳定在 3% 左右，法国始终保持着欧洲乃至世界电力净出口大国的地位，根据法国国家电网（RTE）发布的统计数据，2018 年法国电力出口 86.3 太瓦时，进口 26.1 太瓦时，净出口 60.2 太瓦时，即净出口 2.8 百万吨石油当量。

（二）法国能源初次消费的结构趋势

1. 初次能源消费长期以核能、石油为主，可再生能源占比逐年上升

（1）初次能源消费总量先扬后抑，变化幅度较小（见图 7-19）。根据数据显示，1990~2005 年法国的能源消费量呈现上升趋势，并在 2005 年达到了能源消费量的峰值（277.2 百万吨油当量），而 2005~2017 年由于法国在节能方面取得了良好的进展，能源消费量呈现出缓慢下降趋势，从 2005 年的 277.2 百万吨油当量下降至 2017 年的 255.6 百万吨油当量，12 年间下降了 8.4%，变化较为缓慢。

（2）从消费结构来看，初次能源消费长期以核能、石油为主，天然气和可再生能源也占有一定比例，煤炭占比较小。从图 7-19 中可以看出1990~2017 年法国初次能源消费结构变化不大，虽然近年来在政策影响下，法国的固体化石燃料、石油及其制品的消费量有所下降，但是法国的能源仍然保持着一个以核能、石油为主，天然气、煤炭和可再生能源为辅的消费结构。1992年法国核能消费量首次超过石油和石油产品，成了法国第一大消费能源，自此以后核能终端消费量始终占比40%以上。而作为第二大消费能源的石油虽占比有所下降，但仍然保持30%左右的比例，两者合计占据了法国初次能源消费结构的"大半江山"。

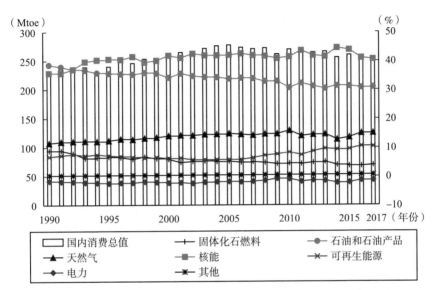

图7-19 1990~2017年法国能源初次消费结构变化（按能源类型划分）

资料来源：欧盟数据。

（3）可再生能源和天然气等"清洁能源"占比增加。2005年《基本法》颁布以后，法国陆续出台了一系列的法规政策以促进可再生能源的发展，从图7-20中可以看到2005年后可再生能源消费开始逐年增长，2017年可再生能源终端消费量占全部能源终端消费量的10.4%。与此同时，天然气的消费量也呈现逐年上升趋势，消费比例也随之增加，由1990年的11.5%增加至2017年的15.0%。

2. 核电长期保持主导地位，天然气和可再生能源逐步增加

除了2008年受经济危机冲击电力市场稍有衰退以外，1990~2017年法国电力消费量整体上呈现增长趋势，2013年电力消费量达到了峰值（581.09太瓦时）。具体来看，电力消费结构变化呈现以下两个趋势：

（1）核电长期保持电力消费结构的主导地位，从图7-21和图7-22

中可以看出，2005 年后占比缓慢下降。法国是世界闻名的核电大国，1990～2017 年核电始终是法国电力消费中最主要的电力类型，占比始终在电力消费的 70% 以上，2005 年后近年来出于能源安全、核电站维护成本等方面的考虑，法国政府已经在逐步降低法国能源发电中的核电占比，但 2017 年法国全年电力消费中核电仍然占到了 71.0% 的比例，其他能源类型的发电量仅占比 29.0%，核电在法国电力系统中的主导地位不言而喻。

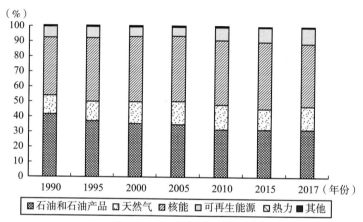

图 7 - 20　1990～2017 年法国能源初次消费结构（按能源类型划分）

资料来源：欧盟数据。

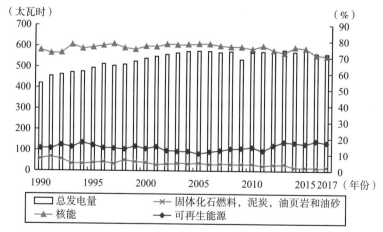

图 7 - 21　1990～2017 年法国电力消费结构 1（按能源类型划分）

资料来源：欧盟数据。

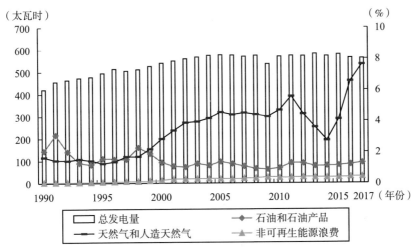

图 7 – 22　1990～2017 年法国电力消费结构 2（按能源类型划分）

资料来源：欧盟数据。

（2）电力消费呈现两升两降一平的变化趋势，天然气和可再生能源逐步增加。图 7 – 23 较为清晰地展示了按照能源类型划分的电力消费类型的变化趋势，从图中可以看到，法国电力消费类型大体呈现出"两升两降一平"的变化趋势："两升"指可再生能源和大然气，可再生能源发电占比

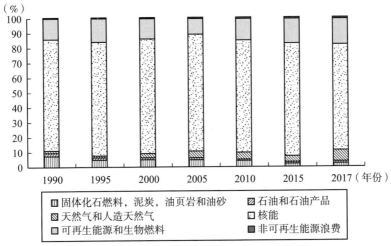

图 7 – 23　1990～2017 年法国电力消费结构

资料来源：欧盟数据。

从 14.1% 上升为 17.4%，天然气比例从 1.7% 上升为 7.6%；"两降"指固体化石燃料和核能，固体化石燃料等比例从 7.5% 下降至 2.3%，核能由 74.7% 下降至 71.0%；一平指的是石油和石油产品，其比例始终很低，基本维持在 1% 左右。

3. 可再生能源电力逐步增加，水电呈现持续下降趋势

在加快核电发展的同时，法国制定了一系列有关保障可再生能源发展的政策，如 2003 年提出的《可再生能源发电计划》和 2008 年的《发展可再生能源的计划》，法国政府试图通过能源补贴和能源税的共同作用加快可再生能源发电的发展。2005 年后，法国可再生能源发电实现了较快的发展，可再生能源电力也随之增加，可再生能源发电量从 2005 年的 61.2 太瓦时上升至 2017 年的 97.7 太瓦时，增长了 59.8%。图 7 – 24 和图 7 – 25 显示了 1990～2017 年法国可再生能源的消费量及变化趋势，大致呈现出以下几个特点：

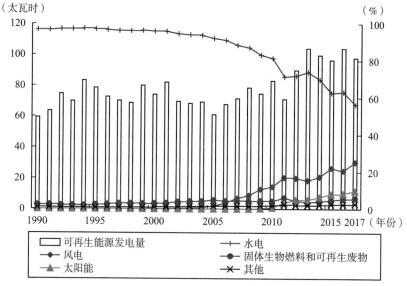

图 7 – 24　1990～2017 年法国可再生能源发电量（按能源类型划分）

资料来源：欧盟数据。

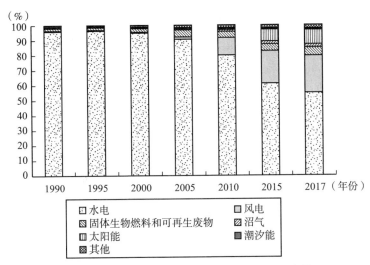

图 7 - 25   1990~2017 年法国可再生能源发电量

资料来源：欧盟数据。

（1）水电呈现持续下降趋势，水电占比从 1990 年的 96.8% 下降为 2017 年的 56.4%，虽然其在可再生能源发电中仍占据较大比例，但由于开发利用已经接近饱和状态，可以看出水电已经不再是可再生能源发电的未来重点开发方向。

（2）风电和太阳能光伏发电潜力巨大，呈现逐年增长的趋势。近年来法国开始着眼于风能和太阳能的开发利用，2005 年以来法国风电消费量迅速增长，从 2005 年的 0.96 太瓦时增加至 2017 年 24.7 太瓦时，占比从 1.6% 增长至 25.3%，太阳能光伏的发展仅次于风电发展，消费量从 2010 年的 0.62 太瓦时增长到了 2017 年的 9.57 太瓦时，2010 年太阳能光伏发电仅占比 0.7%，而在 2017 年这一比例已经增长至 9.8%。值得注意的一点是，2008~2009 年全球经济危机对可再生能源发电市场的影响并不大，在此期间法国发电量并没有出现大幅下降。

（3）其他可再生能源发展较为缓慢，从图 7 - 25 可以看出，1990 年以来潮汐能、地热能以及沼气等可再生能源仍未得到有效开发（图中"其他"一项包括沼气、地热能和潮汐能），占比仍然很低。

（三）法国能源最终消费的结构趋势

1. 交通、居民是能源最终消费主要部门，服务业和工业整体呈现一升一降的缓慢变化趋势

图 7 - 26 和图 7 - 27 显示了法国全社会各行业的最终消耗的能源数量以及变化趋势，数据来源于欧盟于 2018 年发布的能源数据，该数据统计将法国能源消费行业大致划分为了农业、工业、公共服务业交通运输业以及居民家庭等五个行业领域能源结构变化大致呈现出以下特点：

（1）能源最终消费量先升后降，2005 年以后缓慢下降。通过图 7 - 26 中的数据可以看出，以 2005 年为分水岭，1990 ~ 2014 年能源最终消费呈现增加趋势并于 2005 年达到峰值（277.21 百万吨油当量），自此法国能源消费开始呈现逐年下降趋势，2017 年能源消费下降至 256.0 百万吨油当量。

（2）消费结构较为稳定，交通运输和居民住宅占比最大，服务业和工业占比不相上下。1990 年以来法国能源消费结构一直较为稳定，五大产业消费比例变化不大，交通、居民住宅是能源最终消费的主力军，两者占据了能源总量的 60%，公共服务业和工业也占有一定比例，两者用能不相上下，合计占比 35% 左右，能源消耗量最少的是农业和渔业，占比始终在 3% 左右。

（3）服务业和工业整体呈现一升一降的缓慢变化趋势，其余变化平稳。从图 2 - 27 中可以看出，服务业整体呈现缓慢上升趋势，比例上升 2%，而工业则与之相反，1990 年以来工业能源耗用量逐年下降，由 1990 年 23.9% 的占比下降至 2017 年的 18.8%，降幅为 5.1%，除此之外，其他三大行业的变化则较为平稳，比例变化不大。另外值得注意的是，工业行业是受经济发展状况影响较大的行业，在 2008 年到 2009 年，由于经济危机的影响，工业行业能源消耗出现了急剧的下降，工业行业能源消耗占比从 21.6% 迅速下降到了 18.5%，但总体来看，法国的行业能源消费结构变化整体较为平稳，能源最终消费量变化也相对平缓。

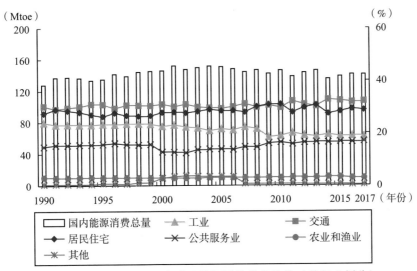

图 7-26　1990～2017 年法国能源最终消费结构（按行业划分）

资料来源：欧盟数据。

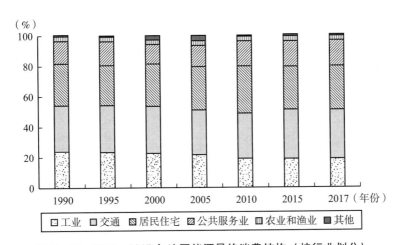

图 7-27　1990～2017 年法国能源最终消费结构（按行业划分）

资料来源：欧盟数据。

2. 交通能源消费长期以公路运输为主，汽车消费长期以化石燃料为主，新能汽车占比逐年增加

（1）从交通能源消费结构来看，公路运输长期占据主导地位。通过图 7-28 和图 7-29 可以看出，公路运输在交通能源消费中始终保持绝对主导地位,占比始终在95%左右,其他四种交通部门(国内航空、航运、铁路和管道运输)占比微乎其微。

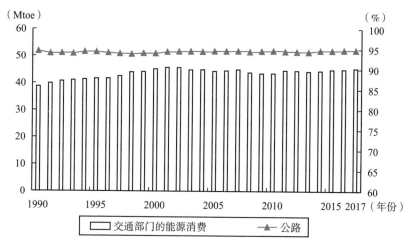

图 7 – 28 1997～2017 年法国交通能源消费结构

资料来源:欧盟数据。

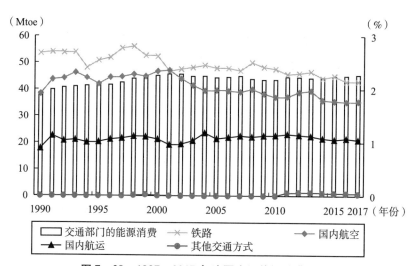

图 7 – 29 1997～2017 年法国交通能源消费结构

资料来源:欧盟数据。

(2)汽车消费结构长期以化石燃料为主,生物燃料和石油呈现持续一升一降趋势。1990 年以来法国汽车燃料始终以液体化石燃料为主,占比始终在 90% 以上，就变化趋势来看，石油燃料呈现逐年下降趋势，从 1990 年的 100% 占比下降为 2017 年的 92.3%，如图 7 - 30 所示。与此同时，生物燃料从无到有且发展较为迅速，逐渐在汽车燃料中占据一席之地，2017 年生物燃料占比已攀升至 8.8%。

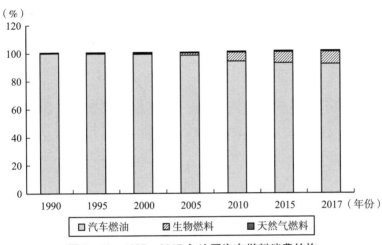

图 7 - 30　1997~2017 年法国汽车燃料消费结构

资料来源：欧盟数据。

（3）新能源汽车占比较小但呈现逐年增加趋势。新能源汽车指动力来源为非常规的车用燃料（蓄电池、氢燃料等）的汽车，包括纯电动汽车、混合动力汽车等。为了更好地实现能源转型、加快对新能源的推广利用，法国于 2004 年起开始大力发展新能源汽车工业。与其他大力推广新能源汽车的国家一样，法国也制定了一系列优惠政策来支持新能源车的发展，如新车置换金政策以及排放量补贴政策等。在这些优惠政策的推动下，汽车生产商和消费者对新能源车辆的接受程度在逐渐增加，除 2010~2011 年新能源汽车占比有显著下降以外，2004 年起法国新能源汽车消费占全部汽车消费比例逐年上升且增速较快，2017 年法国新能源汽车消费占全部汽车消费比例已经上升至 9.1%，如图 7 - 31 所示。

3. 人均能源消费长期保持高位，整体呈现微幅先扬后抑趋势

为了更好地分析法国初次能源的消费结构，我们还需要对人均能源消费量进行分析，从图 7 - 32 来看，1990 年以来法国人均能源消费变化与欧盟趋同且绝对值高于欧盟 28 国平均水平，始终保持在 3500 千克石油当量的消费高位，2004 年达到峰值（4429 千克标准油），比欧盟同年人均能源消费高出 717 千克石油当量。以 2004 年为分水岭，法国人均能源消费量呈现微幅先扬后抑趋势，2005 年开始法国人均能源消费量持续下降，到 2017 年已经降至 3832 千克标准油，是 1997 年以来的最低值。

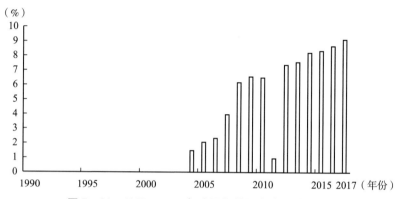

图 7 - 31　1997~2017 年法国新能源汽车消费占比

资料来源：欧盟数据。

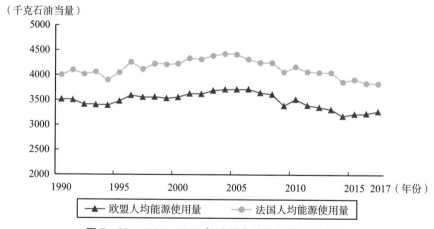

图 7 - 32　1990~2017 年法国人均能源使用量变化

资料来源：欧盟数据。

4. 人均电力消费保持 5000 千瓦时以上，整体上呈现上升趋势

除了能源消费能够用来衡量一个国家经济发展和人民生活水平，电力

消费也是经济发展的同步指标，能够较为准确、直接地反映经济运发展状况。总体来看法国人均电力消费处于高位，电力消费数值始终保持在5000千瓦时以上，高于欧盟平均水平，与人均能源消费先扬后抑的变化趋势不同，人均电力消费量整体上呈现上升趋势。以2008年为界，2008年以前人均电力消费逐步上升，由1990年的5342千瓦时增至2008年的6761千瓦时，自此以后人均电力消费开始出现较大波动并呈现出下降趋势，2017年人均电力消费已经降至6539千瓦时，如图7-33所示。

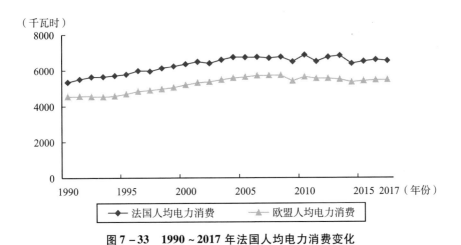

图7-33　1990~2017年法国人均电力消费变化

资料来源：欧盟数据。

三、法国能源结构转型的特征分析

（一）核能、石油在法国能源结构中长期占据重要地位

首先，核能长期保持能源生产主导地位，在能源生产总量中占比仍然在80%左右，保持着能源生产的绝对主导地位，此外，可再生能源占比逐年增加，未来几年有望成为能源生产的重要组成部分。应当注意的是，虽然石油在法国能源结构中所占地位较重，但由于法国传统化石燃料资源匮乏，法国石油生产量并不高。

其次，初次能源消费长期以核能、石油为主，自20世纪70年代以来核能和石油始终是法国初次能源消费的主体，1992 年核能消费首次超过石油及其制品成了法国第一大消费能源，自此以后核能终端消费量始终占比 40% 以上，石油占比也始终保持在 30% 以上，两者合计占据了初次能源消费的 3/4。

最后，法国终端能源消费结构较为稳定，交通运输和居民住宅占比最大，服务业和工业占比不相上下。1990 年以来法国能源消费结构一直较为稳定，五大产业消费比例变化不大，交通、居民住宅是能源最终消费的主力军，两者占据了能源消费总量的 60%。而在交通能源领域，交通能源消费长期以公路汽车运输为主，汽车燃料消费长期以石油及石油制品为绝对主导，占比始终在 90% 以上。综上所述，法国能源消费长期以核能、石油为主导。

（二）能源对外依存度逐步下降，能源进口中石油占比始终最大

根据前面数据分析，法国能源对外依存度和能源自给率不相上下，能源供应结构中自产和进口平分秋色，能源消费安全存在一定风险，但是近年来能源净进口呈现缓慢下降趋势，能源进口的对外依存度逐步下降，由 1970 年的 52.2% 下降至 2017 年的 48.6%，能源安全风险有所缓解。

在能源进口方面，法国的能源进口主要为石油、煤炭、天然气等传统能源，其中进口量最大的是石油及石油制品，其占比始终在 60% 以上，就其变化趋势来看，石油及其产品的净进口量不断下降，而天然气净进口量则与之相反，从 1990 年 20% 的能源净进口占比攀升至 2017 年 30%。除此之外，法国固体化石燃料也有相当进口，比例约为 10%，相比之下可再生能源的净进口量则很少。值得注意的是，虽然大多数传统能源均需进口，但法国的电力常年来始终保持净出口的态势且输出占比较为稳定。

（三）能源进口来源国不同能源类型呈现出不同的特点

从能源进口地来看，法国的能源进口地根据能源类型的不同呈现出不同的特点：一方面，法国石油进口呈现多元化的特点，具体来说，法国石油来源地主要是波斯湾的沙特阿拉伯、伊拉克、伊朗等传统石油输出国以及欧洲的英国、挪威、俄罗斯等石油资源丰富的国家。另一方面，液化天

然气和管道天然气则呈现相对集中的特点。液化天然气进口的主要来源国主要是阿尔及利亚、尼日利亚、安哥拉等非洲 OPEC 国家以及俄罗斯、挪威等欧洲国家，其中有 2/3 来自阿尔及利亚和尼日利亚，来源相对集中；管道天然气的进口来源国相对前两者更加集中，主要来自挪威、俄罗斯以及荷兰等欧洲国家，其中挪威是法国管道天然气进口最多的国家，占比 53%。

（四）能源终端部门消费结构相对稳定

从能源终端消费来看，1990 年以来法国能源消费结构一直较为稳定，五大产业消费比例变化不大，其中交通、居民是用能较多的领域，两者占据了能源总量的 60%，服务业和工业占比不相上下，占比均在 30% 左右，农业和渔业占比始终很低。从交通能源消费结构来看，公路运输长期占据主导地位，占比较为稳定，始终在 95% 左右；汽车消费长期以化石燃料为主导且占比缓慢下降，从 1990 年的 100% 占比下降为 2017 年的 92.3%。除此之外，人均能源消费和人均电力消费多年来均处于较高水平，高于欧盟平均水平，其中，人均能源消费始终高于 3500 千克石油当量，人均电力消费始终高于 5000 千瓦时。

（五）可再生能源在能源消费结构中稳步上升

首先，可再生能源产量逐年增加。得益于法国丰富的离岸风力资源、水利资源以及良好的农业基础，可再生能源生产在近些年得到了快速发展，2017 年法国可再生能源生产量占比已经升至 20%。

其次，可再生能源消费占比不断上升。从初次能源消费结构看，2005 年后法国可再生能源消费呈逐年增长态势，初次能源消费结构中可再生能源消费占比由 1990 年的 6.7% 增长至 2017 年的 10.4%，从电力消费来看，可再生能源发电也有较大程度的增长，占比从 14.1% 上升为 17.4%。

最后，"新能源"① 汽车呈现逐年增加趋势。2004 年起法国新能源汽车消费占全部汽车消费比例逐年上升且增速较快，2017 年法国新能源汽

---

① 此处新能源的概念与可再生能源等同。

车消费占全部汽车消费比例已经上升至 9.1%。

第三节　法国能源政策与能源安全分析

一、法国的能源政策

20 世纪末以来世界能源形势日益严峻，气候变化的压力逐年增加，越来越多的国家意识到发展新能源、转变不合理的能源结构以及保证能源安全的重要性，法国也不例外。作为欧盟成员国，法国需要在欧盟制定的能源方针政策和法律法规的总框架下确定本国更为具体的、更具有针对性的能源政策，与其他欧盟国家相比，法国能源政策的一个特点是，在政策的制定及执行过程中，法国政府和议会具有非常高的参与度，法律法规政策制定较为完备。

（一）核能政策

在 20 世纪 70 年代的石油危机后，法国便制定了相应的能源政策以降低能源依存度、保证本国能源安全。法国核能政策制定主要基于三点：第一，政策措施要有利于提高能源效率，利于能源经济的发展；第二，政策措施要提高化石燃料（特别是石油以及制品、天然气和煤炭等方面）进口的多样性；第三，政策措施要优化法国能源结构，实现其能源结构的多元化，民用核能领域仍需大量投资①。基于此，法国核能政策的提出和制定一直持续了 30 年（1970～2000 年），正是由于这 30 年间法国政府稳定的财政支持，才使得法国形成的现有的能源结构②。总的来看，法国对于核电发展的政策支持主要包括三个方面：

首先，1991 年法国政府成立了国家放射性废物管理中心（ANDRA），该机构主要负责加强对核废料的管理，同年法国制定了《核废料管理

---

①② 参见法国环境、能源与海洋部官方网站对于法国核能政策的说明，https：//www. deve-loppement – durable. gouv. fr/Nucleaire – et – politique – energetique. html。

法》，该法案要求核废物必须实现安全处置并确保核废物得到有效管理。其次，2005年法国颁布了《能源基本法》，这一法案显示了核电在法国能源结构中的不可撼动的重要地位。在该法案的引导下，法国选择了"技术经济性更好、市场竞争力更强"的压水堆技术来发展核能[1]，这一技术使得法国核能得到了迅速发展从而一跃进入了世界核电技术大国的前列。最后，法国于2006年颁布了旨在确保核能生产安全的《信息透明与核电安全法》，该法案详细阐述了法国将如何建立一个透明的、全面的核电信息披露制度。

（二）可再生能源政策

近年来法国正处于能源转型和应对气候变化的关键时期，因此可再生能源的发展对于法国来说具有重要意义。根据法国环境、能源与海洋部的说明，法国拥有十分丰富的农业、森林和海洋资源，因此，在可再生能源的开发利用方面法国保持着得天独厚的自然优势。目前，法国已经成为仅次于德国的可再生能源生产国，居于欧洲可再生能源生产的第二位[2]。另外，在制定可再生能源的相关政策时政府还需要考虑与其相关的产业发展建设，同时还要兼顾经济发展状况。最后，法国可再生能源的发展还需要市场经济和公众的两方支持，只有两者兼具才能促进可再生能源的经济科技水平的提高[3]。

2005年《基本法》确定了法国关于可再生能源发展的具体目标，由此法国逐渐放缓了水电的开发进程，转而大力发展风能、太阳能和生物质能等可再生能源。在风电领域，法国建设了风能开发区并在区内建立风力发电站，与此同时，政策还规定法国政府在建立开发区的同时需要确保风电上网安全和公众安全，保护生态环境和历史建筑等[4]。在光伏发电方

---

① 张婧竹：《法国新能源政策及影响（1990—2015）》，北京外国语大学硕士学位论文，2016年。

②③ 参见法国环境、能源与海洋部官方网站对于法国可再生能源现状的说明：http：//www. developpement – durable. gouv. fr/Politique – de – developpement – des. 13554. html。

④ 参见法国政府数据库官网：http：//www. data. gouv. fr/fr/datasets/zone – de – development – de – Ieolien – zde – de – la – region – nord – pas – de – calais/。

面，法国制定了与能源政策相配套的财政补贴政策，例如有关光伏系统及相应建筑一体化的回购电价政策、减免光电系统相关材料和安装费用的增值税政策[①]。

（三）石油储备战略

法国一直以来都是欧洲石油进口大国，为了保证本国石油供应安全，法国建立了相应的石油储备制度。作为最早建立石油战略储备的国家，法国早在 1925 年就已经成立了专门管理国家石油储备的机构——"国家液体燃料署"，在此以后法国便不断地对本国的石油战略储备进行完善。

对于需要从第三国进口大量石油的国家来说，石油进口意外中断所造成的供应危机很可能对其经济活动产生严重影响，为此，欧盟规定其成员国有建立和维持最低的石油储备的义务，以应对全部或部分的石油供应短缺，保障石油供应的安全。一般来说，一国能源安全程度与其能源最低储备量呈正相关。根据欧盟理事会 2006/67/EC 决定，欧盟成员国需要建立并持续维持最低石油储备，储备量至少相当于上一年国内 90 天的石油消费量。然而，该指令已由理事会 2009/119/EC 决定撤销，这一决定由 2012 年 12 月 31 日起生效。新指令将使欧盟成员国保有石油储备的义务与国际能源署（IEA）的义务保持一致，即从 2013 年起，对大多数欧盟成员国来说，其在能源储备方面的义务设定将与 IEA 设定的相同：石油储备量至少相当于上一年度 90 天的石油净进口量。此外，欧盟法规还规定成员国的石油储备必须要有 1/3 以上的石油制成品，同时成员国所持有的必须是可随时调用的储备，以便会员国在发生供应危机时能够立即作出反应。

（四）具体政策及目标

1990 年欧洲一体化取得突破性进展以后，法国成立了环境与能源管理署，并相继提出了一些关于核能的开发利用和可再生能源发展的能源政

---

① 罗国强、叶泉、郑宇：《法国新能源法律与政策及其对中国的启示》，载《天府新论》2011 年第 2 期，第 66~72 页。

策以及相关的气候政策，包括 1991 年颁布的《核废料管理法案》、1992
年出台的《水法》和《气候变化公约》、1997 年签订的《京都议定书》。
2000 年以后，法国开始转变能源政策关注点，更加注重可再生能源的发
展，并就如何更好实现可再生能源的推广利用、调整能源结构、实现绿色
高效发展制定了相应的能源政策，如 2003 年制定的《可再生能源发电计
划》、2009 年的《可再生能源多年投资计划》和《格纳勒革法案一》、
2010 年的《格纳勒革法案二》以及 2015 年法国颁布的《绿色发展能源过
渡法》[①]。

2015 年 8 月 17 日法国议会通过了关于能源转型和绿色发展的新法
案——《绿色发展能源过渡法》（又称《能源转型法》），目前这一法案已
经成了法国大部分气候和能源政策的基础。正如美国能源部长里克·佩里
在能源安全风险报告的序言中所说，任何国家都必须在发展能源和经济以
及关注环境之间做出选择。[②]《绿色发展能源过渡法》要求在不对本国经
济造成负面影响的前提下，法国各行业领域的能源生产者、消费者都应当
尽己所能减少温室气体排放。

作为一项着重于能源中长期发展的法案，《绿色发展能源过渡法》提
出了几个关于能源中长期规划的目标，主要包括：

减少温室气体排放：计划到 2030 年，温室气体排放减少 40%，到
2050 年减少 75%（与 1990 年相比）。

减少能源消耗：预计相比于 2012 年的能源消耗水平，2030 年法国全
社会能源最终消耗量减少 20% 并且在 2050 年将能源消耗量减少 50%。

逐步降低能源强度：到 2030 年，法国能源强度年均降低 2.5%。

转变能源结构：计划到 2025 年，法国核电量占全国发电总量的
50%，并对核电量进行数量限制。到 2030 年，将可再生能源在能源消费
的占比扩大至 32%，同时减少化石燃料的使用，相比于 2012 年，化石燃

---

① Martha，M. R.（2007）Energy law in Europe：national，EU，and international regulation. 2nd
edition. Oxford. Oxford University Press.

② International Index of Energy Security Risk：Assessing Risk in A Global Energy Market（2018），
Global Energy Institute.

料消耗量减少30%。

促进绿色增长：预计到2050年，全部建筑须符合"低耗能建筑"标准；增加电动汽车充电桩数量；2016年1月1日起全面禁止一次性塑料袋的使用；自2020年起，禁止使用一次性塑料餐具[①]。

此外，为了更好地实现《绿色发展能源过渡法》提出的目标，法国法律制定了两个战略计划："2014～2020年能源计划"（PPE）和"国家战略规划"（SNBC），其中，SNBC概述了法国政府和国会为了实现《绿色发展能源过渡法》目标而制定部门政策，其制定的碳预算反映了《绿色发展能源过渡法》的目标。

2015年12月巴黎气候大会通过了《巴黎协定》，该协定承诺国际社会将在2050年至2100年实现碳中和。在此背景下，欧盟制定了一个具有约束力的目标，即与1990年的排放情况相比，欧盟将于2030年将温室气体排放量减少40%，到2050年将温室气体排放量减少80%至95%。

2017年5月，马克龙就任法国总统，作为欧盟成员国且为了更好地完成《巴黎协定》的承诺目标，应对气候变化再次被设定为法国政策议程上的优先事项。2018年3月，法国呼吁其他欧盟成员国为欧盟排放交易体系中的发电机采用每吨二氧化碳25欧元至30欧元的区域碳排放价格底价，以促进从大量使用煤炭等化石资源的能源消费结构转向更加环境友好型的能源结构。

二、法国的能源安全风险分析

能源安全意味着一国可以承受能源价格冲击以保持本国能源供应，并且重视能源使用中的环境问题（European Commission，2000）。本部分在此基础上主要对法国能源进口对外依存度、能源多样性、能源使用效率、能源安全风险趋势（包括能源进口依存度、能源支出、能源市场波动、电力结构、交通结构、环境等的评分）等方面进行了分析。

---

① 许腾飞：《法国将颁布能源转型法》，载《能源研究与利用》2014年第6期，第22～23页。

（一）法国能源进口依存度分析

能源进口依存度是衡量能源安全风险的一个重要指标，本部分所提到的能源依存度，指的是一国会受到国际能源价格冲击或者能源供应中断的影响，这些能源波动可能导致本国国际竞争力和国内生产总值（GDP）的大幅下降，甚至还可能给本国带来通货膨胀的巨大压力和贸易平衡问题。能源进口依存度是能源依赖的主要方面之一，就能源依赖指标而言，其目的是确定能源依赖的主要方面，而不是量化其可能的后果[①]。图7-34和图7-35分析了法国和欧盟1990~2017年的能源进口依存度的综合指标，以及法国在各种能源产品（固体化石燃料、硬煤、石油和石油产品）等方面的进口依存度。

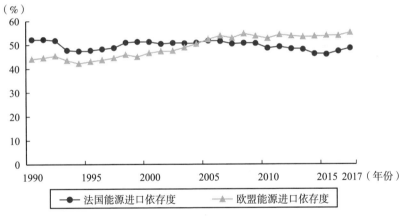

图7-34　1990~2017年法国和欧盟能源进口依存度变化

资料来源：欧盟数据。

1. 能源进口依存度占比较大，呈现缓慢下降趋势

从图7-34中可以看出，1990年来法国的综合能源进口依存度较大，长期以来都保持在45%以上，说明法国国内有接近一半的能源供应来自国

---

① EUROPEAN ECONOMY, Occasional Papers 145 | April 2013, Member States' Energy Dependence: An Indicator - Based Assessment.

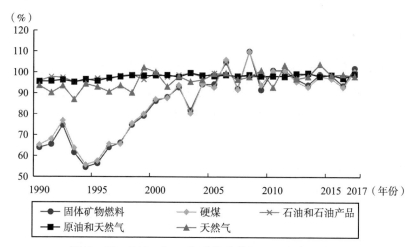

图 7 – 35　1990 ~ 2017 年法国分能源进口依存度变化

资料来源：欧盟数据。

际市场进口，这对法国的能源安全造成了不小的威胁。从整体变化趋势来看，能源进口依存度呈现缓慢下降趋势，由 1990 年的 52.2% 下降至 2017 年的 48.6%，2005 年法国能源进口依存度首次低于欧盟 28 国平均水平并一直持续至 2017 年。

2. 除硬煤等固体化石燃料外，各能源进口依存度变化较平稳

根据图 7 – 35 可知，五大能源进口依存度呈现"两升三平"的变化趋势。"两升"主要是指硬煤和固体化石燃料，可以看到两者依存度变化较大且变化趋势较为一致，1994 年以后两者均呈现出波动上升趋势，由 1994 年的 55% 上升至 2017 年的 93% 左右。"三平"主要指石油和石油制品、原油和轻烃固体类燃料以及天然气的对外依存度变化较为平稳，基本都保持在 95% 左右的较高水平，这主要是因为法国传统能源贫瘠，只能选择进口。

（二）法国能源消费多样性

衡量能源消费结构多样性的一个有效指标是考察一国的能源消费集中度，一般来说，能源消费集中度越高，就说明一国能源消费越单一，反之则说明一国能源消费越多样化。在评价各国的能源安全时一般假定这些国

家的其他条件完全一致，此时一国的能源集中度越低，说其能源结构越多
样化，能源安全越有保障，也就是说该国可以较为容易地应对由于某一对
特定能源的变动带来的冲击。

1. 初次能源消费多样性较差，能源消费集中度呈现稳中微降的趋势

前面提到，核能和石油始终是法国能源消费占比最大的能源，两者的
能源消费量合计占比在70%左右。从图7-36来看，法国能源消费集中
度一直处于较高的水平，初次能源消费多样性较差，1990年来能源集中
度一直在70%以上。就整体变化趋势来看，能源消费集中度变化相对平
稳但略有降低，由1990年的74.0%降至2018年的71.3%，降幅很小。
总体来说，法国能源始终以核能和石油为主，能源消费类型比较单一，能
源消费多样性较差。

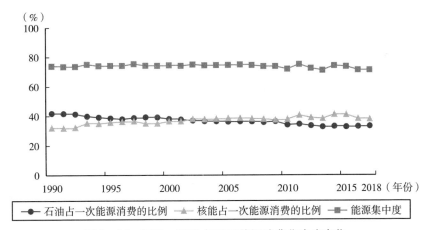

图7-36　1990~2018年法国能源消费集中度变化

资料来源：BP数据。

2. 电力结构多样性较差，核电占比过高，可再生能源发电比例缓慢提升

与能源消费多样性相同，一国电力结构的多样性也可以用电力消费集
中度衡量。在法国电力生产中，核电以及可再生能源发电占比很大，其中
核电占总电力生产的70%以上，可再生能源发电量大致位于10%至20%
的占比区间。从图7-37不难看出，法国的电力消费集中度很高，一直保

持在90%左右，这主要是法国以核电为绝对主导的电力结构所致，2017年法国电力消费集中度为88.4%。另外，1990年以来可再生能源发电占比呈现缓慢上升的趋势，占比由1990年的14.1%上升至2017年的17.4%，增幅为3.3%，这一发电比例的增加使得法国电力结构多样性得到了一些提升。因此，总的来说，法国电力结构中核电占比过高，电力消费多样性较差，但随着可再生能源发电比例缓慢提升，法国电力结构的多样性将有所改善。

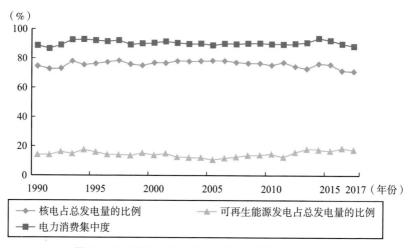

图7-37 1990~2017年法国电力消费集中度变化

资料来源：BP数据。

（三）法国能源使用效率分析

1. 单位GDP能耗较低且持续下降，能源效率逐步提升

单位GDP能耗指能源消费总量与一国GDP的比值，也称能源强度，该指标主要用来反映一国的经济发展对能源消耗的依存度，一般来说，在保持其他条件不变的情况下，单位GDP能耗越低，能源使用效率就越高，国家对于能源波动冲击的应对能力就越强。法国的单位GDP能耗大致呈现以下两个特点：

（1）单位GDP能耗较低且呈现持续下降趋势。从图7-38可以看出，1990年以来法国能源强度一直低于欧盟28国平均水平，单位GDP能耗逐年下降，从 1990 年的 160.1 吨标准油/千万元下降到 2017 年的 118.7 吨标准油/千万元，能源使用效率逐年提高。

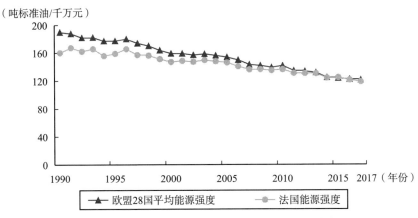

（吨标准油/千万元）

图 7 - 38　1990～2017 年法国和欧盟能源强度变化

资料来源：欧盟数据。

（2）产业结构转变促进能源效率提高。除了表明一国的能源使用效率，单位 GDP 能耗能源不仅还可以表明一国的经济产业结构，一般来说，国家从工业向服务业的转变以及工业内部的转变，将导致能源使用效率的提高，即单位 GDP 能耗的下降[①]。综合图 7 - 38 和图 7 - 39 来看，随着法国三次产结构的转变，其单位 GDP 能耗也随之下降。图 7 - 39 较为具体展示了 1990～2017 年法国三次产业 GDP 占比情况，可以看出，工业和服务业生产总值占比呈现一降一升的变化趋势，工业产值占比由 27.3% 下降至 19.5%，而服务业占比则从 69.2% 上升至 78.8%。

2. 人均能源消费先扬后抑，与 GDP 变化趋同

一般来说，一国的能源消费和经济发展是相互联系的，一方面，社会经济增长需要消耗大量的能源；另一方面，经济的发展促进了能源更为高效和可持续的利用。图 7 - 40 显示了 1990～2017 年法国人均能源消费量

---

① EUROPEAN ECONOMY，Occasional Papers 145 ｜ April 2013，Member States' Energy Dependence：An Indicator - Based Assessment.

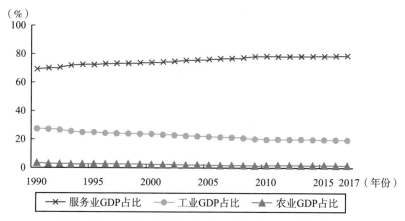

图7-39 1990~2017年法国三次产业GDP占比变化

资料来源：联合国贸易与发展数据库。

和人均GDP的变化趋势。从图中来看，两者变化大体趋同，人均能源消费量的变化在一定程度上受人均GDP变化的影响，经济发展对能源也具有一定的依赖性。1990~2017年法国人均能源消费先扬后抑，2005年前法国人均国内生产总值和人均能源消费量同向增长，大量的能源消费很好地带动了经济的发展，2008年世界经济危机以后，法国人均GDP和人均能源消费均呈现下降趋势。

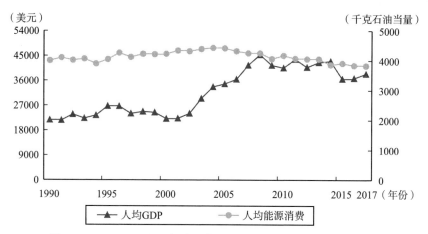

图7-40 1990~2017年法国人均能源消费量和人均GDP变化

资料来源：世界银行数据、欧盟数据。

3. 人均电力消费整体保持高位，呈现微幅下降趋势

核电和可再生能源发电迅速发展不仅使得法国全社会生产、生活用电得到满足，还使得法国电力长期保持净出口状态，因此，1990～2017年法国人均电力消费持续保持高位，人均电力消耗均在5000千瓦时以上，2017年更是达到了6539千瓦时。从图7-41可以看出，与人均能源消费呈现出的变化幅度较大的先扬后抑趋势不同，在人均GDP不断上升的同时，人均电力消费增长逐渐放缓，2008年后出现了微幅下降趋势。1990年人均耗电量5342千瓦时，2005年人均耗电量6735千瓦时，15年间电力消费增长了1/4，2017年人均耗电量为6539千瓦时，人均电力消费出现微幅下降趋势。

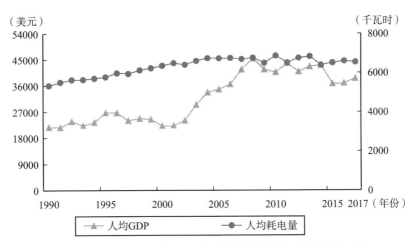

图7-41　1990～2017年法国人均电力消费量和人均GDP变化

资料来源：世界银行数据、欧盟数据。

第四节　法国能源结构转型的财税政策

20世纪90年代以来法国制定了一系列关于新能源的能源政策以保证其能源安全、缓解全球变暖。与此同时，法国政府还使用一系列财政政策工具来帮助实现降低能源消耗、保证能源安全以及减少温室气体排放的能

源政策目标，例如将税收与更广泛的能源政策进行微调和整合来引导社会环保行为，倒逼法国社会能源机构和能源行业转型。

一、能源财政税收政策工具

使用能源（特别是化石燃料）产生的排放会造成环境污染和气候变化，同时也会健康人体损害，因此能源使用产生的污染物的外部成本是巨大的。使用能源财政税收政策工具，对能源使用征收费用，可以让能源使用者为环境污染和气候变化买单，从而以最低的成本减少温室气体的过量排放，同时增加政府财政收入，为政府的公共服务建设提供资金支持[1]。

（一）碳税政策

在对能源征收的所有税费中，消费税和增值税是传统的重要税种，近年来，随着世界能源转型进程加快，各国政府也开始逐渐征收二氧化碳排放税。世界范围内的碳税发展起步较晚，大多数国家都是在认识到排放温室气体的大量排放会加剧全球变暖、造成生态破坏后才开始设计和征收碳排放税。碳税是法国征收的首个绿色税种，征税对象包括了汽油、柴油以及所有化石能源的产品，其中95号和98号汽油和柴油在此之前已经被征收了石油税，碳税的出现说明法国税收体系就此发生转变。

2009年6月，法国政府颁布了《气候及能源税白皮书》，书中表示法国于2010年年初开始征收碳税，白皮书颁布后的三个月，也就是同年9月，法国政府公布了正式的碳税征收方案，但是由于税收设计等问题，碳税推行过程并不顺利，在进行了历时多月的政治斗争后，法国政府最终决定暂时搁置征收碳税。2010年5月，提出碳税法案的萨科齐政府也放弃了有关碳税的很多主要主张[2]。直到2013年10月，法国议会终于投票通过了一项关于碳税的决议——将2016年的法国碳税将设定为22欧元/吨

---

① Taxing Energy Use 2018：Companion to the Taxing Energy Use Database，Executive summary，OECD publishing.

② 童音：《碳税：在法国的绿色税收中演绎了怎样的角色》，载《北方经济》2010年第8期，第1页。

二氧化碳[①]。2017 年马克龙带着其环保理念上台,为了更好地履行《巴黎气候协定》并控制二氧化碳排放量,法国政府上调了碳税,此时碳税税率相当于 30.5 欧元/吨二氧化碳,已经居于世界前列(主要是交通、工业和建筑业),2018 年政府再次将碳税上调至 44.6 欧元/吨二氧化碳,并计划在 2022 年达到 86.2 欧元/吨二氧化碳。

理想情况下,碳税征收的唯一依据应当是二氧化碳排放量,但是由于行业差异和能源本身存在的物理差异,实际的税收设计往往与理想状况有所偏离,不同的行业和燃料征收的税率可能出现不同。在欧洲,由于柴油的价格较低且大多数柴油车相比汽油车更加省油,故柴油车深受工薪阶层青睐,柴油消费量也因此高于汽油消费量。从税率来看,在法国的公路交通领域,汽油和柴油这两种用于公路运输的主要燃料的实际税率相差很大。在目前的设备和技术下,柴油的空气污染物排放量是高于汽油的,并且以含碳量计算,柴油的含碳量也高于汽油,因此从这一角度来看柴油的税率应当高于汽油税率,但事实是法国对柴油征收的总体税率要低于汽油,两者的碳税税率则相差无几。

(二) 财政补贴

(1) 投资补贴。投资补贴是调动企业转变能源使用类型积极性的有效工具,包括直接投资和贷款优惠。为了更好地推进环保节能的进程,2000 年法国政府扩大了环境与能源署的人员编制,同时增拨了 10 亿法郎的预算,2008 年法国政府通过了已修订的《光伏发电法规》,该法规中规定法国政府将对太阳能发电企业进行为期五到十年的绿色补贴贷款,同年法国政府制定的《发展可再生能源的计划》中提到,法国政府将在 2009 ~ 2010 年拨款 10 亿欧元设立可再生热能基金来推动其公共建筑、工业和第三产业供热资源的多样化[②]。另外,法国政府还对企业审计进行了补贴,根据企业规模不同,政府给予其能源审计项目的补贴额度也不甚相同。一般来说,小企业能源审计补贴额为其审计费用的 50%,而大企业的比例

---

① Lucas Chancel. Simon Ilse, Environmental taxes and equity concerns: A European perspective.
② 徐云:《谁能驱动中国——世界能源危机和中国方略》,人民出版社 2006 年版。

则相对较小，为其能源审计项目费用的30%。

2000年11月法国环境与能源控制署和中小企业开发银行于共同成立了节能担保基金（FOGIME），主要是用来为中小企业的投资提供贷款担保特别是在节能方面，这一基金的设立使得中小企业用于提高能源效率方面投资的贷款得到了保证[①]。

（2）消费补贴。消费补贴是指对购买新能源产品的消费者进行购买补贴，这可以提高消费者对于新能源产品的购买欲望。为了推广新能源车型，法国根据购买车辆的不同排放标准给予了购买者相应的消费补贴，对于购买电动车及汽车尾气排放量小于20克/公里的油电混动车的消费者一次性奖励6300欧元的消费补贴；对于购买汽车尾气排放量在21~60克/公里的油电混动车的消费者一次性给予1000欧元的消费补贴。在这一补贴政策支持下，法国新能源汽车占比自2004年起逐年上升，2017年法国新能源汽车消费占全部汽车消费比例已经上升至9.1%。

在居民住宅部门，法国政府也给予了相应的消费补贴。2000年法国政府对环境与能源署增拨了4000万法郎补贴，用来投资促进本国太阳能的发展，对使用太阳能加热采暖以及发电设备的家庭以及一些集体单位进行消费补贴。2014年法国开始实施新的能源转型税收抵免政策，该政策规定，法国政府将对进行节能投资和购买可再生能源设备的家庭进行消费补贴，其中一个人的最高税收抵免补贴为8000欧元，一对夫妇的最高税收抵免补贴为16000欧元，家庭中每有一个未成年子女，税收抵免补贴将增加400欧元，该津贴可在连续五年期间内使用一次[②]。另外，在2015年《绿色发展能源过渡法》中规定法国政府应当完善用于家庭供暖和照明的"能源支票"措施，即完善对贫困家庭的能源消费补贴体系。

（三）其他相关财税政策

（1）下调税率。为了更好地配合税收抵免的财政政策，法国政府还

---

① 赵怀勇、何炳光：《公共财政体制下政府如何支持节能——欧盟、英国和法国的运作模式、启示与借鉴》，载《重庆工学院学报》2004年第2期，第1~5页。

② The Energy Transition Tax Credit（CITE）in France, Fact sheet, for: Federal Ministry for the Environment, Nature Conservation and Nuclear Safety（BMU）.

决定对相关增值税税率进行下调以推进居民住宅领域的能源转型，从而减少温室气体排放。2014 年法国将与能源转换相关的住宅维护和改造工程的增值税税率由 2012 年的 7% 下调至 5.5%[①]。

（2）竞争力及就业信贷政策（CICE）。对于工资不超过法国最低工资 2.5 倍的员工，税收抵免等于该年度支付给员工的工资总额的 6%（收入超过最低工资 2.5 倍的员工的工资不包括在计算范围内）。用于计算 CICE 基数的工资与用于计算雇主对基本工资、假日工资、实物福利等的社会保障缴款的工资相同，税收抵免可以用来抵消企业所得税责任，超额部分可以结转 3 年，逾期未充分利用的，可以退还。根据法国商务投资署的报道显示，2015 年 CICE 使的劳动力成本下降 6%，并为企业增加了约 2000 万欧元的收益。

（3）零利率贷款。2009 年，法国推出了"零利率生态贷款计划"，该计划将为进行能源改造工作的住户提供最高 3 万欧元的无息贷款，贷款期限为 3~15 年。零利率生态贷款计划自 2016 年 3 月起可与能源转型税收抵免累计作用而不受任何条件限制。2015 年《绿色发展能源过渡法》中指出，法国政府已将零利率的生态贷款限制将由每年 3 万欧元/年提高至 10 万欧元/年。

二、能源转型税收抵免政策

世界上第一批进行税收抵免的国家是意大利、美国等国家，这些国家的税收抵免政策大多实施于 20 世纪 70 年代的石油危机以后，例如美国 1977~1986 年实施的税收抵免制度，意大利自 2007 年起实施的关于税收抵免的类似计划（如关于建筑物的节能减税计划）。

2005 年，法国政府修改了原有的针对私人家庭的税收抵免方案（《一般税法》第 200 条），引入了可持续发展税收抵免（CIDD），这项税收抵免最初规定的实施期限为 2005~2009 年，后又延长至 2014 年。2014 年 9 月法国开始实施新的税收抵免政策——能源转型税收抵免（CITE）。

---

① The Energy Transition Tax Credit (CITE) in France, Fact sheet, for: Federal Ministry for the Environment, Nature Conservation and Nuclear Safety (BMU).

（一）税收抵免政策工具简介

法国的能源转型税收抵免政策脱胎于法国 2005 年开始实施的可持续发展税收抵免，该抵免政策允许法国私人家庭在其住宅中进行投资节能和使用可再生能源设备。一般来说，所有在其房产进行翻新工程的业主及租户均有资格参加这项计划。从经济角度看，实施能源转型税收抵免方案是对法国社会能源转型的一种税收激励措施，该政策工具为每个家庭提供一定比例的所得税抵免用于家庭建筑翻新支出，以提高私人住宅的能源使用效率和更换现代化的供暖设施。

能源转型税收抵免政策中包括一系列广泛的修缮改造工程，包括更换住宅双层玻璃窗、墙体保温隔热，安装热泵和多种高效锅炉，应当注意，以上所有安装材料必须符合特定的能源性能标准。此外，翻新工程必须完全由注册建造商（RGE）进行，以确保所进行的翻新工程的质量达到最低标准。除了家庭住宅改造，该税收抵免政策还适用于太阳能、风能、水能和生物质能等可再生发电技术的建筑用能。

自 2015 年以来，CITE 的最高限额修已经改为符合条件的装修工程费用的 30%，一个人的最高税收抵免补贴为 8000 欧元，一对夫妇的最高税收抵免补贴为 16000 欧元，家庭中每有一个未成年子女，税收抵免补贴将增加 400 欧元，该津贴可在连续五年期间内使用一次①。值得注意的是，能源转型的税收抵免政策不同于传统的税收减免，税收减免只是减少纳税人应付所得税的税额，而税收抵免则是对税务机关对纳税人进行退税，即税收减免直接减少的是国家的税收收入而税收抵免直接减少的是纳税人的纳税支出。

（二）税收抵免政策实施背景

（1）国家能源气候政策背景。自 2017 年 5 月马克龙就任法国总统以来，应对气候变化一直是法国政策议程上的优先事项。与能源行业脱碳相

---

① The Energy Transition Tax Credit（CITE）in France，Fact sheet，for：Federal Ministry for the Environment，Nature Conservation and Nuclear Safety（BMU）.

关的是，法国近 3/4 的发电量来自核电站，是世界上最高的比例，以水力发电为主的可再生能源目前占比 19%，但预计到 2030 年这一比例将升至 40%。目前仅存的几家燃煤电厂占发电总量的 2%，到 2021 年将逐步淘汰，到 2025 年，核能对电力结构的贡献预计将下降到 50%，以避免温室气体排放增加和供应短缺的风险。

目前法国国家气候和能源政策的基础是 2015 年 8 月 17 日颁布的《绿色增长能源转型法》（简称 LTECV）。该法案要求各部门的能源生产者和消费者在减少温室气体排放方面发挥自己的作用，同时给法国留下促进经济增长的余地，该法案目标涉及三点：第一，到 2030 年温室气体排放量比 1990 年减少 40%，到 2050 年比 1990 年减少 75%；第二，到 2030 年，最终能源消耗比 2012 年减少 20%，到 2050 年减少 50%；第三，到 2030 年，最终能源强度年均减少 2.5%。

（2）行业背景。一般来说，建筑部门在减少能源使用和温室气体排放方面具有相当大的潜力，特别是通过节能改造，因此，住房的能源改造是近年来实现法国能源转型的重要部分。2014 年，建筑行业占法国最终能源消耗的 40% 以及温室气体排放的 20%，建筑行业成了法国能源消耗最大的部门，住宅建筑领域的节能潜力很高，因此建筑脱碳成了法国能源效率政策路线图的首要任务之一。近年来，为实现私营住宅部门的气候和能源政策目标，法国已实施了若干手段，例如，购买节能产品的所得税抵免、能源改造的零利率贷款、加强对建筑能耗的约束以及建筑结构施工中的强制热改造。

此外，在《绿色增长能源转型法》中法国政府作出了具体的承诺：第一，到 2050 年，所有建筑必须完全翻新为"低能耗建筑"或类似的标准；第二，到 2020 年，每年将有 50 万套住房单元受益于能源改造，其中一半为低收入家庭，减少 15% 的燃料贫困；第三，目前一次能源消耗超过 330 千瓦时/平方米/年的所有私人住宅建筑必须在 2025 年之前进行能源改造①。

---

① The Energy Transition Tax Credit（CITE）in France, Fact sheet, for: Federal Ministry for the Environment, Nature Conservation and Nuclear Safety（BMU）.

（三）税收抵免政策工具影响

（1）有效性。能源管理调查的数据显示，与建筑行业的其他相关政策工具相比，法国家庭可以从税收抵免计划中获益更多。具体来说，2005～2011 年的 6 年间每年都有一半以上的家庭投资改造他们的住房，调查还进一步显示，截至 2009 年约有 85% 的家庭认为 CITE 是老旧建筑翻新中"最决定性的激励因素""CITE 对房主的投资决策具有显著的积极影响"，仅 2015 年一年，就有 112 万户家庭因上年度开展的住房翻修工作而受益于税收抵免计划，平均每户得到了 800 欧元的税收抵免，税收抵免所避免的一吨二氧化碳的成本估计为 80～90 欧元。

自从税收制度建立以来，热泵的销售量已经翻了 5 倍，同样，2003～2009 年，国内最高效的燃木设备销量增长了 3 倍。据估计，对能源革新装置和设备的需求增加对相应的经济部门产生了相当大的积极影响。

（2）潜在影响。必须指出，CITE 与其他和能源效率有关的奖励计划面临同样的挑战，并可能产生一些较为负面的潜在影响。

第一，在实施节能措施时可能会出现回弹效应。在这种情况下，消费者倾向于增加其对替代商品或服务的消费，以应对其价格的下降。在能源更新的情况下，即当住宅的隔热性能变得更好时，在室内温度相同的情况下，家庭的能源支出会减少。因此，对消费者来说，增加热舒适是诱人的，这反过来又损害了目标节能。第二，与能源效率相关的激励计划也会带来"搭便车"问题，公共资金会被提供给那些即使在缺乏财政激励下仍会采取翻修行动的家庭，他们将会利用这一政策来得到原本不应得到的计划补贴，因此，在 CITE 实施的情况下，"搭便车"也是一个较为严重的负面问题。另外，通货膨胀效应是 CITE 计划的一个潜在副作用，说明政府在实行补贴或税收抵免政策后，与能源革新有关的工作的价格可能增加。

三、可再生能源的税收激励政策

（一）可再生能源开发的支持方案

（1）可再生能源研发税收抵免。如果公司在开展此类项目时发生的费用与符合该税收抵免条件的研究活动相符，则可以对其环境投资给予研究税收抵免。具体来看，税收抵免将等于符合条件的不超过 1 亿欧元研究费用的 30%，以及符合条件的超过 1 亿欧元研发费用的 5%。应当注意，研究税收抵免可以抵销企业发生费用当年应付的企业所得税，任何剩余的税收抵免将构成公司的应收账款，可用于支付接下来三年的公司所得税，并可在之后予以偿还。

（2）可再生能源相关设备的加速折旧政策。除了税收抵免和政府补贴，实施特殊折旧制度也是财政支持节能的一个重要工具。2011 年 1 月 1 日以来，法国加速折旧后税收的计算方法尚未更新，企业仍然可以对某些用于生产可再生能源的设备采用加速折旧的余额递减法计算折旧，采用这种折旧方法可以获得比平均法或者工作量法更高的税收折旧，从而鼓励企业更换购买新型的节能型设备。

（二）电力价格补贴

目前法国电力结构特别是在可再生能源发电方面，价格补贴是一种比较常见的财政支持方式，法国对各类可再生能源发电都给予了不同的价格补贴以确保可再生能源的成本竞争力。

（1）风能。根据风力发电厂所处的地理位置和发电时间给予不同的价格补贴，陆上风力发电厂的补贴为 0.082 欧元/千瓦时，而海上风力发电厂的补贴要略高于陆上发电厂，为 0.13 欧元/千瓦时。

（2）太阳能。根据项目类型（2015 年第一季度电价），不同光伏发电厂有不同的电价补贴，其中普通建筑内太阳能综合发电设施的补贴最高，为 0.266 欧元/千瓦时；其次是简化建筑综合发电设施，电价补贴为 0.135 欧元/千瓦时或 0.128 欧元/千瓦时；最后是地面光伏发电厂，电价补贴为 0.066 欧元/千瓦时。另外，法国还曾出台过对欧洲制造的光伏系统组件给予价格优惠的额政策，不过该优惠由于被视为不符合欧盟自由贸易的规则，已经于 2014 年 5 月起停止使用。

（3）水能。在水力发电方面，电价补贴根据发电规模和用电季度而有所不同，一般的水电价格补贴为 0.061 欧元/千瓦时，小型发电厂的奖金为 0.005 欧元/千瓦时至 0.025 欧元/千瓦时，而在冬季，政府会附加高达 0.017 欧元/千瓦时的奖金。除此之外，波浪能、潮汐能等海洋水能的价格补贴为 0.015 欧元/千瓦时。

（4）地热能。根据属地不同，与地热能相关的补贴和能效奖金也有所不同，一般而言，法国国内的地热能 0.20 欧元/千瓦时，0.08 欧元/千瓦时，相比之下海外部门的补贴较低一点，电价补贴为 0.13 欧元/千瓦时，能效奖金为 0.03 欧元/千瓦时。

（5）生物能。生物质能的一般电力价格补贴是 0.043 欧元/千瓦时，但根据能源效率、所用资源的性质和发电厂发电规模的不同，政府还会给予介于 0.07 欧元/千瓦时和 0.12 欧元/千瓦时的补贴。另外，与一般的生物能不同，沼气的补贴和绩效奖金较为特殊，补贴一般介于 0.081 欧元/千瓦时到 0.13 欧元/千瓦时，这取决于发电厂的功率，能源效率奖金高达 0.04 欧元/千瓦时，动物粪便加工奖金高达 0.26 欧元/千瓦时。

（三）其他相关的附加措施

（1）对海上风能开发区进行招标。法国已经制定了到 2020 年通过招标程序安装 6000 兆瓦海上风能的目标计划，2012 年 4 月，法国政府宣布授予 4 个海上风电场开发区 2000 兆瓦海上风能容量。2013 年 3 月 16 日，法国能源监管委员会发布了第二次海上风电场招标，新容量为 1000 兆瓦。2014 年 5 月 7 日，法国政府对法国天然气和电力集团（Engie）领导的财团建造和运营两座海上风电场授予了标的。此外，法国环境部表示，希望在 2020 年前拥有 6000 兆瓦的海上发电能力。

（2）可再生能源电厂的电网接入协议。新的可再生能源发电厂的生产商或者所有者必须申请与公共配电系统的电网连接，如电力运输网络（RTE）、法国电力网络配电公司（ERDF）或当地配电公司。发电厂业主必须就发电厂生产的电力分配达成一些协议，包括公共电网合同、电网连接合同以及电网开发合同。

（3）新形式的可再生能源项目融资。为了减少开发商在可再生能源发电设施和项目建设中经常遇到的融资困难问题，《绿色增长能源过渡法》提出了利用市民及地方政府全民筹资的地方融资解决方案。为支持本地融资，法国政府规定开发商可设立商业公司和本地公私合营公司，项目施工现场附近的居民以及地方当局可通过投资获得其股份。

第八章

英国能源结构转型与能源安全的财税政策

第一节　引　　言

英国能源结构由煤炭时代过渡到石油天然气时代，并向低碳时代迈进。石油消费比例下降，天然气消费比例上升，可再生能源产量迅速增长。

现阶段，能源政策决策主要集中在提高能源效率，开发可再生能源和清洁燃料来源以及减少总体温室气体排放三个方面。为了更好地实现能源转型，英国政府在 2015 年度财政预算中公布了一系列油气行业财税改革措施，包括削减税收、延长支出计入成本的期限、提供税收补贴和投资减免纳税等措施，激发投资者的投资信心，进而促使产量提升。对可再生能源的各项活动实行了财政补贴，实施了可再生能源义务（RO）计划和碳减排承诺（CRC）能源效率计划，以及提出了上网电价补贴和差价合同。在生物燃料方面，遵循《生物多样性公约》，提高生物能源多样性。

目前英国能源总体安全，能源多样性不断增加，能源自给率保持在较高水平，能源进口依赖性较低。

第二节　英国能源结构转型的趋势与特征

2017 年，英国能源生产总量达到 118.13 Mtoe，国内能源消费总量 185.47 Mtoe，能源缺口为 67.34 Mtoe。能源缺口主要是能源生产量小于能源消费量造成的，这会导致能源价格上升，造成国内外价格波动，不利于能源市场的稳定性。2017 年，英国能源出口量 74.15 Mtoe，能源进口量 140.57 Mtoe，能源净进口量为 66.42 Mtoe。英国已经从能源出口国逐步转变为能源进口国。在能源结构方面，英国能源结构由煤炭时代过渡到石油天然气时代，并向低碳时代迈进。石油消费比例下降，天然气消费比例上升，可再生能源产量迅速增长。

一、英国能源生产消费的现状分析

在能源生产端，石油生产占据能源总生产量的首位，占能源生产总量的 48%，天然气比例达到 30%，两者约占总量的 3/4，是主要的能源生产类型。在进口方面，石油的进口比例和出口比例均位居第一，天然气跃居净进口比例的首位，能源最大来源地是俄罗斯。在消费终端，交通运输业和住宅业是能源消耗最大的产业，汽车燃料不再是单一的石油，生物燃料开始应用。

（一）英国能源生产端现状

1. 石油、天然气为主导，核能和可再生能源占比较大

能源生产决定着国家的经济脉络，研究能源生产现状有利于解释当前经济发展现象，并为经济进一步发展出谋划策。根据欧盟最新数据显示，在 2017 年，英国能源生产总量为 118.12 Mtoe，八大能源生产现状从高到低依次为石油和石油产品、天然气、可再生能源和生物燃料、核能、固体矿物燃料、泥炭和泥炭制品、油页岩和油砂、废弃和不可再生能源。

从图 8-1 可以看出石油和石油产品占据了生产端的 41% 数量高达 48.32Mtoe。排名第二的是天然气，生产量为 36.02Mtoe，生产比例为 30%。核能生产量不足天然气产量的 1/2，仅 15.12Mtoe，生产比例为 13%。可再生能源生产量和核能产量相近，15.63Mtoe，生产比例达 13%。两大能源共占据了能源生产总量的 81%，数量高达 86.34Mtoe。核能和可再生能源生产总量为 30.75，占比 26%。由此可知，英国能源生产现状中以石油，天然气为主导，核能和可再生能源占比较大。与此同时，值得注意的是，泥炭制品和油页岩尚未得到开发，占比几乎为零。

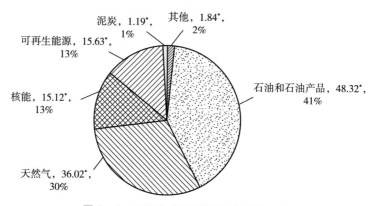

图 8-1　2017 年英国能源生产结构现状

注：＊处单位为 Mtoe。
资料来源：欧盟数据。

2. 天然气、可再生能源、核电是英国发电的"三驾马车"

当今世界发展离不开电力消费，产电的来源也在不断地变化。工业革命时，基本为煤炭产电。随着经济发展，我们追求环保和节能，截止到 2017 年，英国电力消费量达到 315.8 太瓦时，其中 43.5% 的电力由天然气及人工煤气提供，总量达 137.5 太瓦时。与此同时核能也得到了开发，随着各地区核电站的建设，2017 年英国核电站的产电量达到 70.34 太瓦时，约占总量的 22.3%。可再生能源和生物燃料的发展迅速，凭借环保、高效、来源广泛的优点，总产电量高达 102.2 太瓦时，占比 32.3%，已经成为电力生产的第二大来源，如图 8-2 所示。天然气、核能以及可再生能源共同占据了电力总发电量的98%，是带动英国发电的"三驾马车"。三者占比依次为43.5%、32.3%、22.3%，相邻之间差距为10%左右，在没有较大政策改革的前提下，短时间不会发生太大变动。

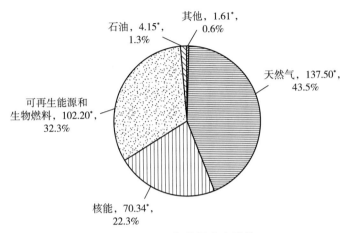

图8-2 2017年英国电力结构

注：＊处单位为太瓦时。
资料来源：欧盟数据。

3. 风电和固废燃料发电占可再生能源发电的3/4

可再生能源具体可以分为八大类，包括水电、风电、太阳能、潮汐能、地热能、沼气、固体以及液体生物燃料。从图8-3可以看出，风力发电是可再生能源的主要来源，发电量为50太瓦时，几乎占据可再生能源的半壁江山；风电和固废燃料是可再生能源发电的最主要的来源，两者总发电量达到74.15太瓦时，占据可再生能源发电的3/4。

沼气、太阳能以及水力发电，占比均为10%左右，三者发电总量为28.04太瓦时，仅占可再生能源发电总量的1/4，有待进一步开发。

除此之外，固体生物燃料发电量为24.15太瓦时，太阳能的发电量11.52太瓦时，分别占比24%、11%，不可小觑。然而，由于英国位于亚欧板块内部，地壳较稳定，且这方面技术能力有限，因此地热能，潮汐能以及液体生物燃料未能得到大规模开发，近乎为零。

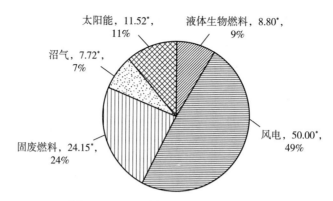

图 8-3　2017 年英国可再生能源发电

注：*处单位为太瓦时。

资料来源：欧盟数据。

风电和固废燃料两者占据 73%，沼气、太阳能、水电三者仅占 27%，说明可再生能源结构类型多样性较低，可再生能源电力的集中度比较高。

（二）英国能源进出口现状

1. 英国能源进出口规模较大，结构单一，以石油天然气为主

2017 年英国进口能源总量 140.57Mtoe，多于国内能源生产量（118.13Mtoe），占能源供应总量的 76%，图 8-4 显示了 2017 年英国各项能源进口的现状。尽管英国本土石油生产量是各项能源中最多的，但是巨大的消费量仍然迫使英国大量进口石油及石油产品。与能源生产端类似，石油和天然气也是能源进口的主要种类。其中石油进口量 89.6Mtoe，约为国内石油生产量（48.32Mtoe）的 2 倍，石油的进口比例为 64%，远高于石油的生产比例（41%）。天然气进口量 40.18Mtoe，多于国内天然气生产量（36.02Mtoe），天然气进口比例 29%，同比少于天然气生产比例（30%）。可再生能源和固体矿物燃料进口量极少，共占比 5%。因此，英国能源进口以石油天然气为主，约占进口总量的 93%。

能源进出口也是国家国际贸易的重要内容，图 8-5 显示了英国能源出口现状。2017 年英国能源出口量 74.15Mtoe，占能源供应总量的 46%，与能源进口相比较，英国能源出口结构单一，主要集中在石油上。石油是进口最多的能源，达到89.60Mtoe，同时也是出口最多的能源，达到63.82Mtoe，石油出口量小于石油进口量，净进口为25.77Mtoe。天然气是英国第二大能源出口种类，出口量达到9.28Mtoe，出口比例13%。其他能源（如可再生能源，固体矿物燃料，电力，废弃能源等）各种类出口占比几乎为零。天然气与石油出口量共占据了能源出口总量99%，能源出口以石油和天然气为主，集中度非常高。

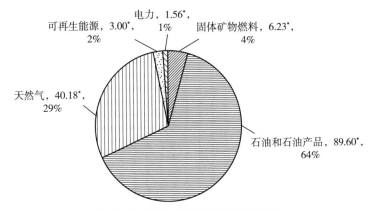

图 8-4　2017年英国能源进口现状

注：＊处单位为太瓦时。
资料来源：欧盟数据。

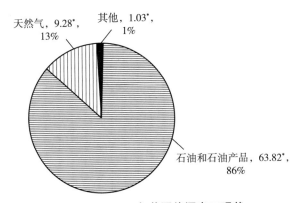

图 8-5　2017年英国能源出口现状

注：＊处单位为Mtoe。
资料来源：欧盟数据。

能源进口量和能源出口量从不同侧面显示了英国能源现状，能源净进口则更加简洁地显示了英国能源的净使用量。2017 年英国能源净进口量为 66.42Mtoe，占能源供应量的 35%。由图 8－6 可知，在净进口中，天然气净进口量超过石油跃居第一，净进口量达 30.90Mtoe 占比高达 46%。石油净进口量为 25.77Mtoe，占比 39%。固体矿物燃料净进口量 5.86Mtoe，占比 9%；可再生能源和生物燃料净进口量为 1.27Mtoe，占比 2%。能源净进口结构以天然气和石油为主，两者净进口量 56.67Mtoe，占比 86%。

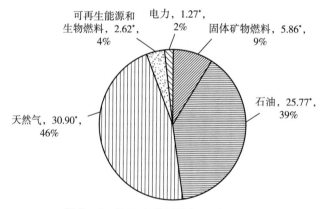

图 8－6　2017 年英国能源进出口现状

注：＊处单位为 Mtoe。
资料来源：欧盟数据。

经过以上分析可以发现，英国能源进出口结构较为单一，无论是进口，出口还是净进口方面都是以石油和天然气为主导的。英国石油进口量和出口量都巨大，占比最高，但是在净进口量中，天然气是最高的。英国在可再生能源和固体矿物燃料方面，国内生产量很少，进口量也不多，出口量几乎为零。

2. 俄罗斯是主要来源国，其他来源相对分散

能源的进出口贸易关系着国家之间的友好关系，一方面，能源进口地多为能源丰富的地方；另一方面，能源进口地会偏好国际关系友好的地区。

（1）原油进口主要来源于俄罗斯，其他来源地呈现多样化特征。图 8－7

是 2018 年英国能源进口来源地结构，由图 8 - 7 可知，俄罗斯是英国原油最大的来源地。2018 年，英国原油进口总量达 353.6 百万吨，英国从俄罗斯进口 153.3 百万吨原油，约占原油进口量的 30%。这与英国和俄罗斯良好的政治外交关系以及经济合作是分不开的。除此之外，我们看到其他独联体国家[①]，西非，美国中南部，伊拉克所占比例相对均衡。其他独联体国家约占 13%，西非约占 12%，北非约占 12%，伊拉克约占 10%。这 4 个地区原油进口总量为 233.3 百万吨，占原油进口量的 47%。众所周知，中东地区石油产量丰富，是世界石油宝库。然而，从中东进口的原油量为 68.9 百万吨，仅占 13%（其中沙特阿拉伯占 8%）。

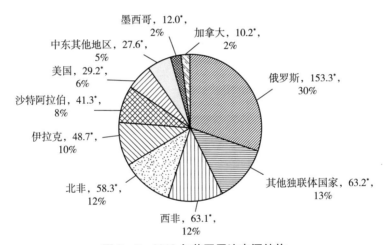

图 8 - 7　2018 年英国原油来源结构

注：＊处单位为百万吨。
资料来源：BP 数据。

总的来说，英国石油的来源结构丰富，来源地广泛，在九大来源地中俄罗斯为主要来源地。

（2）石油产品来源结构更加丰富，超过一半的石油产品来自俄罗斯。

———————

① 独立国家联合体（Commonwealth of Independent States，CIS），简称独联体。独联体现在的成员国有：俄罗斯联邦、白俄罗斯共和国、乌克兰、摩尔多瓦共和国、亚美尼亚共和国、阿塞拜疆共和国、塔吉克斯坦共和国、吉尔吉斯斯坦共和国、哈萨克斯坦共和国、乌兹别克斯坦共和国。本指标中，其他独联体国家是指除俄罗斯外的 9 个国家。

图 8 - 8 显示了 2018 年英国石油产品^①的来源地结构。2018 年英国石油产品进口总量 223.1 百万吨，远少于原油进口总量的 353.6 百万吨。石油产品共有 11 个来源地，与原油来源地数量相比（9 个），石油产品的来源结构更加丰富，新增阿联酋和中国。值得注意的是，俄罗斯仍旧占据首位，所占比例高达 50%，数量高达 112.5 百万吨，具有很强的垄断趋势。在这种情况下，一旦俄罗斯与英国关系恶化，或者提高石油产品价格，英国将会遭受很大的能源安全问题。

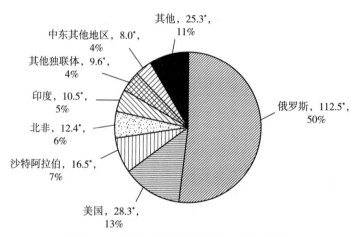

图 8 - 8 2018 年英国石油产品来源地结构

注：* 处单位为百万吨。
资料来源：BP 数据。

美国是石油产品的第二大来源地，石油产品进口量为 28.3 百万吨，约占进口总量的 13%。在原油进口结构中，原油进口量为 29.2 百万吨，约占 6%。因此可知，英国从美国进口的石油产品少于原油进口量，但是比例相对较高。从沙特阿拉伯进口的石油产品为 16.5 百万吨，约占 8%。北非、印度，其他独联体国家，中国、阿联酋等国家的进口量和比例匀速

---

①　习惯上把未经加工处理的石油称为原油，石油产品一般是指经过炼油厂加工所获得的各种产品。石油产品可分为石油燃料、石油溶剂与化工原料、润滑剂、石蜡、石油沥青、石油焦 6 类。

减少，均少于6%。

综上可知，英国石油产品进口量少于原油进口量，俄罗斯既是英国石油产品的最大来源地，也是原有的最大来源地。石油产品的来源地结构更加丰富。

（3）天然气主要来自卡特尔和俄罗斯，两者占2/3。2018年，英国液化天然气总量为7.9亿立方米，共有九大来源地，其中从卡塔尔进口的液化天然气数量最多约2.9亿立方米，占总进口量的37%；从俄罗斯进口的液化天然气约1.7亿立方米，进口比例约为22%；美国是第三大进口来源地，进口量为1.2亿立方米，进口比例15%；由于液化天然气来源地之间的复杂性，BP数据将特立尼达和多巴哥合二为一进行研究，两者共提供了0.8亿立方米的天然气，占据了总量的10%。其他国家的进口量相对较小，但比较均衡，占比都不超过4%。由图8-9可知，来自卡塔尔和俄罗斯的液化天然气占比为59%，接近总量的2/3；俄罗斯、美国、特立尼达和多巴哥四者进口量占总量的47%。因此，英国液化天然气来源地结构富有多样性，主要来自俄罗斯和卡塔尔。

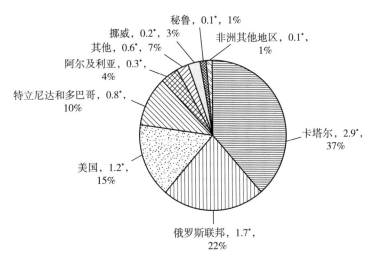

图8-9 2018年英国液化天然气的结构

注：*处单位为亿立方米。
资料来源：BP数据。

（4）天然气管道来源主要来自挪威，超过 3/4。天然气管道贸易来源相比较为单一（图 8 – 10），可分为四大来源地；总量较大，2018 年共进口 42.8 亿立方米。其中从挪威进口的天然气为 32.6 亿立方米，占据了英国管道天然气进口的 76%，超过 3/4；俄罗斯次之，进口量为 4.4 亿立方米，占据天然气进口总量的 10%；荷兰进口量为 2.6 亿立方米，占比 6%。

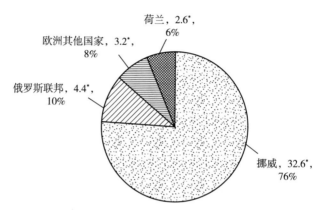

图 8 – 10　2018 年英国天然气的管道贸易来源结构

注：*处单位为亿立方米。
资料来源：BP 数据。

挪威天然气储量高，并主要开拓欧洲市场，因此挪威成为英国最大的管道天然气来源地并不稀奇。与此同时，英国天然气管网储运设施建设起步早，设施体系较为完善，并在建立了天然气交易中心，极大地促进了天然气的发展。英国天然气市场已经形成了比较充分的竞争格局，上游有 100 多家勘探、开发和生产企业，包括 BP、Chevron、Shell 等大型能源企业；在批发市场、合同市场和收费市场，有 179 家持有许可证的天然气供应商和 234 家托运商；National Grid 运营着英国全部的长输天然气管道和部分地方配气管网，与其他 4 家地方配气管道公司和 11 家独立管道运输商共同为天然气市场的参与者提供管输服务；此外还有 4 家洲际运输商。因此英国进行管道天然气贸易的硬件设施和行业服务比较完备。同时英国带来推进能源政策改革，鼓励使用天然气替代煤炭石油，从而促进能源转型。

（三）英国能源初次消费现状

1. 能源自给率达 63.8%，产销缺口达 67Mtoe

能源平衡公式为：生产 + 进口 - 出口 + 其他 = 能源供应。根据表 8 - 1 可知，2017 年英国能源生产量为 118.13Mtoe，能源进口量为 140.57Mtoe，能源出口量为 74.15Mtoe，能源净进口量为 66.4Mtoe，能源供应量为 185.47Mtoe，其他能源供应量为 0.92Mtoe。能源自给率是一个国家能源生产量和能源供应量的比值，计算可得 2017 年英国能源自给率是 63.8%，高于 OECD 的平均水平（70%）；产销缺口是生产量和消费量的缺口，为 67Mtoe；进口占消费的比例为 75%，即对外依存度为 75%。由此可知，英国能源消费能力巨大，能源产量不足，存在能源安全威胁。

表 8 - 1 　　　　　　　　　英国能源初次消费现状

类别	生产量（Mtoe）	进口（Mtoe）	出口（Mtoe）	净进口（Mtoe）	其他（Mtoe）	能源供应（Mtoe）	比例（%）
固体矿物燃料	1.84	6.23	0.36	5.86	21.7	9.90	5.3
石油和石油产品	48.32	89.60	63.82	25.77	-2.20	71.90	38.8
天然气	36.02	40.18	9.28	30.90	0.92	67.84	36.6
核能	15.12	0.00	0.00	0.00	0.00	15.12	8.2
可再生能源和生物燃料	102.20	3.00	0.38	2.62	-86.58	18.24	9.8
电力	0.00	1.56	0.29	1.27	0.00	1.27	0.7
不可再生能源	1.19	0.00	0.00	0.00	0.00	1.19	0.6
总计	118.13	140.57	74.15	66.42	0.92	185.47	100

资料来源：欧盟数据。

2. 能源消费中化石消费近 4/5，主要是石油天然气，煤炭很少

在能源消费结构中，消费量最大的是石油和石油产品，2017 年英国石油及石油产品的生产量为 48.32Mtoe，进口量为 89.60Mtoe，出口量为 63.82Mtoe，净进口量 25.77Mtoe，石油供应量 71.90Mtoe。石油消费量占

能源消费总量的38.8%，是消费最多的能源类型。

2017年英国天然气生产量36.02Mtoe，进口量40.18Mtoe，出口量9.28Mtoe，净进口量30.90Mtoe，供应量67.84Mtoe。天然气消费量占能源消费总量的36.6%，是第二大能源消耗类型。

固体矿物燃料，主要指煤炭。煤炭生产量1.84Mtoe，进口量6.23Mtoe，出口量0.36Mtoe，净进口量5.86Mtoe，供应量9.90Mtoe，煤炭消费量占能源消费总量的5.3%，比例较低。化石燃料中的煤炭，石油，天然气消费总和占能源消费总量的80.7%，能源消费中化石消费近4/5，主要是石油天然气，煤炭很少。

3. 核电和可再生能源消费比例较低，具备发展空间

可再生能源主要包括水电，太阳能、热能、潮汐能、生物燃料等。2017年英国可再生能源的生产量为102.20Mtoe，进口量为3.00Mtoe，出口量为0.38Mtoe，净进口量2.62Mtoe，消费量18.24Mtoe。消费量占能源消费总量的9.8%，比例较低。值得注意的是尽管可再生能源的消费量比较低，但是可再生能源的生产量还是比较大的，超过化石燃料生产总和。这说明可再生能源的利用率仅为18%，利用率比较低，具有较大的能源开发和使用空间。

核电是新兴的能源，开发利用不足。2017年英国核电的生产量为和消费量为15.12Mtoe，消费量占能源消费总量的8.2%，低于可再生能源的比例。为了更快地实现能源转型，向环保高效性经济迈进，要促进科技创新，提高使用新能源的效率，大力开发和利用核能以及可再生能源。

（四）英国能源最终消费现状

1. 能源最终消费中石油天然气占比最大

图8-11（a）中显示了能源终端消费的实物比例。能源终端消费总量141526万吨，由图可知石油消费量64302万吨，占比45%，天然气消费量占比30%，两者占据能源最终消费的75%。电力消费量25765万吨，占比18%，生物燃料消费量5626万吨，占比4%。其他能源消费量较小，合计占比3%。

2. 能源最终消费中工业和住宅占比最大

图 8 - 11（b）显示了能源最终消费的行业比例。2017 年英国能源生产端生产量为 118.13Mtoe，能源终端消费量为 121.22Mtoe，能源缺口为 3.03Mtoe。能源终端消费以产业为标准进行划分，可分为六大类：工业、交通运输业、住宅产业、服务业、农业和渔业以及其他产业。由图 8 - 11（a）可知，交通运输业是最大的能源消耗类型，消耗能源 41.85Mtoe，约占能源总量的 34%。

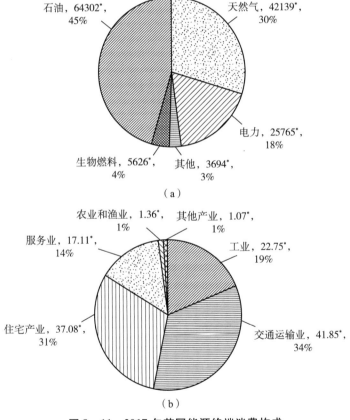

（a）

（b）

图 8 - 11　2017 年英国能源终端消费构成

注：*处单位为 Mtoe。
资料来源：欧盟数据。

随着城市化的发展，住宅产业成为第二大能源消耗产业，占比 31%，约占总量1/3，主要包括住宅建筑业和住宅房地产业两大部分，指的是住宅设计与建筑、经营、维修、管理和服务等消耗。

服务业的发展程度是一个国家经济发展的重要表现。2017年英国服务业的能源消耗达到37.08Mtoe，占总量的14%，也间接验证了英国服务业发达，是名副其实的发达国家。

英国的耕地面积为608万公顷，东南部为平原，土地肥沃，适于耕种，北部和西部多山地和丘陵。英国农业发达，机械化程度高，因此能源消耗相对较低。

3. 交通消费中汽车消费最大，石油占比最大，新能源汽车比例非常小

图8-12（a）显示了交通运输的四种交通工具的占比。2017年英国交通运输消费总量57000万吨，汽车消费量41534万吨，占比72.9%；航空消费量13465万吨，占比23.6%；火车消费量1702万吨，占比1.9%；水路消费量929万吨，占比1.6%。

汽车燃料主要指汽油机用燃料和柴油机用燃料，他们目前是当前汽车运行的主要动力来源。随着全球经济的发展，汽车保有量逐年增加，汽车尾气对环境的污染也日益严重，已成为空气污染的主要来源之一。因此，汽车制造商在不断完善发动机的燃烧系统，采用先进的电子控制技术和高性能的污染净化装置，使用无铅汽油的同时，还不断投入巨额资金，研制污染排放少、又利于环境保护的代用燃料和代用燃料汽车。就世界范围而言，最成功的代用燃料是液化石油气（LPG）和压缩天然气（CNG）。

然而，英国汽车消费燃料的绝大来源还是依靠石油。2017年英国汽车消费燃料总量可达41540万吨，其中石油消费量40522万吨，占比97.5%，生物燃料消费量997，占比2.4%，电力消费量21万吨，占比0.1%，如图8-12（b）所示，这说明对石油依赖大，汽车消费结构单一化，具有很大的能源风险，并间接对环境造成危害。新能源汽车主要指以电力和生物燃料为消费燃料的汽车，两者总比重2.5%，说明新能源汽车比例仍需要大力提倡和发展。

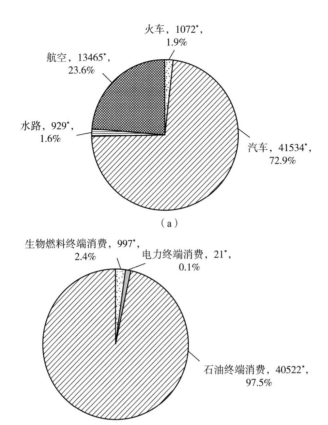

（a）

（b）

图8-12 2017年英国汽车消费燃料构成

注：*处单位为万吨。
资料来源：欧盟数据。

二、英国能源结构转型的趋势分析

（一）英国能源生产与消费的结构趋势

1. 能源消费由自给自足转向对外依存，能源进口逐年扩大

为了进一步研究英国能源结构，本章选取了1990～2017年18年的数据做进一步分析。本章按照生产+净进口+其他=本地区能源供应的逻辑进行研究，如图8-13所示，英国能源生产消费结构具有如下趋势：

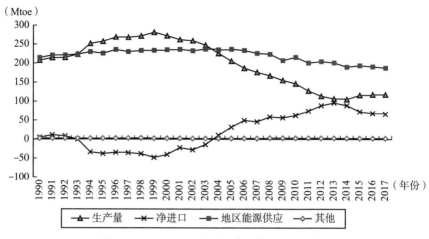

图 8 - 13　1990 ~ 2017 年英国能源结构趋势

资料来源：欧盟数据。

（1）能源生产整体呈下降趋势，2004 年之前能源生产大于消费。英国能源供应总量整体缓慢下滑，由 1990 年的 200Mtoe 下降至 2017 年的 188Mtoe，下降 6 个百分点。能源生产量呈现先增长后下降然后趋于平稳的趋势。1999 年能源年生产量达到最大值 281Mtoe，1999 年后快速下降，截止到 2013 年变为 106Mtoe，2013 年后趋于平稳。在 2004 年之前，能源生产量大于能源消费量，净进口为负值，可以实现能源自给自足；2004 年之后开始出现生产量与消费量的缺口，并且不断增大，2017 年能源缺口为 66.42Mtoe，能源对外依存度不断增大。

（2）能源进口整体呈现逐年增加趋势。2004 年之前净进口量为负值，说明能源出口量大于能源进口量，能源对外依存度低；2004 年之后净进口量不断增加，2013 年英国能源净进口总量达到历史最高水平为 88Mtoe，约占能源供应总量的 46%，这严重威胁了英国能源安全。

（3）境内能源消费整体相对稳定。地区能源供应可以反映境内能源消费情况，从图 8 - 13 可知，2017 年能源消费与 1990 年相比略有下降，且 1990 年之后能源消费缓慢下降，整体保持稳定。尽管如此，每年境内能源消费可达 200Mtoe，仍是不可小觑，英国作为发达国家，消费量远远高于世界平均水平。

2. 石油天然气长期保持主导地位，核能可再生能源逐步增加

图 8 - 14 为双轴柱状折线图，生产量指标为左轴，各能源占比为右轴。通过图 8 - 14 中可以看出，自 1990 年以来，能源生产量先增加后减少又逐渐上升趋势；1999 年生产量最高为 281.41Mtoe，2014 年最低为 105.35Mtoe；2014～2017 年生产力有逐年增加的趋势，但是至今无法达到 1999 年的数值。英国是工业革命的发源地，工业革命极大地促进了能源的产出量，尤其是不可再生能源。短时间大开发过后，随之而来的是能源的枯竭，因此生产量不断下降；当意识到这一问题并采取措施保护不可再生能源，开发新能源，生产量又缓慢上升。

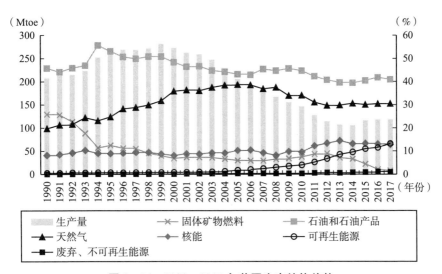

图 8 - 14 1990～2017 年英国生产结构趋势

资料来源：欧盟数据。

（1）石油占比长期保持首位，呈缓慢下降趋势。在各具体能源方面，石油和石油产品占比居高不下，有下降趋势，从 1994 年的 56% 下降为 2017 年的 40%。

（2）天然气呈现缓慢先上升再下降的趋势。1990～2006 年天然气占比逐渐上升，最高可达 40%，2006 年之后占比逐渐下降并保持稳定在 30% 左右。整体来看你，18 年间上升 11%，2017 年达到能源生产总量的 30%，占能源供应的1/3，这说明天然气已经成为英国能源的重要组成部分。

（3）煤炭等固体矿物燃料比例直线下降，从1990年的25%下降为2017年的1.5%，在能源结构中作用甚微。英国自实行能源转型以来就着重减少了对化石燃料尤其是煤炭的消费，因而英国不再是"雾都"。

（4）可再生能源稳步上升，核能上升缓慢。核能上升趋势比较缓慢，由于高成本以及安全问题，未得到大量开发，维持在10%左右；可再生能源自2015年之后得到迅速开发，成为目前第三大能源产量；其他能源类型在数量上均有所上升，能源比例依旧不显著。

3. 可再生能源持续增长，风能增长迅速

可再生能源产量总体上呈上升态势，2005年后得到迅速开发，截至2017年产量已经达到15.63Mtoe，占能源生产总量的13%。可再生能源可分为七类，图8-15反映了各类可再生能源的变化趋势。固体生物燃料呈波动下降，但是仍占据最大比例；沼气占比先上升后下降，在2004年达到峰值47%，尽管沼气生产量逐年上升，仍改变不了能源占比缓慢下降的趋势；水电作为20世纪初可再生能源的典型代表，近20年产量基本资本维持在0.45Mtoe左右，占比逐年下降，2017年仅占能源生产总量

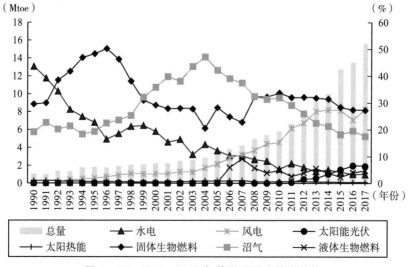

图8-15 1990~2017年英国可再生能源结构

资料来源：欧盟数据。

的3%。风电是能源开发中的"黑马",借助天然的气候优势以及国家政策的扶持,自2004年起产量迅速提升,10年间提高了22个百分点;由于科技的局限性,英国在太阳热能和光能的开发利用上进展不大,有很大的发展空间。

4. 能源整体呈现先出口后进口趋势,石油占比最大

图8-16显示了能源净进口总量与各能源净进口比例,净进口为负值,意味着能源出口大于能源进口。1990~2003年能源净进口总量为负值,即净出口最高达50Mtoe。2004年起净进口为正值。呈现不断上升趋势。能源净进口最高可达97Mtoe。这说明了英国能源进口需求不断增大,进口依赖型越来越大,这是不利于能源安全的。分析各能源进口所占比例,负值指的是出口占进出口总量的比值。热能,废弃能源,可再生能源以及电能所占比例几乎为零;石油产品2005年之前为净出口,2005年之后净进口比例不断增大;天然气的净进口比例经历了曲折的变化,两升两降,具有较大波动性,总体来说2004年后呈波动上升。固体矿物燃料是20世纪消耗最多的能源,净进口比例维持在30%左右,2005年该比例达到最大值为8%,2005年以后该比值不断降低,2017年仅占8%,说明固体矿物燃料的依赖性很低,风险性也小。

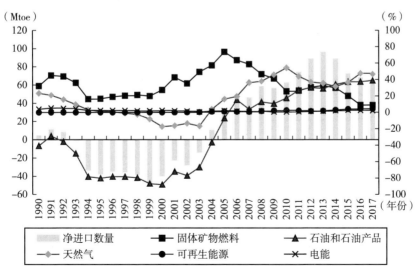

图8-16 1990~2017年英国净进口结构趋势

资料来源:欧盟数据。

（二）英国能源初次消费的结构趋势

1. 初次能源消费中长期以石油天然气为主，煤炭占比较小且缓慢下降

通过图 8 - 17，可以看出英国能源初次消费较为稳定，1990～2007 年基本维持在 230Mtoe，2007 年后缓慢下降；能源消费按种类可以划分为八类，在各能源类型中，石油及石油产品消费占比最高，维持在 40% 左右；天然气位居消费比例的第二位，1990～2000 年迅速增加，2000～2014 年与石油产量不相上下；固体矿物燃料的消费量逐年下降，消费比例也随之下降；核能的消费比例基本稳定，维持在 10% 左右；可再生能源和生物燃料消费比例逐年升高尤其是 2007 年后，消费比例大增；其他类型能源消费量较小，可忽略不计。

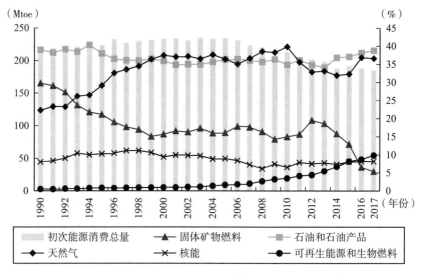

图 8 - 17 1990～2017 年英国能源初次消费变化趋势

资料来源：欧盟数据。

图 8 - 18 选取了消费比例排名前五的能源类型进行比例柱状图的对比，可以显著揭示上面对能源消费趋势的描述。固体矿物燃料消费比例下降较多，从 1990 年的 29.76%，逐年下降，2017 年仅为 5.34%，下降了 25 个百分点。石油产品的比例小范围波动，总体稳定在 38%，同时也是

占比最大的能源。天然气比例增长迅速,从 1990 年的 22.26%,迅速增加为 2010 年的 39.82%,之后保持平稳,保持在 36%。天然气已经从排名第三跃居能源榜第二。核能整体略有增加,但幅度不大,基本保持稳定在 8% 左右。可再生能源从无到有逐渐增加,1990 年占比 0.49%,每年以倍速增加,到 2017 年已经占比 9.84%,成为能源榜第三位。

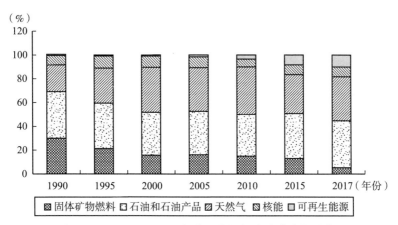

图 8-18　1990～2017 年英国能源初次消费变化趋势

资料来源:欧盟数据。

综上所述,能源趋势变化特征可以总结为:石油保持稳定并且位居第一,天然气和可再生能源增长迅速跃居第二、第三,核能小幅增长是"千年老四",固体矿物燃料惨遭滑铁卢,直线下降。

2. 电力消费结构呈现"二升二降一平"趋势

英国总发电量呈现先升后降,趋势平缓,总体高于 300 太瓦时的特点。按照燃料划分,固体化石类燃料消费比例呈现波浪式下降,从 1990 年的 64% 下降为 2017 的 6.6%。1990～2017 年的 28 年,有两次大幅度下降现象,一是 1990～1997 年呈现直线下降,从 64% 下降为 32%;二是 2012 年后倾斜式下降,从 40% 下降为 6.6%,如图 8-19 所示。其间,2001 年,2006 年和 2012 年都有小幅上升。

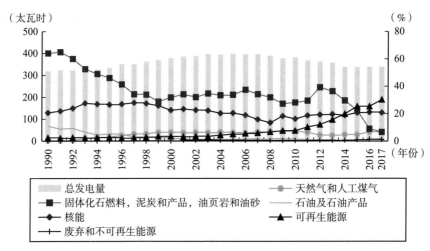

图 8 - 19 1990 ~ 2017 年英国电力消费结构趋势

资料来源：欧盟数据。

天然气消费比例呈现先增后减再上升的趋势。1990 ~ 1999 年，天然气比例呈直线上升，从 2% 跃增为 40%；1999 ~ 2006 年比例保持稳定；2006 ~ 2010 年又实现小幅增长，并达到历史最高比例 46%，超过固体类燃料位居电力消费燃料首位；2010 年后在降低 12 个百分点后，重新攀升为 40%，并有继续增加的趋势。

可再生能源消费比例不断攀升，1990 ~ 2003 年一直保持较低水平 2%，从 2004 年起迅速增加，一路高歌猛进，截至 2017 年达到 30%，位列电力消费来源第二，并有继续增加的趋势。

核能消费比例基本稳定，在 20% 上下浮动废弃和不可再生能源以及其他能源占比甚微。

图 8 - 20 通过每五年的比例柱状图更加具体地揭示了英国电力消费类型的变化趋势——"二升二降一平"：天然气比例从 2.12% 上升为 40.64%，位列第一；可再生能源比例增加为 30.21%，从第五跃居第二；核能比例维持在 20%，变化幅度甚微；固体类燃料等比例从 64% 直线下降为 6.6%；石油比例从 10.85% 下降为 0.48%，成为第五位。

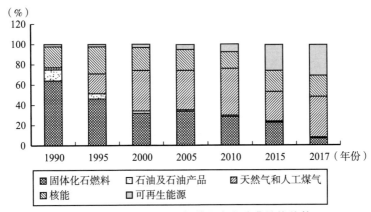

图 8 - 20 1990 ~ 2017 年英国电力消费结构趋势

资料来源：欧盟数据。

3. 可再生能源电力逐年上升，风电水电呈现持续"一升一降"趋势

可再生能源作为新能源，具备环保经济的特点，是未来经济发展的主要导向。研究可再生能源的电力结构有利于调整能源开发方向，加快能源开发数量。通过图 8 - 21 和图 8 - 22 可以看到，英国可再生能源的消费量从 1990 年的 7.79 太瓦时增加为 2017 年的 102.2 太瓦时，呈现不断上升，发展迅速的特点。1990 ~ 2003 年消费量变化不明显，2004 年后增长迅速，这与图 8 - 19 中可再生能源所占比例的变化趋势是一致的。

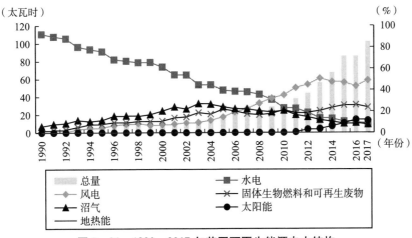

图 8 - 21 1990 ~ 2017 年英国可再生能源电力结构

资料来源：欧盟数据。

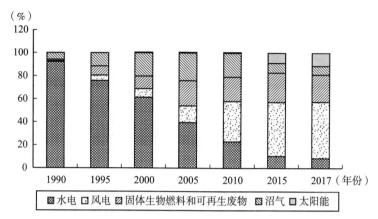

图 8－22　1990～2017 年英国可再生电力消费结构趋势

资料来源：欧盟数据。

在可再生能源的变化趋势中，能源结构多样化，打破单一能源类型。1990 年，水电是可再生能源的主要代表，占比可达 92%，其他能源占比少于 1%；2017 年各能源占比比较均衡，有五大主要能源类型，最高不超过 50%，最低不少于 5%。

在可再生能源类型中，水电变化趋势最明显，呈直线下降。1990 年水电是电力的最主要的来源，占比达到 92%，1990～2017 年水电比例呈直线下降，截至 2017 年仅占 8.61%，不再是可再生能源的典型代表，虽然水电的比例在下降，但是水电的发电量一直在增加，从 1990 年发电量 7.19 太瓦时，增加为 2017 年发电量 8.80 太瓦时。通过图 8－20 还可以看出，每五年的降低幅度大约为 17%，平均每年降低 3.4%。2000～2005 年下降幅度最大，下降了 21.91%，这与能源转型的财政政策是分不开的。

风电比例快速上升，占据可再生能源的"半壁江山"。1990 年风电比例几乎为零，风电的利用尚未得到开发。1995 年起，加大对风能的开发利用，风电发电量迅速增加，2017 年风电发电量达到 50 太瓦时，占比 48.93%。2005～2013 年是风电发展的黄金时期，这段时间，风力发电量由 7.85 太瓦时增加为 9.04 太瓦时，占比从 21.84% 增加到 25.56%。2013 年是风电发电量最多，占比最大的年份，此后风电发电量略有下降，

2017 年又重新攀升到 24%，未来发展趋势良好。

沼气发电量持续增加，占比先升后降。沼气在英国的发展经历了两个阶段，1990～2003 年，沼气发电比例不断增加，由 1990 年的 0.04%，上升为 2003 年的 24%；2003 年之后，沼气发电比例不断下降，2017 年仅占 7.56%。但是沼气发电量却一直在持续增加，从 1990 年的 0.46 太瓦时，增加到 2017 年的 7.72 太瓦时，增加了 16 倍。

太阳能起步晚，发展迅速。据欧盟数据，直到 2005 年才有太阳能发电数据的记载，2005 年太阳能发电仅为 0.01 太瓦时，占比几乎为零，2005～2011 年一直维持每年 0.01 太瓦时的发电量不变，2011 年后，太阳能发电量迅速增加，仅 6 年已达到年发电量 11.52 太瓦时，占比从零增加为 8.61%，并有持续增长的良好态势。

固体生物燃料比例先增后平，保持稳定。1990 年固体生物燃料的发电量仅为 0.14 太瓦时，占比几乎为零，1990～2005 年，固体生物燃料迅速发展，2005 年发电量达到 4.34 太瓦时，占比 21.84%；2005 年以后占比保持稳定，维持在 24% 左右，发电量持续增加，2017 年发电量达到 24.15 太瓦时。其他能源如潮汐能、地热能等仍未得到有效开发。

(三) 英国能源最终消费的结构趋势

1. 交通和居民是能源最终消费主要部门，服务业和工业整体呈现"一升一降"趋势

初次能源消费暨能源供应量是按照燃料划分，反映了能源消费的来源。最终能源消费，即实际供给消费者的能源量，按照用途划分可分为工业、运输业、住宅业、服务业、农业渔业以及其他，反映了社会生活的能源需求。根据欧盟数据统计结果，图 8 - 23 和图 8 - 24 从不同角度反映了英国最终能源消费结构的变化趋势。

通过图 8 - 23 可知，五大产业消费比例没有大幅度变动，运输业和住宅业是能源最终消费的主力军，工业比例略有下降，服务业比重有所提升。

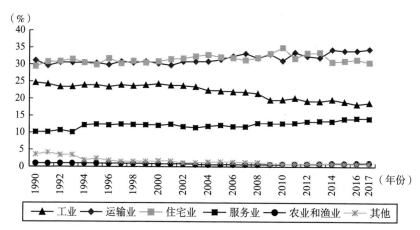

图 8 – 23　1990 ~ 2017 年英国能源最终消费结构

资料来源：欧盟数据。

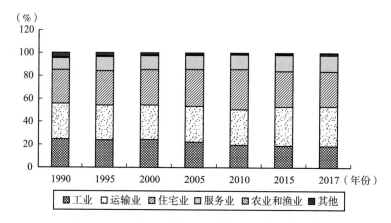

图 8 – 24　1990 ~ 2017 年英国能源最终消费结构

资料来源：欧盟数据。

运输业和住宅业总体保持稳定，出现此升彼降现象。运输业一直是最终能源消费的主力军，1990 年交通运输业消费量 39.48Mtoe，占比 31.14%，2017 年消费量 41.85Mtoe，占比 34%，2006 年后有缓慢增长趋势。住宅业和交通运输业不相上下，1990 年能源消费量 37.32Mtoe，占比 29.43%，2017 年消费量 37.08，占比 30.59%。2011 年后有缓慢下降趋势。两者共占据了能源总量的 2/3，且基本保持稳定。通过图 8 – 23，发现一个有趣的现象：在波动变化的时候，运输业和住宅业呈现此升彼降现象，例如1990～1993年的小范围变化图，2005～2017年的阶段性变化趋势中。

工业整体呈现缓慢下降趋势，服务业整体呈现缓慢上升趋势。自1990年到2016年，工业能源消费比例约下降6%，工业消费量从31.26Mtoe下降为22.75Mtoe。从图8-23的五年变化趋势柱状图中可以看出，每隔五年约下降1%。服务业整体呈现缓慢上升趋势，1990年占比10.17%，2017年占比14.11%，结合服务业可以看出，工业比重下降，服务业比重增加，英国正在逐步实现转型。农业渔业比例甚微，不到1%。综合来看，英国能源最终消费结构可以用"平稳"的特征来概括。

2. 交通运输燃料以化石燃料为主，其中公路占比最高，航空增长最快

图8-25显示了交通部门的能源消费结构，从能源消费量来看，整体处于上升态势，1990～2007年消费量不断上升，2007年达到峰值，约消费59771万吨；2017～2013年，能源消费量呈现短期递减趋势，最低为53490万吨；2013～2018年消费量又逐年攀升，2018年交通运输能源消费总量56954万吨，整体上属于波动上升趋势，区间在5000万～6000万吨。

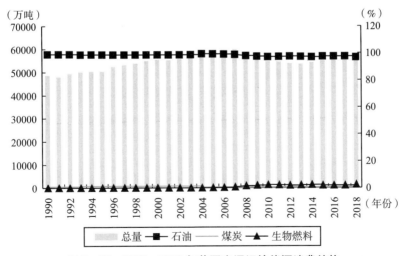

图8-25 1990～2018年英国交通运输能源消费结构

资料来源：英国终端消费——实物。

观察图 8-25 中的折线图可知，在交通运输中，石油消费占比最高，约为 98%，且该比重比较稳定，19 年来下降了 2%。其他燃料，如电力煤炭，生物燃料的比重极低，2013 年才开始拥有电力数据的记载，2005 年生物燃料才有可研究的数据，煤炭比重一直小于 1%。因此可知，英国交通运输能源的消费结构，以化石燃料为主。

图 8-26 显示了 2018 年化石燃料中铁路、公路、航空和水路的比例特征，公路是使用化石燃料最多的类型，航空对化石燃料的使用增长迅速。由图可知，公路是使用化石燃料最多的交通类型，比重高于 70%，有缓慢下降趋势。1990 年公路消耗化石燃料比重高达 81%，2018 年该比重仅为 72%。航空对化石燃料的使用是增长最快的，1990 年为 7332 万吨，占比 15%，2018 年消费量为 13466 万吨，占比 24%。铁路和水路比重均为 2% 左右，实际消费量 1000 万吨左右。

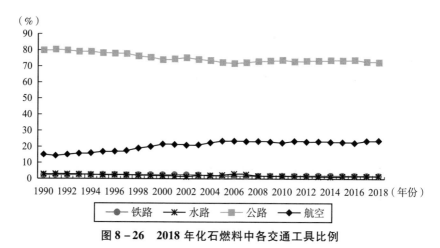

图 8-26　2018 年化石燃料中各交通工具比例

资料来源：英国终端消费——实物。

3. 汽车消费长期以化石燃料为主，新能源汽车占比较小但增长较快

图 8-27 的柱线双轴图显示了公路燃料中化石燃料和新能源燃料的比重，以及新能源燃料具体的比重。由折线图可知，1990~2004 年，化石燃料占比 100%，说明公路绝大部分使用化石燃料。2005 年开始拥有新能源燃料的数据，但占比甚微，说明目前这一阶段，英国汽车还是以石化燃料为主，新能源燃料占比较小。

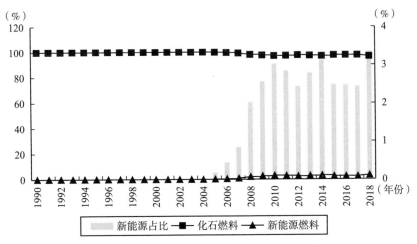

图 8 - 27　1990 ~ 2018 年英国公路中新能源汽车占比

资料来源：英国终端消费——实物。

　　柱状图详细地展示了新能源汽车的比例趋势（右轴），由此可知，2005 年新能源汽车开始出现，2005 ~ 2010 年，短短五年内增长迅速，由 0 增长到 3%，实际能源使用量由 1.62 万吨增长到 1384 万吨。2010 ~ 2018 年新能源消费量不稳定，忽高忽低，但总体仍是上升趋势，2018 年，新能源消费量达 1384，占比高达 3.5%，增长迅速。

4. 人均石油消费整体保持高位，呈现微幅下降趋势

　　能源消费是指生产和生活所消耗的能源。能源消费按人平均的占有量是衡量一个国家经济发展和人民生活水平的重要标志。人均能耗越多，国民生产总值就越大，社会也就越富裕。通过图 8 - 28 可知，英国人均石油消费经历两个阶段，1990 ~ 2005 年基本维持不变，人均石油消费在 3500 千瓦时以上。2005 年以后，人均石油消费不断下降，2015 年为人均 2763 千瓦时，这与石油生产量下降，人口增多是密不可分的。世界人均能源消费折线图显示，2003 年之前，人均能源消费维持在 63 千兆焦耳，2003 年之后人均能源消费不断上升，2015 年为 74 千兆焦耳。英国人均石油消费趋势与世界人均能源消费趋势相反。

5. 人均电力消费保持 5000 千瓦时以上，并呈现微幅先扬后抑趋势

　　随着经济的高速增长，电力越来越成为制约经济发展的瓶颈。电力供

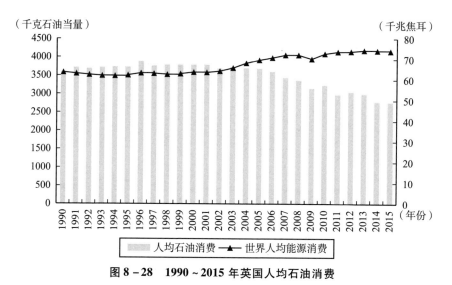

图 8 - 28 1990 ~ 2015 年英国人均石油消费

资料来源：世界银行数据。

应不足对经济增长产生严重的负面影响。由于电力在国民经济中的基础作用，电力消费与经济发展的关系一直是国际研究的重点。人均电力消费可以反映一个国家的工业化水平以及实际生活水平。根据世行数据统计出英国人均电力消费如图 8 - 29 所示，英国人均电力消费超过 5000 千瓦时，变化幅度在 5200 ~ 6200 千瓦时，总体呈现先缓慢上升再缓慢下降的格局。

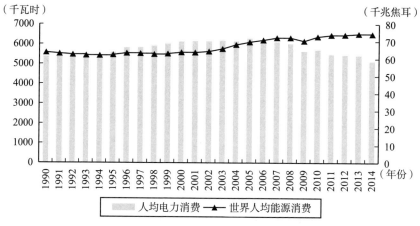

图 8 - 29 1990 ~ 2014 年英国人均电力消费

资料来源：世界银行数据。

三、英国能源结构转型的特征分析

(一) 石油天然气在英国能源结构中占据重要地位

从生产角度看，石油和天然气占比最高。2017年石油占据了生产端的41%，数量高达48.32Mtoe，排名第一。天然气的生产量为36.02Mtoe，生产比例为30%，排名第二。两者约占据能源生产端的3/4。

从初次消费结构角度分析，石油消费达71.9Mtoe，占比达到38.8%；天然气消费达到67.84Mtoe，占比36.6%。石油和天然气共占据初次能源消费的75.4%。

从最终消费结构分析，人均石油消费虽然有下降的趋势，但仍居高位。石油和天然气控制英国能源经济命脉，在能源结构中占据重要地位。

(二) 能源消费对外依存度逐步增加

英国能源生产为是自产为主，但是进口量不容小觑，能源净进口有不断上升的趋势。2017年能源进口量为140.57Mtoe，能源出口量为74.15Mtoe，能源净进口量为66.4Mtoe。净进口量占能源消费总量的35%。根据图8-23对能源结构趋势变化可知，净进口量不断增加，占比越来越大，能源对外依存度越来越高。

(三) 能源进口来源国相对集中

从能源生产现状分析，能源来源国相对集中。在原油和石油中，最大的来源地为俄罗斯，分别占比30%和52%。液化天然气最大来源国为卡塔尔和俄罗斯，两者占比62%；管道天然气的来源国为挪威，占比76%，俄罗斯排第二位占比10%。由此可以看出能源进口来源国相对集中，俄罗斯占据英国能源进口的重要地位。

(四) 能源终端部门消费结构相对稳定

在能源终端部门，英国的五大产业（交通运输业、住宅业、服务业、工业、农渔业）消费比例没有大幅度变动，运输业和住宅业是能源最终消费的主力军，两者共占据了能源总量的 2/3，且基本保持稳定。工业整体呈现缓慢下降趋势，占比 20%；服务业整体呈现缓慢上升趋势，占比 15%；农渔业发展较为缓慢，占比不到 2%，几乎没有变化。综合来看，英国能源最终消费结构可以用"平稳"的特征来概括。

（五）新能源在能源消费结构中稳步上升

在能源初次消费结构中，可再生能源产量总体上呈上升态势，2005年后得到迅速开发，截至 2017 年产量已经达到 15.63Mtoe，占能源生产总量的 13%。在可再生能源内部，水电比重下降幅度较大，风电发展迅速，占据可再生能源的 30%，成为可再生能源的重要代表。

在电力消费结构方面，可再生能源能源的消费比重自 2005 年后迅速攀升，2017 年占比 30%，其中风电和固体生物燃料占据可再生能源发电的 70%。

在汽车消费结构中，虽然汽车消费长期以化石燃料为主，新能源汽车占比较小但增长较快，已达到 4%，并有良好的增长态势。

第三节　英国能源政策与能源安全分析

一、英国的能源政策

为了更好地应对能源安全挑战，2015 年巴黎和会，包括英国在内的20 个国家创新了"创新使命"项目，承诺在未来五年将清洁能源的研究与开发投资增加一倍。

2017 年英国商业、能源与产业战略部近日宣布将投入 2800 万英镑资助新一轮的能源创新项目，涉及智慧能源系统、工业能效和海上风能领域。此次资助也是能源创新计划（2016～2021 年）的一部分，有助于实现英国政府承诺到 2021 年清洁能源创新公共投资翻番的目标，即达到年均4亿英镑。能源创新计划资助项目主要包括可再生能源创新,智慧能源系统创新,低碳工业创新,核能创新,能源企业家五个方面。[①]

(一) 温室气体减排要求

英国原是欧盟的一分子,在能源政策总体目标多与欧盟保持一致,但是考虑到国家安全和利益,在具体的能源政策上却有自己的侧重点。早在2007年3月的峰会上,欧盟成员国开始增强欧洲合作,来帮助确保能源供应的安全和多样化,增加欧盟内可再生能源和替代能源的开发和利用,并减少能源需求和消费。能源政策决策主要集中在提高能源效率,开发可再生能源和清洁燃料来源以及减少总体温室气体排放三个方面。

欧盟成员国承诺到2020年将欧盟范围内的碳排放总量与1990年的水平相比减少20%。他们还承诺在"京都议定书"后国际碳减排条约中寻求到2020年实现30%减排目标的国际协议。此外,欧盟要求到2020年欧洲能源效率提高20%,并要求到2020年欧盟20%的能源消耗来自可再生能源,10%来自生物燃料的运输燃料。2015年通过的"巴黎协定"承诺国际社会将在2050年至2100年实现碳中和。在此背景下,欧盟制定了一个具有约束力的目标,即与1990年的排放情况相比,欧盟将于2030年将温室气体(GHG)排放量减少40%,2050年将温室气体排放量减少80%至95% (The European Union's Energy Security Challenge, 2008)。

欧盟委员会主席巴罗佐(Jose Manuel Barroso)估计,实现这些目标的成本可能高达877亿美元,占欧盟成员国年度GDP总和的0.5%。全球咨询公司麦肯锡公司在2007年3月的一项研究也表明,欧盟成员国要想实现目标,需要在未来14年内投资约1.5万亿美元(1.1万亿欧元)的新技术。欧洲投资银行也在积极为新一轮推动替代能源和可再生能源的发展做准备,宣布计划从2007年至2010年将可再生能源项目提供超过10亿美元(8亿欧元)的贷款。此外,委员会还预计未来七年欧盟在碳技术方面的支出将增加50%。尽管欧盟的方法似乎主要侧重于开发新技术和

[①] 闵浩:《英国实施能源创新计划》,载《能源研究与利用》2017年第3期,第24页。

替代技术，但麦肯锡的研究表明，欧盟将更多精力集中在减少能源使用上，而不是开发和推广替代能源和可再生能源，才更具成本效益。

欧洲总发电量的 1/3 以上是燃煤发电，然而英国发电量主要依靠天然气和核能。然而欧洲多数国家则反对核电，因为核电危险并造成难以处理的废物问题。例如，德国和西班牙承诺在未来几年逐步淘汰所有核反应堆，并用燃气动力设施取而代之。考虑到这些负面影响，英国努力通过核聚变产生电力，而且核能发电几乎不排放温室气体，对于实现减排目标大大有利。

（二）可再生能源比例要求

早在 2007 年 3 月，欧盟成员国就通过了一项具有法律约束力的目标，规定到 2020 年，可再生能源将为欧洲 20% 的能源消耗提供燃料。可再生能源和生物燃料在英国消费结构和电力结构中的比例不断增加，2017 年占能源总量的 32%，并有继续增长的趋势。显而易见，英国已经率先实现了这个目标。

在 2006 年和 2007 年的美欧峰会上，双方同意加强在能源安全，气候变化和可持续发展问题上的合作。建立了促进这种合作的三种体制机制：美欧能源合作年度战略审查；美欧在气候变化，清洁能源和可持续发展方面的高层对话；以及美国——欧盟能源 CEO 论坛。

（三）电力市场改革目标[①]

（1）电力市场改革将确保投资安全，并提供可靠且低碳的多元化发电技术组合。

（2）政府的长远目标是在碳价格坚挺且稳定的情况下，建立各种低碳发电模式公平竞争的市场。考虑到目前众多低碳发电技术正处于不同的发展阶段，完成这一目标至少需要 10～15 年的时间。

（3）电力市场改革包含了实现这一长期转变的相应进程与机制。就目前的市场干预而言，电力市场改革将历经四个阶段，以完成低碳发电公

---

① 王婧：《2012 年英国能源改革法案》，华北电力大学硕士学位论文，2014 年。

平竞价的长远目标。

（4）电力市场改革目标以及能源领域的三大重点目标：确保电力的供应安全；确保可持续低碳技术的资金充裕；实现利益的最大化与成本的最小化。

二、英国的能源安全风险分析

（一）英国能源进口依存度分析

1. 能源进口依存度曲线呈现"J"形特征

进口依存度是贸易术语，原指进口贸易额占国内生产总值的比重，它反映一国国民经济活动与世界经济活动的联系程度，其越高，说明该国国民经济对世界经济的依赖程度越高。在这里我们引入能源进口依存度，我们选取能源净进口量与一次能源消费量的比值来计算，该比值越大，说明英国能源进口依赖性越强，意味着能源安全面临的风险越大。据图8-30显示，英国进口依存度经历了先变成负值，后变成正值，并且持续上升的趋势。负值意味着净进口为负值，即能源出口大于能源进口；净进口为正值意味着能源进口大于能源出口。2013年进口依存度达到峰值，约为49%，说明英国国内能源供应量的一半是依赖进口的，这对能源安全造成

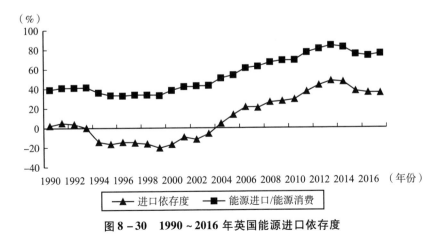

图8-30　1990~2016年英国能源进口依存度

资料来源：欧盟数据。

了较大的威胁。2013 年以后，进口依赖性逐渐降低，原因是多方面的：可再生能源供给量的增加以及能源消耗降低，减少了进口需求量；能源出口量大于能源进口量；能源消费总量增加，进口量占比相对降低等。

观察能源进口/能源消费曲线可知，该比重同样呈现"J"形，基本变化趋势相同。1999 年比重最低为 35%，2012 年比重最高为 82%，说明能源消费严重依赖进口，能源对外依存度较高。

2. 各能源领域的进口依存度多呈现先抑后扬的趋势

选取同样的方法计算各能源的进口依存度，根据图 8 – 31 可知，五大能源的进口依存度多呈现先降后升趋势，其中煤炭进口依存度始终居于各能源之首，这与英国本土煤炭能源储量低而工业煤炭消耗量大的国情是分不开的。

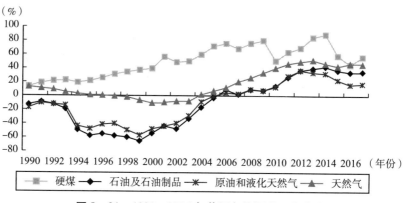

图 8 – 31　1990～2016 年英国各能源进口依存度

资料来源：欧盟数据。

硬煤进口依存度波浪式上升。在 1990～2009 年硬煤消费比重一直呈直线上升趋势，1990 年该比重仅为 13.5%，2009 年增加为 79.8%。2010 年随着天然气及石油的大量消费，硬煤比重下降幅度较为明显由 79.8% 下降为 50.5%。经过 2010 年的波谷后，2010～2014 年又呈现直线式增长，2014 年达到历史最高比重 88.8%。2014～2016 年又是小范围下降，2017 年有所回升。

天然气进口依存度位列第二，先降后升。1990～2003 年进口依存度在下降，其中 1999～2004 年天然气净进口为负值，出口量大于进口量，对外依存度低。2004 年之后对外依存度经历"爬坡式"增长，由负值变为 51.6%，对外依存度急剧上升。2014～2017 年对外依存度相对稳定。

石油和液化天然气对外依存度极其同步，先负后正。1990～2005 年石油和液化天然气的对外依存度是负值。这阶段能源消费量比较低，能源出口大于能源进口。2005 年之后，两者经历"S"形增长：2005～2010 年增长缓慢，2010～2012 年增长迅速。2013 年后，两者的对外依存度均有所下降，石油下降较为缓慢，对外依存度高，液化天然气下降较为明显，从 36.7% 变为 17.4%，对外依存度是最低的，能源安全度相对较高。

（二）英国能源消费多样性

1. 初次能源消费多样性较差，能源消费相对集中且保持稳定

本章选用能源集中度来研究初次能源的多样性，分析最大前两项能源消费占总体能源消费比例，计算能源集中度，值越大，集中度越大，多样性越差。通过图 8 - 32 可知，英国初次能源集中度有不断上升的趋势，1990 年集中度为 66%，随后呈现缓慢上升趋势，2010～2015 年出现了小幅下降，但 2016 年后能源集中度达到历史高度，这说明能源消费富有多样

图 8 - 32　1990～2018 年英国能源集中度

资料来源：BP 数据。

性，但多样性在逐渐变差。图8-33表示，在八大能源（石油、天然气、煤炭、核能、水电、光能、风能、可再生能源）中，占比最大的两大能源是天然气和石油。石油比例总体稳定，略有下降，天然气比例从1990年的20%升为2018年的35%，这也证明了集中度变大的原因。

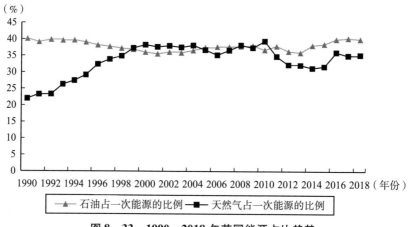

图8-33 1990~2018年英国能源占比趋势

资料来源：BP数据。

2. 电力结构呈现多样性，集中度呈现缓升后降的特征

电力产电结构共有七大来源（石油、天然气、煤炭、核能、水能、可再生能源、其他能源），选取煤炭和天然气占总体电力的消费比例作为集中度，如图8-34所示。能源集中度总体呈现先上升后下降的趋势，最高可达78%，最低为42%，多样性逐渐丰富。与初次能源消费集中度相比，电力结构的多样性略好一些。由图8-35可知，煤炭产电比例大幅下降，由65%下降至5%；与此相反，天然气产电比例大幅上升，由1.5%上升为39%。煤炭下降幅度大于天然气的上升幅度，因此总体集中度呈现下降趋势也是有据可依的。

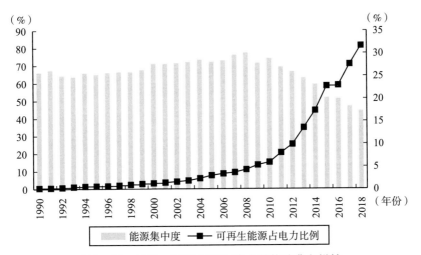

图 8 – 34　1990～2018 年英国电力结构消费多样性

资料来源：BP 数据。

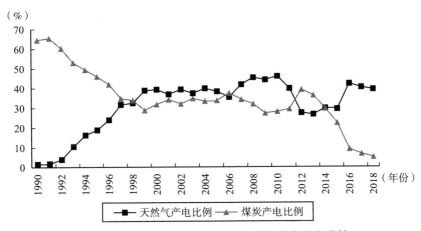

图 8 – 35　1990～2018 年英国天然气与煤炭占比趋势

资料来源：BP 数据。

3. 可再生能源发电比例稳步提升

可再生能源占电力的比例预示着摆脱化石能源依赖的可能性，该比例越高，则可能性越大。通过图 8 – 35 中可以看出，该比例不断增加，进入 21 世纪以来更是发展迅猛，按照这样的态势发展下去，摆脱化石能源依赖指日可待。

根据图 8-35 可知，1990 年天然气产电比例非常低，约为 2%，煤炭产电比例极高占 65%。1990~1998 天然气产电比例大幅上升，煤炭产电比例随之大幅下降，1998 年两者比重相等，约为 32%。1998 年后天然气产电比重超过煤炭，标志中可再生能源的发展进入新纪元。1998~2006 年天然气产电比例比较稳定，维持在 38% 左右，2006~2010 年天然气比重有小幅升跃，最高可达 46%。2010~2015 年可再生能源产电比例经历下滑期，最低达 26%。2015 年之后天然气产电比重又逐渐上升。总的来说，天然气产电比重稳步上升。

（三）英国能源使用效率分析

1. 单位 GDP 能耗呈现缓慢持续的下降，能源效率逐步提升

单位 GDP 能耗是指一定时期内一个国家（地区）每生产一个单位的国内（地区）生产总值所消耗的能源，是反映能源消费水平和节能降耗状况的主要指标，它是一次能源供应总量与国内生产总值（GDP）的比率，是一个能源利用效率指标。该指标说明一个国家经济活动中对能源的利用程度，反映经济结构和能源利用效率的变化。在图 8-36 中，英国 GDP 能耗（单位是［GAE/GDP2010］-toe/M€'10）逐年下降，从 1990 年

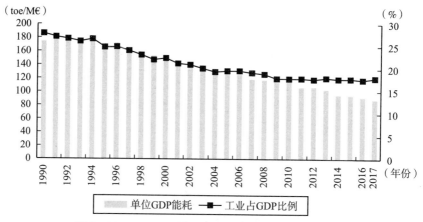

图 8-36 1990~2017 年英国 GDP 能耗与工业占比

资料来源：欧盟数据、联合国贸易和发展会议数据。

的 170 下降到 2017 年的 88 说明对能源的利用程度增加，能源利用效率提高。工业占比显示了工业总产值对 GDP 的贡献率，图 8 - 36 显示工业占比逐年下降，由 1990 年的 28% 下降为 2017 年的 18%，说明工业的贡献率在下降。

2. 人均能源消费呈现稳中微降的特征

人均 GDP 和人均能源消费都是反映人民生活水平的指标。图 8 - 37 左轴为人均 GDP 的单位，右轴为人均能源消费的单位，人均 GDP 不断上升，从 1990 年的 19048 美元增长为 2017 年的 39608 美元，在这个阶段中，2007 年最高可达 50029 美元。与之相反，人均能源消费呈现下降趋势，从 1990 年的 359 千克石油当量下降到 2015 年的 2763 千克石油当量。但是两者反映了一个共同的现象：人民生活水平不断提高，能源利用率不断提高。

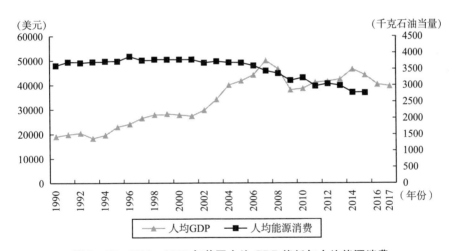

图 8 - 37　1990 ~ 2017 年英国人均 GDP 能耗与人均能源消费

资料来源：欧盟数据、贸发会数据。

3. 人均电力消费高位稳定，并趋于微幅下降

人均 GDP 和人均电力消费相对比，在人均 GDP 不断上升的同时，人均电力消费呈缓慢下降趋势，这一点与人均能源消费相一致。如图 8 - 38 所示，1990 年人均耗电量 5356 千瓦时，2014 年人均耗电量 5129 千瓦时，下降不明显。整体呈现高位稳定，并趋于微幅下降趋势。

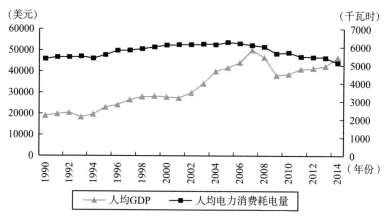

图 8 – 38　1990～2014 年英国人均 GDP 能耗与人均电力消费

资料来源：世界银行数据。

4. 初级能源消耗强度呈现直线下降趋势，能源效率稳步提升

初级能源消耗强度是指每单位国民生产总值所消耗的初级能源，用来体现能源的经济效率。如图 8 – 39 所示，英国初级能源消耗强度呈直线下降，由 1990 年的 160toe/M€'10 下降为 2017 年的 80toe/M€'10，能源效率翻倍。

图 8 – 39　1990～2017 年英国初级能源消耗强度

资料来源：欧盟数据。

第四节　英国能源结构转型的财税政策

一、石油的财税政策

英国石油公司能源展望预计：随着页岩气产量超过其预期市场份额的两倍，"页岩革命"仍将继续。技术革新和产能收益都在不断激发致密油和页岩气的巨大资源潜力，刷新了对美国油气产量持续走高的展望。[1]

石油在现代交通发展史上占有重要地位。在英国，石油提供了运输部门92%的能源[2]：几乎每一辆负责运送美国人和他们的货物的汽车、卡车、飞机和轮船。这种对石油的公然依赖造成了潜在的严重后果——英国经济和国家安全的脆弱性。虽然继续提高燃料效率将对能源安全产生积极影响，但应将优先事项转到推动在运输部门最大限度地排油的政策。

对购买轻型先进燃料汽车的激励措施进行改革。委员会建议取消目前税收抵免的所有数量限制，从2021年开始逐步取消，到2023年完全到期。这些修订后的税收优惠也应开始逐步取消，建议的汽车零售价为4万美元，并以5.5万美元结束。[3] 此外，理事会建议将信贷的适用范围扩大到主要使用先进燃料的所有车辆。

支持为先进燃料汽车制定非货币激励措施。为车主提供额外便利的激励措施已被证明是影响汽车购买决策的一个主要因素。这些措施可能包括免费或低成本进入高入住率的车辆和收费车道、工作场所充电或加油、建设充电式停车场和停车场、车辆排放、免检、免费停车。

增加与先进生物燃料相关的研发资金。先进生物燃料在短期内是唯一替代以石油为基础的航空燃料的唯一选择，鉴于航空业的预期增长以及石

---

[1]　何颖婷：《英国石油公司能源展望：页岩革命继续前行》，载《天然气勘探与开发》2017年第1期，第112页。

[2]　International Energy Agency（IEA），Medium Term Oil Market Report（MTOMR）2016.

[3]　Navigant Consulting，Oil and Gas Market Notes：2016 State of Play，March 2016，at 1.

油及其衍生品价格的持续波动，这一点尤其令人担忧。然而，实现成本平等仍然是一个挑战。英国政府尤其应该为加速发展先进生物燃料提供更多支持，确定从非粮食作物原料中部署碳氢化合物替代品的低成本途径。

鼓励各国削减石油补贴项目。[①] 补贴被许多国家广泛而低效地用于福利支出项目，长期以来扭曲了石油市场。最值得注意的是，他们导致过度的石油消费，增加了价格上涨的压力，加剧了市场紧张时期。但在某些方面，通过限制国内可收取的价格，它们也在一定程度上阻碍了在自由市场条件下可能成本更高的资源的投资。即使不考虑过度消费带来的外部成本，2014 年全球在石油补贴上的支出为 2670 亿美元。这些补贴预计将使油价上涨 6% 平均水平。

二、电力脱碳的财税政策

（一）实施电力脱碳的原因

2015 年通过的"巴黎协定"承诺国际社会将在 2050～2100 年实现碳中和。在此背景下，欧盟制定了一个具有约束力的目标，即与 1990 年的排放情况相比，欧盟将于 2030 年将温室气体（GHG）排放量减少 40%，2050 年将温室气体排放量减少 80%～95%。但现在的脱碳重点必须转向交通运输和建筑脱碳，这将占整个欧盟相关温室气体排放量的 60% 左右。在能源转型的重大任务中，从现在到 2040 年，电力脱碳和电气化的发展将成为最大的减排目标。能源转型委员会认为，到 2040 年非连续性可再生能源可以达到全球电力结构的 45%，其他零碳能源约占 35%，而其余的 20% 是化石燃料。为了实现 2050 年的政治目标，欧盟委员会的《2050年能源路线图》建议完全消除电力中的碳排放，同时实现交通和供暖日益电气化。具体原因如下：

（1）政治吸引力。一方面，二氧化碳的排放很大一部分集中在相对较少的发电厂，这使得政府相对容易确定和减少电力部门的排放，从而减

---

① International Monetary Fund（IMF）Middle East Regional Economic Outlook 2015.

少管理碳税的成本。另一方面，技术成本下降和竞争机制（如拍卖）的使用，降低了可再生能源和电池的成本从而削弱了政治上对电力脱碳的反对。除此之外，大多数政府现在都将可再生能源发电和交通电气化视为一种有吸引力的选择，因为这不仅可以创造就业机会、开发全球市场新业务还可以改善空气质量和健康，带来良好的协同效益。

（2）经济可行性。在能源市场中，能源运输网络是脱碳经济的关键。现有的电力网络允许通过可再生能源替代化石燃料发电来实现电力的脱碳，同时支持非连续性的风能和太阳能发电。这些相同的电力网络可以用来（和开发）为供热和运输供电。此外，现有的电力网络允许模块化的电气化方法。但是，为了适应可再生能源，特别是在低电压水平下，需要对电网进行投资。

（二）电力脱碳面临的挑战

英国是一个以天然气为供热的主要能源的国家，将电气化作为供热脱碳战略会面临很大的成本和限制。在英国，天然气是供暖的主要燃料，如果完全使用通电供暖，那么本来完善的配气系统将完全瘫痪。使用生物燃料加热是另一种选择，但目前它仅占英国能源供应的 3%，并且在其可持续性以及其对环境的影响方面严重问题。电气化面临的挑战是，天然气需求峰值（主要是热需求峰值的反映）明显高于电力需求峰值，并且电气化在一年中的变化更大。使用热泵和提高能源效率将减少电力系统的压力，但压力和额外费用将是巨大的。相比之下，储存天然气非常便宜。电池的存储成本约为 200 美元/千瓦时（可能会降到 100 美元/千瓦时），而天然气的存储成本约为 30 美分/千瓦时。

（三）电力脱碳财政政策

英国天然气公司最近将其标准电价上调了 12.5%，主要原因是公共政策成本不断上升，这与财政政策可能阻碍电气化的观点相符。碳减排的财政负担目前几乎完全由电力消费者通过税纳税来承担，纽伯里（Newbery）建议英国将对可再生能源的财政支持转移到政府预算中，通过提高增值税（目前电力和天然气的增值税为5%，而标准增值税为20%）来收回；另一种选择是，政府通过对所有能源（不仅仅是电力）的销售征税来回收对可再生能源的财政支持。尽管英国财政部还没有采纳这一建议，但它最近推出了财政改革——对安装了存储系统、同时安装了新的太阳能光伏系统的家庭的电池存储征收5%的增值税（从20%降至5%）。虽然这个增值税税率是扭曲的，实际上应该将所有能源的增值税税率提高到20%的标准增值税税率，但这里要强调的一点是，财政改革正在为替代性低碳能源的发展创造公平的竞争环境。

财政政策正在将电力置于一个不利地位，并可能通过交通运输和建筑电气化阻碍脱碳进程，从而是实现减排目标的成本增加。政府应该消除这一财政障碍，为此提出的建议包括扩大征税以支持可再生能源。例如，将这些成本转嫁给政府预算，通过增值税或其他方式收回。然而，即使这个财政扭曲被消除，电气化也只是脱碳终端市场的选择之一并且电气化可能比其他选择的成本更高，尤其是在天然气普及率较高的国家和一些行业市场，比如海上运输，电力就可能不是最低成本的解决方案。为了鼓励替代性低碳技术之间的竞争，财政政策改革应在有助于各个清洁能源转型的选项方面保持中立。

许多专家和国际组织建议进行税制改革，以便使财政政策与环境目标保持一致。这些建议通常包括强调增加国家额外收入的潜力、收取石油和天然气出口商的租金、为提高能源效率提供更有力的激励，并使污染者支付其排放的社会成本。

财政政策的目标应该是增加政府支出所需的收入，同时尽量减少对生产过程的扭曲。财政政策应该使低碳电力和其他低碳能源选择之间的有效竞争成为可能。实现这一目标的最佳途径是使财政政策保持"技术中立"，并允许价格信号和市场推动创新和高效（成本最低）脱碳。因此，采取差价合约下的上网电价补贴政策——对低碳发电领域，如可再生能源，核能以及拥有碳捕获与封存技术的工厂进行投资，长期合约为投资人带来稳定的收益。

从理论上讲，碳价是解决整个经济脱碳问题的合适财政政策。经济范围内的碳价/碳税是技术中立的，应该鼓励有效的脱碳。通过对碳排放量进行定价，碳底价将提供长期确定的碳成本。在 2011 年，通过《财政法案》立法制定了碳底价。2013 年将把碳底价定为每吨二氧化碳排放量大约需要交纳 15.70 英镑，到 2020 年升至每吨二氧化碳排放量需要交纳 30 英镑，而到 2030 年则会升至每吨二氧化碳排放量需要交纳 70 英镑。

政府将继续掌控政策的实行方式，并拥有决策权；比如在政府定价时期由差价合约拉低价格，在定价竞争中采取电容量竞拍的方式；还负责电力供应目标的所有安全性问题，以及电电容量市场所限定的电容量额度。

三、可再生能源财税政策

（一）可再生能源发展背景

2014 年，可再生能源取得了许多关键的里程碑和发展：全球可再生能源投资增长 17%[①]，是 2011 年以来的首次增长；可再生能源占全球新增发电量的 48%；可再生能源占全球发电量的 9.1%（不包括水力发电）。

发电是大多数可再生能源政策的重点。上网电价补贴政策（FITs）和可再生能源组合标准（RPS）是最常用的政策激励机制。对于可再生激励或抑制，财政激励措施仍然是最广泛使用的政策支持形式，但还有其他政策工具，如太阳能可再生热能。尽管其他传输方式也受到关注，但是与传输有关的政策目前主要集中在生物燃料和公路运输部门。城市通过制定和实现雄心勃勃的目标继续引领可再生能源发展，这些目标反过来又影响了国家政策。到 2015 年初，一些国家实现了 100% 的可再生能源（或电力）目标，但绝大多数国家都在城市/地方层面实施的。通过依靠规则和当地分配系统强制采取节能措施，许多城市实现了其可再生能源目标。地方和国家政策制定者也支持将生物燃料和电动汽车纳入公共交通车队。

---

① 来自 21 世纪的可再生能源政策网络（REN 21）2015 可再生能源全球状况报告的统计数据；国际能源署（IEA）2015 年世界能源展望特别报告；2015 年可再生能源投资全球趋势［联合国环境规划署，彭博新能源财经（UNEP, Bloomberg New Energy Financve）］；彭博新能源展望2015（Bloomberg New Energy Outlook）。

可再生能源最大的单项举措是太阳能电池板项目，主要由中国和日本开发。风力涡轮机发电代表了可再生能源的另一个主要发展领域，德国，英国和荷兰的风电投资超过50亿美元，其中大部分用于海上设施。

可再生能源面临的挑战包括政策的不确定性，拍卖趋势以及发达国家减少上网电价补贴（FITs）和绿色证书，补贴的追溯变化以及扩大配电系统和将可再生能源系统与现有电网相结合的需求。此外，尽管迄今为止政策制定或投资方面尚未发生重大变化，但2015年原油价格的快速下跌以及北美天然气价格的持续低位可能会对可再生能源的采用率产生影响。事实上，在石油和天然气价格处于历史低位期间，可再生能源的持续增长的部分原因可以解释政策成功的实施能够使可再生能源市场与化石燃料市场脱钩。

更复杂电力存储和输送系统的开发对于可再生能源将变得越来越重要，并且需要更高投资额。随着全球中产阶级的不断扩大，能源消费将以家电，冷却和供暖系统以及运输带动的更高峰时期的需求为主。然而，太阳能和风能等可再生能源是可变能源，取决于太阳照射和风吹的强度。为了将这些可再生能源纳入他们的传统能源结构，公用事业公司需要继续开发电池存储系统，智能计量系统，需求响应解决方案系统以及其他创新系统，以提高能源效率的同时帮助匹配波动的供需。

（二）英国对可再生能源的生产投资

自2014年底，可再生能源行业的投资活动取得了重大转变。发展中经济体的可再生能源投资增长了36%，几乎达到了发达经济体的投资总额，而后者的增长率仅为3%。虽然中国，美国，日本，英国和德国仍然是可再生能源投资的领导者，但2014年投资活动继续扩展到新市场。巴西（76亿美元），印度（74亿美元）和南非（5.5美元）都在投资国家中排名前10位。在降低的成本和政策支持的激励下，太阳能和风能继续在可再生能源行业中占据主导地位。2014年，这两个部门占全球可再生能源和燃料投资的 92%，而生物质和废物转化为能源仅占投资的 3%。①

2014 年，英国是欧洲最大的可再生能源单一投资国，尽管其贡献额仅比去年增加 1%，为 139 亿美元②。风能吸引了 80 亿美元，而太阳能则为 27 亿美元。近海项目占风电投资的 86%。最大的"最终投资决策"是产能 402MW 的 Dudgeon 工厂（26 亿美元）和 389MW 的西部的 Duddon Sands 风电场（21 亿美元）。英国最大的陆上风电项目也是该国最大的可再生能源公共市场投资——通过二级股票配售 Greencoat UK Wind 基金筹集了 2 亿美元。英国也是少数几个能够吸引任何海洋能源投资的国家之一，海洋能源投资额为 1.23 亿美元。略微超过这一数量的 2/3 资助了 86MW 的 MeyGen 公司潮汐流（Inner Sound tidal stream）项目的第一阶段，预计将成为世界上最大的潮汐能项目。根据英国可再生能源义务（RO）激励措施，在第一轮新的差价合约支撑的可再生能源拍卖计划中，中标公司估计支付低于其所的报酬 10% 的费用。2015 年 2 月下旬公布的结果也显示，海上风电的竞价要比 RO 的价格还要低 14% 至 18%。

（三）气候变化税（CCL）和碳排放交易

1. 气候变化税（CCL）

CCL 是针对英国天然气和电力的非国内用户的特定能源税。截至 2015 年 4 月 1 日，气候变化税由 0.00554 英镑/千瓦时增至 0.00559 英镑/千瓦时。

大多数由可再生能源产生的电力都不受气候变化税限制。对于每兆瓦时的发电量，向可再生能源发电商颁发免税证书（LEC）。LEC 与电力一起转让，电力供应商可以使用它来豁免气候变化税，因此，与可再生能源义务证书（ROC）一样，都具有可以实现可再生能源发电的价值。该价值就是发电时电力的气候变化税率。HMRC 要求申请豁免必须满足许多条件，仅 LEC 不足以豁免气候变化税。然而，在 2015 年 7 月，政府宣布，可再生能源发电的气候变化税豁免将不再适用。

---

① ② 《2015 年全球可再生能源投资趋势》（*Global Trends in Renewable Energy Investments* 2015）。

2015 年 8 月 1 日或之后产生的电力。根据目前需要协商的过渡性安排，可以继续赎回 2015 年 8 月 1 日之前产生的电力的免税证书。

（1）碳价格下限：碳价格下限（CPF）对用于发电的化石燃料征税，因此对不受碳价格下限约束的可再生发电商来说，这是一种成本优势。2015 年 4 月 1 日公布的费率为：

（2）上网电价（小规模发电）：上网电价可用于私人/商业用户生产的小规模低碳电力（最大容量 5 兆瓦时），可提供每千瓦时最高 0.1366 英镑的补贴（取决于可再生能源的规模和类型）；同时承诺出售电力给英国电网时额外补贴 0.0485 英镑/千瓦时。通常这种补贴持续 20 年。

（3）可再生热能激励（RHI）：两种计划旨在为可再生热能发电提供长期补贴支持：一是国内 RHI，适用于国内 2015 年 7 月 1 日和 2015 年 8 月 30 日可获得每千瓦时 7.0714 英镑至 1.1951 英镑之间的补贴额，取决于产生可再生热能的技术。任何之前收到的公共补助金，包括可再生热保费支付（RHPP），将被扣除，以避免双重补贴。二是非国内 RHI，向符合条件的非国内可再生热发电厂商和生物甲烷生产商提供 20 年的补贴。补贴支付取决于生产可再生热能的技术和工厂的规模，对于 2015 年 7 月 1 日或之后的认证日期进行的安装，补贴范围为每千瓦时 0.0156 英镑和每千瓦时 0.11016 英镑。

2. 欧盟排放交易计划的豁免

根据欧盟排放交易计划的规定，可再生能源发电厂商可以免除购买碳排放配额。对于符合资本津贴制度条件的资本支出，在以下类别之一下可享受税收减免：

（1）研究和开发津贴（RDA）——第一年津贴补贴用于符合资本性质的研究和开发（R&D）支出的 100%。

（2）增强的资本补贴（ECAs）——对节能和节水技术开发的第一年 100% 补贴。如果公司亏损，该实体可获得相当于其放弃的亏损的 19% 的现金税收抵免，具体须受到特定限制。但是，对于通过发电、供热或生产沼气或生物燃料的装置的支出，以及吸引上网电价补贴（小规模发电）或可再生热能激励（RHI）补贴，ECAs 显然不可用。

（3）主要费率——用于符合条件的厂房和装置税收减免18%。

（4）特殊费率——税收减免8%。通常在这类资产包括建筑物和长寿命资产的某些整体特征（25年或更长的有效经济寿命）。

如果一方向第三方（即网络提供商、国家电网）补贴，但不一定拥有或经营资产，则也可享受资本补贴。这是根据资本津贴制度的一个单独部分处理的，即供款津贴。作为鼓励工厂和机械投资的一种方式，英国税务局（HMRC）引入了年度投资津贴（AIA），该津贴为一定数量的合格资本的提供第一年支出100%的补贴。2014年4月1日至2015年12月31日期间，AIA的补贴为50万英镑/年。截至2016年1月1日，该补贴将降至20万英镑/年。

（四）可再生能源税收减免/激励

（1）土地整治救济：公司发生支出（资本或收入）的情况。在修复现场污染或在废弃现场开展工作时，可申请150%的强化税收减免（土地整治减免）。如果一家公司亏损，该实体可以从相当于其放弃的损失的16%的现金税收抵免中获益，但须受特定限制。

（2）研发激励措施：这些激励措施使企业能够从研发投资中获得额外的收益。中小企业（2015年4月1日之前为225%）可享受230%的增税减免，用于符合条件的项目的收入支出，这些项目旨在通过解决科学或技术上的不确定性而取得进步。如果支出是资本性质的，则可以申请研究和开发津贴（RDA）。对于亏损的中小企业，14.5%的税收抵免可以通过放弃"研发损失"来申请。大公司可以申请研发支出抵免（RDEC），该抵免提供11%的应纳税款项，能够计入营业利润（2015年4月1日前为10%）。RDEC转化为8.8%的税后有效收益，用于符合条件的收入支出，收益可用于盈利和亏损公司。（在2016年3月31日之前，大型公司也可享受旧的130%超额扣除制度。）

（3）专利箱：专利箱制度使公司能够对专利发明和某些其他创新产生的利润申请10%的较低公司税税率，从2013年4月1日起分5年分阶段实施。公司必须拥有或独家占有这些专利，并且必须对它们进行符合条件的开发，以符合较低的税率的条件。（其他形式的知识产权保护也可能符合条件。）自 2016 年 7 月 1 日起，将推出一项新制度，由申请公司的创新份额来获得的利益。新制定的具体细节尚未最终确定，但预计将在 2015 年秋季的声明中宣布。预计将有一个有限的窗口来获取现有体制下的福利，一旦进入现有体制，福利授予将持续到 2021 年 6 月 30 日。

四、生物燃料的财政政策

真正的温室气体减排应该通过减少英国的能源消耗，通过终止所有对环境有害的补贴，以及通过专注于真正的低碳和可持续可再生能源的能源补贴和相关支持来实现。可再生能源补贴大量推动大规模生物质电力和垃圾焚烧，这两者都与高二氧化碳排放和显著的空气排放有关，这些都会加剧当地的空气污染。需要在运输系统中实现真正的碳减排，而不是强制要求将生物燃料与公路运输燃料混合。这应该主要通过减少对私人汽车使用的依赖的政策来实现，包括通过更多地支持公共交通，步行和骑自行车。因此，英国应该暂停新的焚烧能力（包括气化和热解），而不是补贴废物焚烧，并依据英国 70% 的回收目标，大大提高回收率。

（一）英国生物质和垃圾焚烧发电的背景

目前的可再生能源补贴严重偏向于生物能源，在英国超过 70% 的可再生能源目前来自生物质（包括废物），这一比例将持续增加。然而越来越多的科学研究表明，与煤和其他化石燃料发电相比，生物质发电可以产生更多的二氧化碳排放，燃烧生物质的发电站排放的二氧化碳（每单位能源）比燃烧煤的多出 50%。

垃圾焚烧会对气候造成的不利影响（包括气化和热解），据统计，通过垃圾焚烧产生的能量是碳强度的两倍（即每单位电力的二氧化碳排放量）。此外，基于木材的生物能源对森林的威胁日益增加。例如，英国对发电站木质颗粒的需求不断增长，对美国南部和加拿大的森林构成了特别的威胁，美国南部的大部分松树种植园是以牺牲天然林为代价建立的，因此加大对松木的需求也会造成更多的森林破坏。

生物质电和垃圾焚烧会产生有毒气体。生物质发电厂和垃圾焚烧炉是空气污染物的重要来源，包括局部的 NO_2 和细颗粒。后者包括非常值得关注的纳米粒子，因为它们可以通过肺部进入身体，引起内部炎症并渗透到器官（甚至是孕妇肚里的胎儿）。

生物质电力和垃圾焚烧会对经济产生不利影响。与其产生的就业相比，生物质电力和垃圾焚烧需要高水平的资本投资。根据可再生能源义务提供的数百万美元补贴，但通常只创造 40 个直接全职工作。这意味着单个工作的成本为 120 万英镑。如果将这些补贴重新定向为家庭保温或安装太阳能电池板，就可以创造更多的就业机会。垃圾焚烧（包括气化和热解）抑制了回收利用，从而抑制了通过提高回收率而产生的作业。

（二）应撤销的补贴和支持措施

（1）支持将生物质和废物焚烧排除在可再生电力补贴之外，即可再生能源义务和差价合同之外。

（2）支持废物厌氧消化（沼气），但认为沼气补贴必须仅限于真正残留的废弃物原料，而不是玉米等专用作物的沼气。

将食物垃圾等废物转化为沼气，而不是填埋或焚烧，可以减少温室气体排放，从而产生低碳能源。因此，使用厌氧消化来处理真正残留的食物垃圾将值得支持。然而，德国的经验表明，对所有类型的沼气进行全面补贴，无论其原料如何，都鼓励使用专用作物而不是废物，否则将导致大面积土地的转换，不利于粮食的生产。目前在英国，已批准建立越来越多的沼气厂，它们将依赖于玉米而不是废物进行工作。

（3）生物质电力，生物液体，运输生物燃料和废物焚烧（包括高级转换）应排除在公共贷款担保和绿色投资银行的职权范围之外。

《生物多样性公约》（包括英国）的成员国一致同意提高生物多样性目标，除其他措施外，该目标要求："到 2020 年，最迟取消对生物多样性有害的奖励措施，包括补贴，逐步淘汰或改革，以尽量减少或避免负面影响，并考虑到国家社会经济条件，制定和实施与'公约'和其他相关国际义务相一致的积极奖励措施，以保护和可持续利用生物多样性。"终止对生物燃料，生物质电力和废物焚烧（包括气化和热解）的有害补贴将释放大量资金，用于支持真正的低碳和可持续措施，包括家庭保温，真正的低碳可再生能源，废物最小化和回收。

（4）应将生物燃料的可再生运输燃料义务混合配额设定为零，在任何情况下都不应立法进一步增加。

在任何情况下都不得增加对欧洲运输生物燃料的需求，生物燃料是推动全球油棕榈、甘蔗和大豆等单一栽培的主要动力。即使是英国使用废弃物生物燃料也是不可持续的，因为它的进口严重依赖那些使用棕榈油生产生物燃料的国家。

第三篇

专题研究

第九章

我国油气对外依存度合理
区间的理论与实证

第一节　引　言

近年来，我国油气对外依存度不断攀升，2018 年原油对外依存度超过 70%，原油进口增长迅速，呈现一定的周期性；季节和外部因素作用甚微，刚需严重，风险较大；原油进口规模持续增长，2025 年季度进口量接近年产量；按照当前进口趋势，假定进口和产量全部用于消费，原油进口依存度到 2025 年高达 78.86%。

2018 年天然气对外依存度达到 43%，进口增长趋势明显，长期看处于下降周期但短期力度甚微；季节性因素影响较大，液化天然气（LNG）进口的季节波动大于管道天然气（PIPE）进口波动；天然气偶然冲击效应较大，PIPE 的偶然冲击大于 LNG；天然气进口规模增长迅速，按照当前进口趋势，假定进口和生产全部用于消费，2025 年进口达到 3000 亿方，进口依存度呈对数增长特征，2022 年将超过 50%。

本章运用基于卡尔曼滤波的 UEDT 模型研究发现：经济规模扩大提高了石油消费，同时，经济质量和经济结构变化将降低石油消费；石油价格与需求之间是反向关系，但油价对国内需求的影响很小，统计上也不显著，说明国内石油消费存在较大的价格刚性，经济学可解释为国际石油价格还没有高到会影响消费者决策的水平，现实中也表明国际油价对国内消费的传导机制缺乏灵敏性。技术进步对石油消费的水平影响趋势非常明显，整体呈现下降的趋势，技术进步、能源结构调整、油气替代技术等不可观测的因素对石油消费的反向影响越来越大。

本章根据石油需求曲线和供给曲线，从理论和实践上研究了石油依存度的四种依存度曲线：警戒下限、均衡线、常规线（或趋势线）、警戒上限，并将油气对外依存度的合理区间分为两种：宽松型合理区间和严格型合理区间。其中严格型合理区间，介于均衡线与警戒上限，为最佳合理区间，2025 年最佳合理区间约为 74% ~ 79%。该区间具有很大的现实指导意义，这是因为当低于均衡线时，进口和生产将无法满足消费需求，需要动用库存；当高于该区间进口形成的库存将超过预期目标，因此，最佳合理区间应引起决策部门重点关注。

本章实证研究发现，宽松型合理区间呈现双向喇叭口形状，在 2005 年和 2015 年之间，宽松型合理区间较窄，石油进口规模的弹性较小，2015 年之后，逐渐扩大。严格型合理区间实证表明，实际的石油依存度曲线在 2000 年到 2016 年之间，长期低于均衡线；直到 2016 年以后，才开始高于均衡线，进口量在满足国内需求的同时，会增加库存。本书预测到 2021 年对外依存度将超过 75%，到 2025 年左右对外依存度将在 76.7% 左右趋于稳定。

为分析未来我国油气依存度的变化特征，本章对未来我国经济形势作出如下情景模拟：三种经济情景、三种原油价格情景、三种技术趋势、三种产量趋势情景的模拟，以此研究油气依存度的影响因素。

研究发现，5% 的减产速度对石油对外依存度影响在 1 百分点左右，10% 的速度减产，平均影响超过 2 个百分点。高油价对油气对外依存度影响作用较小，仅减少 0.05 个百分点，相反低油价影响作用是高油价的 1 倍，平均增加 0.1 个百分点。乐观情景对石油需求增量的比例稍大于悲观经济对石油减少的比例，短期影响对外依存度在 0.5 个百分点，稍长期在上下 1 个百分点左右波动。技术进步每年提升 5%，减少对外依存度近 0.5 个百分点，提高 10%，平均每年减少 1.3 个百分点。

鉴于世界油气资源分布特征，我国油气进口呈现一定的来源聚集性。

2018 年进口 4.64 亿吨原油，占世界石油出口总量 22.63 亿吨的 20%，在进口来源国中，中东和西非地区石油进口量超过 1/3，石油供给蕴藏较大冲击，尤其是，当前中东的不确定的地缘政治局势，将对我国未来原油供给带来一定的冲击。天然气也具有来源集中的特征，管道天热气因为管道限制来源集中具有客观原因；四个国家 LNG 的进口量累计超过 80%，可见，天然气来源地比例的集中度较大，存在相对集中的风险隐患。

由于油气进口量大且相对集中，外部冲击对我国油气安全将产生影响巨大。本书文献研究表明，世界历史上 1950～2015 年总共出现 24 起石油中断供应事故，均是非市场因素，平均持续时间 8 个月，平均影响世界石油供应规模大概为总供应的 3.7%。影响规模最大的是中东战争，平均影响世界石油供应超过 6 个百分点。从世界石油输出国石油中断的概率来看，波斯湾国家的中断概率最大，中断 3 个月影响 20% 规模的概率为18%，同样冲击，西非的中断概率为 11.9%，沙特阿拉伯为 5%，俄罗斯仅为有 2.4%。来自沙特阿拉伯、波斯湾、西非等国家和地区的进口总量占我国总进口比例超过 40%，达到 1.96 亿吨，当冲击规模在 20% 左右，持续 3 个月将减少 7330 万桶，按照 2018 年我国日均消费 1260 万桶的速度，如此规模的冲击，将耗用近 6 天的石油储备量。

因此，加强战略性油气储备和商业性储备意义重大。截至 2016 年，我国战略性石油储备持有 4 亿桶石油，最终目标是 5.11 亿桶，按照 2016 年的净进口规模，约等于 77 天的进口量，但如果按照 2018 年的日均进口量，4 亿吨储备仅等于 42 天的进口量，5.11 亿吨仅等于 55 天的进口量。战略石油储备量排在世界前列的除美国、中国外，日本持有 3.24 亿桶，韩国持有 1.46 亿桶，西班牙持有 1.2 亿桶，印度持有 3910 万桶。作为最大战略储备国的美国，即使目前油气已由净进口国转变为净出口国，战略性石油储备成本也较高，并考虑继续出售战略性石油储备，但是当前美国仍然维持在 100 天左右的石油供给量。我国战略性石油储备量和国际通行的 90 天进口量的安全线和发达国家的储备总量相比，还有很大的差距。

以上研究表明，未来我国油气对外依存度仍处于增长阶段，进口规模也日益扩大，战略性库存规模相对较少，面临外部冲击的风险不容小觑，为此，本课题建议生产环节采取开源扩量、消费环节采取转型增效、进口环节采取分散多样、储备环节采取充足备灾的措施。为较好的实施上述举措，建议采取如下财税对策：

适时综合考虑财力的可行性和油气安全的紧迫性，充分论证采用奖励、补贴、支持等财政支出工具，对提升油气安全的各环节，提供专项财政支持计划，包括：储备油田的勘探、购置、运行、维护的专项支持计划。商业油气储备体系建立的扶持和支持计划。油气开采生产的新技术应用的专项支持计划（包括页岩气、页岩油、深海油田、可燃冰等勘探、开采等）。油气替代技术和替代产品的扶持计划。对战略性防御型的限产、进口、新油气进口来源拓展投资等行为实施专项补贴计划。系统化的研发支持和扶持计划，加强对勘探、开采、存储、炼油、燃油替代等技术研发的投入和奖励支持。

出台油气安全领域的税收优惠举措，包括加速折旧、税收减免、优惠税率等，对油气勘探、储备油田的运维、战略性储备和商业储备投资设备、先进油替代技术设备、石油运输工具及管道设备等实施加速折旧，特别先进的技术设备和投资实施一次性折旧，最大限度提高税收信贷支持力度。

第二节　我国油气对外依存度的趋势判断

近年来，我国油气对外依存度不断攀升，2018 年原油对外依存度超过 70%，天然气对外依存度达到 43%，越来越高的对外依存度影响能源安全。在此背景下，分析研判我国未来油气对外依存度的变化趋势，提出政策建议，确保我国能源安全，具有很大的紧迫性和必要性。

一、油气进口规模趋势预测方法

为刻画我国油气进口规模的季节波动性，本报告采用进口的月度数据处理成为季度数据进行分析。通常经济指标季度时间序列的影响因素包含

4 种变动要素：长期趋势要素（T）、循环要素（C）、季节变动要素（S）和不规则要素（I）。

长期趋势要素：代表经济时间序列长期的趋势特性。循环要素：是以数年为周期的一种周期性变动。季节要素：是每年重复出现的循环变动，以 12 个月或 4 个季度为周期的周期性影响，由温度、气候、每年中的假期和政策等因素引起。季节要素和循环要素的区别在于季节变动是固定间距（如季或月）中的自我循环，而循环要素是从一个周期变动到另一个周期，间距比较长且不固定的一种周期性波动。不规则要素：又称随机因子、残余变动或噪声，其变动无规则可循，这类因素是由偶然发生的、突然发生的、不可预料的事件引起的，如罢工、意外事故、突发自然灾害、战争、制裁、地缘纠纷、法令更改和预测误差等。

对于季度数据的预测，国际通被普遍采用的方法有 X – 12 – ARIMA、X – 12 – ARIMA 和 TRAMO/SEATS 这 3 种比较成熟的模型。TRAMO（Time Series Regression with ARIMA Noise, Missing Observation, and Outliers）/SEATS（Signal Extracting in ARIMA Time Series），TRAMO 能够对原序列进行插值，识别和修正几种不同类型的异常值（Outliers），并对工作日变化及节假日等特殊回归因素的假定为 ARIMA 过程的误差项的参数进行估计。SEATS 预测模型的理论基础是时间序列建模的信号提取理论，基于 ARIMA 模型来对时间序列中不可观测成分进行估计，使用信号提取方法对时间序列进行季节调整。

本章最终采用 TRAMO/SEATS 模型，沿着如下路径开展研究，首先将样本数据分为两部分：2017 年第四季度之前样本作为模型拟合估计使用，之后样本用作模型拟合值与实际值的验证使用，再分别使用 X – 11 – ARIMA、X – 12 – ARIMA、TRAMO/SEATS 不同方法进行实证模拟，并利用 2018 年数据作为模型验证对比，遵照模型预测拟合误差最小原则，确定最佳模型，最后发现最能体现我国油气进口特征的是 TRAMO/SEATS 模型。

本章数据来源我国海关数据，原油进口数据样本为 1993 年 1 月至 2019 年 6 月，天然气进口数据样本为 1996 年 1 月至 2019 年 6 月，并将月度数据处理成季度数据以反映油气的季节性变化，先用 TRAMO 对数据进行预处理，再用 SEATS 将我国油气进口的季度时间序列数据分解为趋势要素、循环要素、季节要素及不规则要素 4 个部分，最后根据模型估计参数，预测未来 5 年，即预测到 2025 年我国油气的进口规模。

二、我国原油对外依存度趋势判断

（一）原油进口增长迅速，呈现一定的周期性

图 9 - 1 我国原油进口趋势可见，自 1993 年以来，我国石油进口趋势呈现指数趋势，石油进口规模日常增大，在 2016 年第二季度首次突破 1 亿吨原油，并呈现持续增长态势。

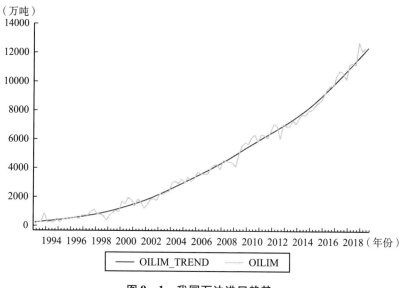

图 9 - 1　我国石油进口趋势

资料来源：笔者根据相关资料整理所得。

图 9 - 2 是我国原油进口的周期波动，从中可见，我国原油进口形成了较为明显的周期性，尤其是 1998 年以来开始形成稳定周期，自 2002 年第一季度开始，形成了 6 年一个周期的原油进口特征，2002 ~ 2008 年、

2008～2014 年显示较为明确的周期性。从图 9 - 2 中可见，目前我国原油进口处于 2002 年以来的第三个周期中的下降阶段。由于我国当前原油进口总体趋势呈现快速增长且规模很大，进入 2019 年，每个季度进口规模高达 1.2 亿吨，尽管从进口周期视角处于下降周期，但下降规模相对巨大的进口总量而言，作用效果大打折扣。

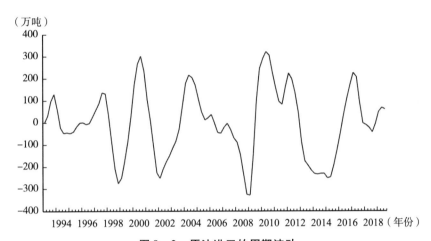

图 9 - 2　原油进口的周期波动

资料来源：笔者根据相关资料整理所得。

（二）季节和外部因素作用甚微，刚需严重风险较大

图 9 - 3 我国原油进口的季节性波动因素，从图 9 - 3 中可见，1998 年以前我有原油进口受季节性因素的影响相对较大，平均影响力度在趋势水平的 ±10％ 上下波动。从 1998 年以后，季节性因素对原油进口的影响持续缩小，影响幅度在 2 个百分点，这表明原油进口规模中季节性因素的作用日渐萎缩，虽然呈现规律的季节性，但对原油进口的总量作用甚微。

图 9 - 4 我国原油进口的不可预料的偶然因素，揭示不规则的突发事件等诱因对原油进口的影响，这些因素包括地缘政治事件、油价冲击、各类偶然事故等。从图 9 - 4 可见，2002 年以前，外部偶发因素对原油进口的具有较大的影响，尤其是 1998 年金融危机，对原油进口的最大冲击高

达 40%，但自 2002 年之后，不规则因素影响的波动曲线逐渐收敛于水平线，而且波幅非常小，这说明各类偶发因素对原油进口的影响甚微。2008年虽然也发生了金融危机，但对我国原油进口的冲击在 4% 左右，和 1998年金融危机的冲击不可同日而语。更为明显的是自 2013 年至 2016 年以来，波动曲线近乎无波幅，偶发因素几乎没有产生影响。但 2017 年以来，偶然因素作用出现幅度较小的影响，2018 年第四季度有一个正向的幅度微大的冲击，但总体来看冲击力度相当微弱。

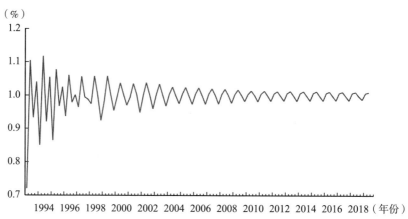

图 9 - 3　原油进口的季节波动率

资料来源：笔者根据相关资料整理所得。

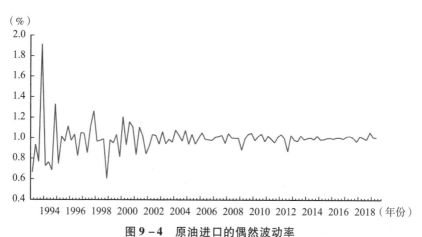

图 9 - 4　原油进口的偶然波动率

资料来源：笔者根据相关资料整理所得。

由此可见，近 20 年来，季节性和偶然因素对我国原油进口的影响趋弱，这表明原油的进口规模不受季节和偶发因素的影响，原油进口刚需严重，不会因为季节性因素和各类外部冲击而产生波动，不会因为外部因素的扰动自发调整需求规模，进口规模增长持续且稳定，这从另一侧面表明，过于严重的进口刚需，当面临外部原油供给的巨大冲击时，也容易导致巨大风险。

（三）原油进口规模持续增长，2025 年季度进口量接近年产量

图 9 - 5 利用 TRAMO/SEATS 方法通过对原油进口的时间序列特征的信号提取，预测的未来我国原油进口的规模。图 9 - 5 显示，进口原油的季度规模呈现波动性持续增长趋势，预测曲线的增长趋势特征与历史数据的增长趋势特征具有较好的拟合性。图 9 - 6 显示了 2018 ~ 2025 年的季度原油进口数据，其中从 2019 年第三季度开始为预测数据。从具体数值来看，季度增长幅度相对平稳且持续增长，在 2022 年第二季度达到 1.5 亿吨，到 2025 年第四季度高达 1.87 亿吨，接近当前我国每年原油的产量。

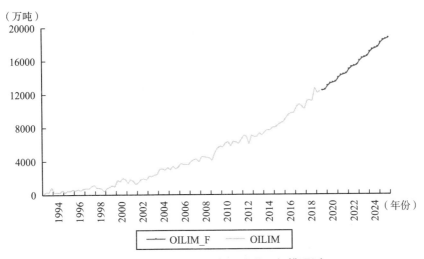

图 9 - 5　2020 ~ 2025 年原油进口规模预测

资料来源：笔者根据相关资料整理所得。

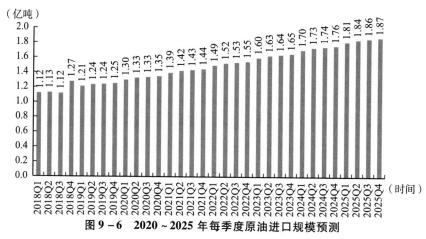

图 9 - 6　2020 ~ 2025 年每季度原油进口规模预测

资料来源：笔者根据相关资料整理所得。

（四）原油进口依存度持续趋高，2025 年高达 78.85%

目前，我国原油没有出现勘探出较大的油田，现有油田的石油储备量可供开采的年限为不到 20 年。当前，生产量基本实行发改委计划核准量，近两年维持在 1.9 亿吨左右，为此，本章假定未来 5 年的年原油产量在当前 1.89 亿吨的规模上，增加一个随机扰动因素，拟合出 2025 年之前的产量，如图 9 - 7 所示。

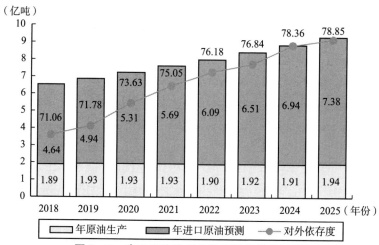

图 9 - 7　我国原油进口依存度增长趋势预测

资料来源：笔者根据相关资料整理所得。

原油进口依存度通常为原油净进口量/原油消费量。一个地区的原油供给量主要包含生产量和净进口量两部分，一个地区的原油消费量一般等于原油供应量和库存变动量，本章假定未来我国原油出口量和库存变化量保持不变，因此，原油进口依存度间接等于原油进口量/原油供应量（进口量＋生产量），即本章原油进口依存度的计算为进口规模除以进口量与生产量之和。利用前文预测的季度数据折算成年度数据，经计算我国未来进口依存度的趋势图9－7中的折线所示。

图9－7表明，2018年原油对外依存度超过70%，在保持现有内部经济条件下和外部条件下，石油产量维持当前水平，进口和生产全部用于消费，在这种情况下，按照现在的石油进口趋势规律，原油对外依存度随后保持稳步增长态势，到2021年将超过75%，2025年高78.86%，届时原油消费高达9.32亿吨，进口规模达到7.38亿吨。

三、我国天然气对外依存度趋势判断

（一）进口增长趋势明显，处于下降长期周期但短期作用甚微

图9－8是我国天然气进口的趋势，从中可见，我国天然气进口趋势呈现阶段性特征，2010年之前进口规模很小，2010～2015年出现一个阶段性的线性增长态势，2015年第二季度出现了趋势下降，自2016年后，天然气进口呈现了快速的指数函数特征的增长趋势。在2010～2016年之间，管道天然气（PIPE）进口大于液化天然气（LNG）的进口，进入2017年后，液化天然气增长迅速超过管道天然气的进口，在2018年第四季度，液化天然气进口达到历史峰值。

从周期性波动来看，天然气的进口周期性不如原油进口周期性那么明显。图9－9和图9－10分别揭示了我国液化天然气进口周期波动和管道天然气进口周期波动。图9－9显示，液化天然气初步露出一个较长时间跨度的周期性，从2009年到2015年近6年的跨度形成一个周期，第二个周期还未形成，图形趋势初步判断，当前处于下降周期中。图9－10天然气的管道天然气进口周期也仅仅呈现一个周期，从2010年到2016年也是

近6年的跨度形成了一个周期，第二个周期在形成中，图形趋势初步判断，当前也处于周期的下行阶段。

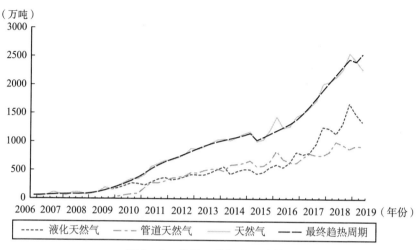

图 9 – 8　我国天然气进口趋势

资料来源：笔者根据相关资料整理所得。

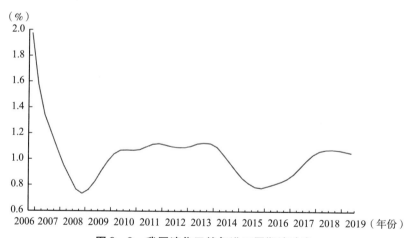

图 9 – 9　我国液化天然气进口周期波动率

资料来源：笔者根据相关资料整理所得。

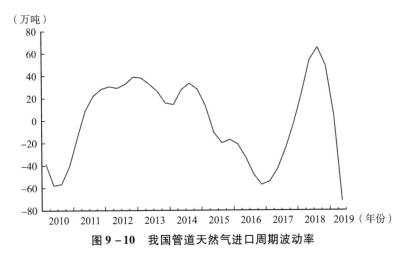

图9-10 我国管道天然气进口周期波动率

资料来源：笔者根据相关资料整理所得。

由此可见，我国天然气进口规模呈现快速增长趋势，但从长期周期性来看，初步判断处于周期下行阶段，但周期下行的作用很小，从图9-9液化天然气进口的季节下行波动幅度虽然在20%左右，时间跨度较长，图9-10管道天然气进口的季度波动也仅在±60万吨的规模，因此，从虽然处于下降周期，但短期效应相对快速增长的巨大总量而言，短期作用较小。

（二）季节性因素影响较大，液化天然气季节波动大于管道天然气进口

相比原油进口很弱的季节性效应而言，天然气呈现出明显的季节性效应，而且季节性因素在天然气进口规模的趋势中的作用日益扩大。

图9-11和图9-12是我国液化天然气进口的季节波动量和波动率的趋势。从图9-11可见，2006~2012年季节性因素在逐渐减弱，2012年之后，季节性差异日趋显著，并呈现扩大的趋势，由［-40，+40］万吨左右的季节波幅差异，扩大到当前的［-60，+90］万吨左右的季节波幅。从图9-12季节波动率来看，2006~2008年的季节波动率非常高，波幅高达±35%，随后逐步下降，自2012年后，季节性差异的波幅呈现较小增长的扩大，相对巨大进口总量来看，季节性波动因素对天然气规模的影响很大。

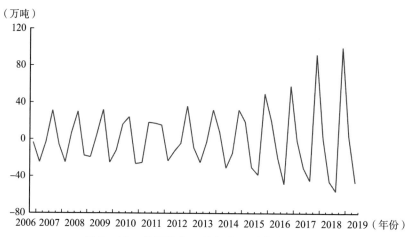

图 9 - 11　我国液化天然气进口季节性波动量

资料来源：笔者根据相关资料整理所得。

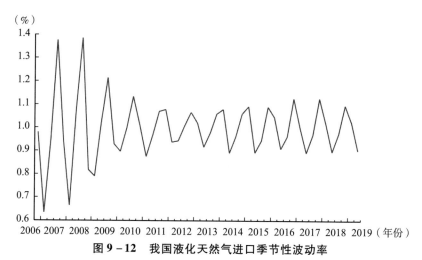

图 9 - 12　我国液化天然气进口季节性波动率

资料来源：笔者根据相关资料整理所得。

图 9 - 13 和图 9 - 14 是我国管道天然气进口的季节波动量和波动率的趋势，图形揭示的特征季节性与液化天然气的季节性效应相似，也表现出相同的季节性波动冲击由大到小，由小到大的趋势特征。从图 9 - 13 可见，2006 ~ 2012 年季节性因素在逐渐减弱，2012 年之后，季节性差异日趋显著，并呈现扩大的趋势，由 ［ - 30， + 20］ 万吨左右的季节波幅差异，扩大到当前的 ［ - 60， + 60］ 万吨左右的季节波幅。从图 9 - 14 季

节波动率来看，2011～2014年的季节波动率较小，波幅在±5%左右，随后逐步扩大，自2015年后，季节性差异的波幅呈现较大增长，波幅增大到±10%左右，季节性影响左右日益扩大。

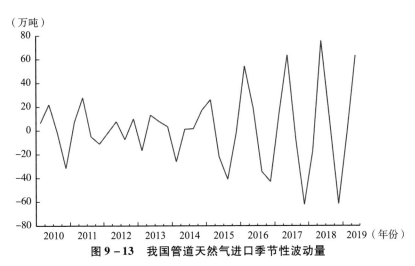

（万吨）

图9-13　我国管道天然气进口季节性波动量

资料来源：笔者根据相关资料整理所得。

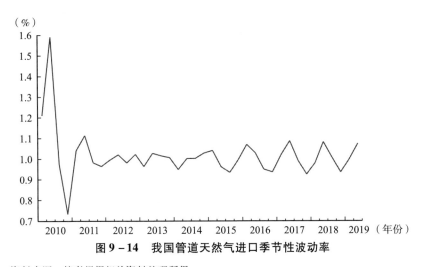

（%）

图9-14　我国管道天然气进口季节性波动率

资料来源：笔者根据相关资料整理所得。

由此可见，无论是液化天然气还是管道天然气进口，季节性效应日益扩大，天然气的进口和消费呈现明显的季节性因素，而且季节性因素的影响作用在增大。

（三）天然气偶然冲击效应较大，管道天然气的偶然冲击大于液化天然气

偶然因素对天然气进口的冲击明显不同于石油，前面研究表明偶然冲击对石油进口的影响效应很小，与此相反，偶然因素对天然气的冲击效应明显大于石油。从图 9 - 15 偶然因素对我国天然气进口规模的冲击趋势可见，在 2013 年之前，偶然因素的冲击效应很小，但 2013 年以后偶然因素的冲击效应多数年份的影响规模在 ±20 万吨之间，但 2018 年第四季度偶然冲击因素非常大，高达 120 万吨。这主要是由于 2018 年我国北部地区冬季取暖，采取煤改气的政策冲击，所导致天然气短期需求增大，生产无法短期满足，致使进口规模因政策变动带动短期增幅扩大的冲击效应。

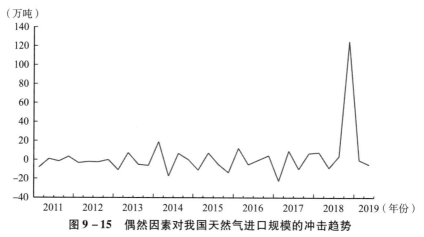

图 9 - 15　偶然因素对我国天然气进口规模的冲击趋势

资料来源：笔者根据相关资料整理所得。

从图 9 - 16 和图 9 - 17 我国液化天然气和管道天然气进口的偶然因素的冲击趋势，也可以分析出偶然因素无论是对液化天然气进口还是管道天然气进口都具有较大的影响。液化天然气的偶然因素冲击在 2010 ~ 2012 年出现相对稳定的时期，在此之前，偶然冲击的影响幅度在 ±10% 之间，在此之后，影响在 ±5% 的幅度之间。相比而言，管道天然气的偶然冲击效应要大于液化天然气进口规模的冲击，图 9 - 17 显示，偶然因素对管道天然气季度进口规模的影响力度在 ±10% 之间，大于液化天然气的波动幅度。

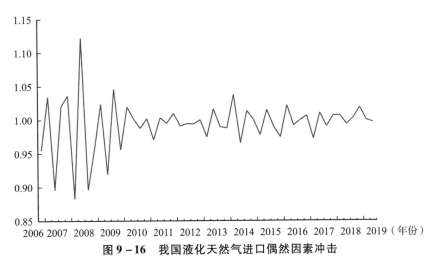

图 9 – 16　我国液化天然气进口偶然因素冲击

资料来源：笔者根据相关资料整理所得。

图 9 – 17　我国管道天然气进口偶然因素冲击

资料来源：笔者根据相关资料整理所得。

（四）天然气进口规模增长迅速，2025 年进口达到 3000 亿方米

图 9 – 18 沿用原油进口的预测方法，也是采用 TRAMO/SEATS 方法对天然气进口的时间序列特征的信号提取，预测的未来我国天然气进口的规模。图 9 – 18 显示，进口天然气的季度规模呈现波动性持续增长趋势，预测曲线

的增长趋势特征与历史数据的增长趋势特征具有较好的拟合性。图 9 – 19 显示了 2018 年至 2025 年的季度天然气进口数据，其中 2019 年第三季度开始为预测数据。从具体数值来看，季度增长幅度相对平稳且持续增长，在 2022 年第二季度达到 400 亿立方米，到 2021 年第三季度达到 500 亿立方米，2022 年第四季度超过 600 亿立方米，到 2025 年第四季度将超过 800 亿立方米，达到 839.35 亿立方米，是 2018 年同期的 1.4 倍，年均增长 20.12%。

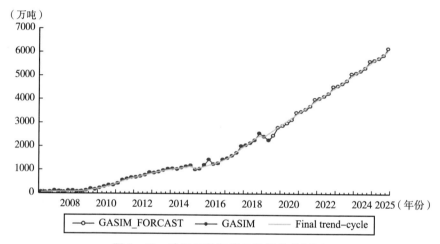

图 9 – 18　我国天然气进口规模趋势预测

资料来源：笔者根据相关资料整理所得。

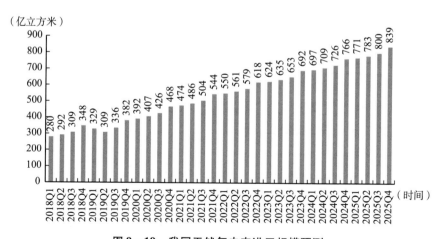

图 9 – 19　我国天然气未来进口规模预测

资料来源：笔者根据相关资料整理所得。

（五）进口依存度呈对数增长特征，2022年将超过50%

判断未来天然气进口依存库的趋势，需要预测未来我国天然气进口规模、天然气生产规模和天然气消费规模。本章遵循原油进口依存度判断思路和原理，具体如下：

天然气进口依存度通常为天然气净进口量/天然气消费量。一个地区的天然气供给量主要包含生产量和净进口量两部分，一个地区的天然气消费量一般等于天然气供应量和库存变动量，本章假定未来我国天然气出口量和库存变化量保持不变，因此，天然气进口依存度间接等于天然气进口量/天然气供应量（进口量＋生产量），即本章天然气进口依存度趋势的计算为进口规模除以进口量与生产量之和。利用前面采用 TRAMO/SEATS 方法预测的季度数据折算成年度数据，计算出我国未来进口天然气规模，如图9－20所示。

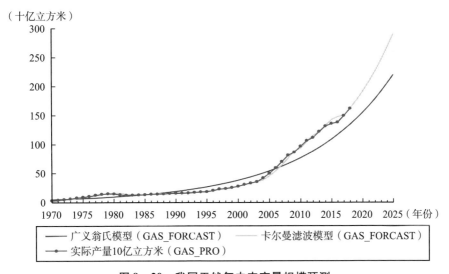

图9－20　我国天然气未来产量规模预测

资料来源：笔者根据相关资料整理所得。

天然气的产量预测不同于原油，我国天然气产量处于成长期，无法固定天然气的产量。对于天然气的产量预测，国际上较为成熟的油气预测模型有3种典型的预测模型：Hubbert 模型、广义翁氏模型及胡—陈—张（HCZ）模型。

Hubbert 模型是美国著名地质学家哈伯特（Hubbert）于 1962 年首次提出的，该模型在与美国地质调查局（USGS）合作研究中，用于估计美国的石油生产。广义翁氏模型和 HCZ 模型是国内研究石油产量地预测模型，前者是陈元千教授于 1996 年在翁氏模型基础上进行地理论证明和推导后，提出地改进版国内石油预测模型。后者是胡建国、陈元千、张盛宗三位教授通过研究我国大量油气田开发和生产地数据，经研究推导提出的符合我国油气生产规律地预测模型。

本章按照前面实证设计思路和模型选择标准，以模型拟合与实际数据的标准差最小为判断依据，因 Hubbert 模型揭示油气开采、储备特征不符合我国国情，而 HCZ 模型的拟合效果弱于广义翁氏模型，采用卡尔曼滤波的状态空间模型（具体阐述见后文和附件）的拟合效果最佳，好于广义翁氏模型，所以，本章采用卡尔曼滤波模型的预测天然气的产量规模。

经计算，我国天然气的进口量、生产量、消费量和对外依存度的趋势数据如图 9 - 21 所示。2018 年之前的消费量、进口量、生产量为实际数据，2018 年之后数据，按照前面的研究思路为预测数据，本章假定库存变化和天然气出口保持不变，所以预测的消费量为进口量和生产量之和，对外依存库等于天然气进口量除以进口量与生产量之和，具体数值如图 9 - 21 所示。2019 ~ 2025 年，我国天然气消费将呈现线性增长趋势，由 2018 年的年消费 2830 亿立方米，增长到 2025 年的 6000 多亿立方米，增长 115%。天然气产量由 2018 年的 1620 亿立方米，增长到 2025 年的 2900 亿立方米，增长 79.79%。天然气进口由 2018 年的 1230 亿立方米，增长到 2025 年的 3190 亿立方米，增长 160%。其中，2021 年，进口 2310 亿立方米，生产 2260 亿立方米，进口首次超过生产，超过天然气消费的 50%。

从图 9 - 21 可见，我国天然气对外依存度呈现阶段性特征，2019 ~ 2025 年的增长趋势特征与 2009 ~ 2015 年的增长态势相似，增长呈现对数函数特征，不同于 2015 ~ 2019 年的增长特征。2015 ~ 2019 年的增长呈现线性函数增长特征，保持持续稳定的增长速度。因此，从当前到 2025 年前，虽然我国天然气对外依存度处于增长趋势，将在 2022 年将达到 50%，但增长的速度在减弱，到 2025 年将缓慢增长到 52.4%。

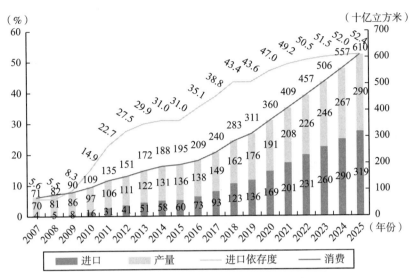

图 9 – 21　我国天然气对外依存度趋势

资料来源：笔者根据相关资料整理所得。

第三节　我国油气对外依存度的合理区间

前面对我国未来油气对外依存度进行了趋势判断，这种判断是以当前国内外经济条件和政策框架不变为前提，假定油气进口历史趋势特征维持不变，作出的预测和判断。如判断我国未来油气对外依存度的合理区间，则需要判断我国未来几年的油气需求量和油气生产能力的缺口，为此，需要预测未来油气的需求趋势和油气的生产供应趋势，油气的需求取决于不同的经济情景和政策预期，因此，需要模拟不同的经济情景、生产条件和油气价格和技术进步等，才能合理确定不同情景下的油气对外依存度的合理区间。

一、我国未来油气需求的不同情景分析

（一）不同情景模拟下的油气需求预测方法

不同宏观经济情景模拟的油气需求，需要构建包含体现宏观经济情景的参数，比如技术进步、政策变动、经济转型、经济增长等，因此，需要

341

寻找此类预测模型。通过梳理文献和实践调研，油气需求预测有两条路径。

一个是自下而上的路径，通过分析油气最终消费的流向、油气的中间生产、油气的市场状况、国内外的经济状况等因素，构建联合方程组，进行油气需求预测，比如各国际政府组织、各国政府部门使用的诸如 Markal 市场分配模型、美国能源署使用的 NEMS 模型、Times 模型、LEAP 长期替代能源规划系统模型，包括我国能源局等能源管理部门，大多沿着这条路径进行油气需求预测。这种方法需要搜集汇总大量的各部门的数据，非一般机构和人员所能及。

另一个是路径是使用宏观计量模型，从宏观上研究油气需求与核心影响变量间的逻辑关系，通过计量实证预测油气需求，这种方法多见于非政府部门的实践研究和学术研究。本章在油气预测路径上也是采用这种时间序列计量预测的思路，可以满足宏观经济情境模型和政策选择。

沿着时间序列计量预测思路对油气需求等能源预测，主要考虑到宏观变量包括：GDP、人均 GDP、国内外能源价格、单位能耗、对外贸易、能源产量、能源储量、人口规模、终端部门（工业、商业、交通、住宅等）消费规模、城镇化率等，计量回归方法包括：简单的时间序列方法，比如能源需求量的自我预测的移动平均、指数平滑，能源消耗弹性法等，最常见的是各类计量回归模型，采用线性模型、二次函数、半对数函数、对数函数、指数函数、线性结构性模型，宏观变量从二元到多元。实证使用的回归方法包括：简单的最小二乘法、广义最小二乘法、协整 VAR 向量自回归、VEC 误差修正模型、ARDL、ARMIMA、Winters 指数平滑模型、ARCH/GARCH 自回归条件异方差模型、GM 灰色预测模型、UCTM 未观测时间序列模型以及比较复杂的遗传算法、粒子群优化等。

（二）基于卡尔曼滤波的未观测的时间序列模型

通过对现有文献的梳理和方法比较，本章引入基于卡尔曼滤波的未观测的能源需求动态模型（Underlying Energy Demand Trends，UEDT）。未观察到时间序列模型是由剑桥大学教授哈维（Harvey，1989）首次提出，并广泛用于计量经济学领域的，对这一模型的估计方法多采用卡尔曼滤波

（Kalman Filtering）的递归方法。这种方法在国内文献中鲜见，但在国外是一种重要的研究无法观测到的能源技术变革对能源需求影响的方法。

1. 未观测能源需求趋势 UEDT 模型

能源需求是派生需求，除了可观测到的能源需求之外，学者普遍认为，技术进步、强制性的制度安排等等不可观测的因素，也在影响能源消费。技术进步对能源消耗发挥关键和重要作用，但是技术技术进步对能源消费的作用通常不可观察到，况且技术进步随着时间和经济发展，技术变迁速度不是固定的，有时技术促进能源效率提升非常显著、速度很快，有时可能很慢，不是呈现稳定连续进步速度，因此，科学评估技术进步在能源需求中的作用非常重要。除了技术进步，还有一系列其他外生因素，比如环境压力和法规（燃油车的强制规定、新能源汽车补贴）、能源效率标准、资源投入、消费习惯变化（新能源汽车偏好）、煤改天然气、出行变化导致的汽车使用增加等。这些变量对油气需求的影响，通常无法准确观测到，普通的计量方法无法有效预测。

因此，本章运用剑桥大学哈维提出的不可观测的能源需求模型（Underlying Energy Demand Trends）预测我国的油气需求。剑桥大学哈维不可观测能源需求模型的一般方程如下：

$$y_t = \mu_t + \gamma_t + \psi_t + r_t + \sum_{i=1}^{p} \phi_i y_{t-i} + \sum_{j=1}^{m} \beta_j x_{jt} + \varepsilon_t \qquad (9-1)$$

其中，y_t 是模型的被解释变量或者需要预测的变量。u_t 是趋势因素，ψ_t 是周期性因素，γ_t 是季节性因素，r_t 是其他不规则因素，$\sum_{i=1}^{p} \phi_i y_{t-i}$ 是预测变量的 p 阶滞后变量，$\sum_{j=1}^{m} \beta_j x_{jt}$ 是被解释变量 y_t 的 j 个解释变量 x_{jt}，ε_t 随机扰动项。UEDT 模型中的公式（9-1）表明被预测的石油需求变量 y_t 由两部分构成：一部分是可观测的解释变量，一个是由自身过去时间序列观测值产生的"动能"对当前或者未来预测值产生影响的 y_t 的自回归滞后因素，另一个是对被解释变量 y_t 产生因果影响的经济解释变量 x_{jt}。另一部分是不可观测的因素，这是一般时间序列和回归模型中所没有的，被解释变量 y_t 由四个不可观测的因素所影响，即趋势因素、季节因素、周期因素和其他不规则因素。

鉴于本课题研究的是年度数据，不涉及季节性因素等，因此，本章运用如下模型进行研究：

$$y_t = \mu_t + \sum_{i=1}^{p} \phi_i y_{t-i} + \sum_{j=1}^{m} \beta_j x_{jt} + \varepsilon_t \qquad (9-2)$$

其中：

$$\mu_t = \mu_{t-1} + \beta_{t-1} + \eta_t, \quad \eta_t \rightarrow NIID(0, \sigma_\eta^2) \qquad (9-3)$$

$$\beta_t = \beta_{t-1} + \xi_t, \quad \xi_t \rightarrow NIID(0, \sigma_\xi^2) \qquad (9-4)$$

公式（9-3）和公式（9-4）描述能源消费需求趋势的随机方程，u_t 表示能源需的趋势（trend）的水平（level）因素，β_t 表示趋势水平变化的斜率（slope），η_t 和 ζ_t 是相互独立的随机扰动项。模型趋势变化的水平因素和斜率因素是不可观测的，正如前文所述能源需求的经济系统中，影响油气需求的状态的变量中的确存在这些不观测的因素（技术进步导致效率提升、政策法规或偏好导致的结构变化等等），正是由于这些观测不到的变量 u_t 反映了油气需求系统所呈现的真实状态，因此，UEDT 模型很好地体现了油气需求的不可观测因素和可观测的影响油气需求的收入和价格变量。

2. UEDT 模型的估计方法卡尔曼滤波

在一般的计量模型中出现的变量都是可以观测到的，以反映过去经济变动的时间序列数据为基础，利用回归分析或时间序列分析等方法估计参数，进而预测未来的值。然而含有不可观测变量的 UEDT 模型，无法通过传统的回归方法估计方程的系数，这些不可观测的变量在计量方法上称之为状态向量，UEDT 是一种状态空间模型。

20 世纪 60 年代初所产生的卡尔曼滤波，广泛应用工程和人工智能领域，70 年代初计量经济学家给出了状态空间模型的标准形式之后，开始将其应用到经济领域。在计量经济学文献中，状态空间模型被用来估计不可观测的时间变量：理性预期，测量误差，长期收入，不可观测因素（趋势和循环要素）。卡尔曼滤波是一种利用线性系统状态方程，通过输入观测数据，对系统状态进行最优估计的算法，即后验估计的误差协方差最小，遵循最小均方差误差 MMSE 准则（Minimum Mean Square Estimator），由于观测数据中包括系统中的噪声和干扰的影响（不可观测因素对能源需求的影响），所以最优估计是一种滤波过程。

因此 UEDT 模型通过常规的回归方程式来估计是不可能的，必须利用状态空间模型来求解。卡尔曼滤波状态空间模型建立了可观测变量、不可观测变量和系统内部状态之间的关系，从而可以通过估计各种不同的状态向量达到分析和观测的目的。

（三）本章的预测模型和数据来源

本章采用卡尔曼滤波的方法估计 UEDT 模型，并依据研究需要选择不同宏观经济变量，即公式（9-2）中 x_{jt} 的变量选择。根据经典经济需求理论，需求的核心影响因素是收入和价格，本章选择国民收入（GDP）、人均 GDP（GDPN）和原油价格（P）作为 UEDT 模型中宏观经济因素的自变量，研究不同宏观经济情景下的油气需求。通常收入和需求间是正向关系，价格和需求之间是负向关系，为刻画经济收入的数量和质量（或结构）的影响效应，本章将经济收入对石油需求的因素拆分为两个部分：经济规模的数量因素（GDP）和经济规模的质量因素（人均 GDP），研究预期数量因素对需求的影响是正向的，质量因素对需求的影响是负向的。根据经济变量对时间的导数表示增长率，并出于数据平稳性计量要求，本章采用时间序列数据的对数值用于计量回归分析，实证研究的具体模型如下：

$$oc_t = u_t + a \times y_t + b \times yn_t + c \times p_t + \varepsilon_t \quad \varepsilon_t \sim NID(0, \sigma_\varepsilon^2) \quad (9-5)$$

$$u_t = u_{t-1} + \beta_{t-1} + \eta_t \quad \eta_t \sim NID(0, \sigma_\eta^2) \quad (9-6)$$

$$\beta_t = \beta_{t-1} + \zeta_t \quad \zeta_t \sim NID(0, \sigma_\zeta^2) \quad (9-7)$$

oc_t 是石油消费的对数。y_t 是 GDP 的对数。yn_t 是人均 GDP 的对数。p_t 是石油价格的对数。其中：

y_t 表示经济规模对石油需求的影响，通常经济规模越大，对石油需求也越大，因此预期 a 的回归系数为正，表明经济规模越大，需求越大。

yn_t 表示经济增长的质量或结构对石油需求的影响，通常经济增长到一定阶段，经济总规模扩大中主要贡献源于第三产业，对人均 GDP 增长的贡献也来自第三产业，相比第二产业，第三产业能源需求小于第二产业，故预期回归系数 b 的值为负，表明经济质量向好、结构优化对石油的需求产生抑制作用。

u_t 表示能源需求中因技术进步、能源结构转型、石油利用效率提升、石油需求替代等不可观测因素导致的石油需求趋势（trend）的水平（level）因素，预期回归结果 u_t 的趋势变化是随时间负向变化的。

β_t 表示不可观测因素趋势水平变化的斜率（slope），即上述不可观测因素对不可观测石油需求趋势的加速作用。β_t 回归结果的绝对值大小表明技术提升、油气利用效率、油气替代等速度快慢，决定 u_t 趋势陡峭程度，β_t 预期回归结果为负，技术进步会导致石油消费的下降，当 u_t 趋势呈下降走势时，其绝对值越大，u_t 趋势越陡峭，下降速度越快，技术进步对石油需求的抑制效应越大。

二、不同情景下油气需求规模预测

（一）不同情景的设定和含义

当前我国正处经济转型、增长动能转化、经济结构调整和产业升级转型过程中，加之外部经济形势未来趋势的不确定性，本章对未来我国经济形势作出如下情景模拟：三种经济情景（当前经济情景、乐观经济情景和悲观经济情景）、三种原油价格情景和三种技术趋势情景的模拟。

1. 三种经济情景

（1）当前经济情景。当前经济情景是指我国各项改革进程和发展速度，在保持现有内部和外部条件下，按照既定速度，包括政策延续、技术升级速度、产业调整速度、能耗效率提升速度、能源结构调整速度等保持当前速度的前提下的经济增长路径（按照 1978 年不变价格的经济增长速度），呈现缓慢趋稳并小幅回升的趋势（如图 9 - 22 所示），预计 2025 年经济增长将达到 7% 左右，2019～2025 年的经济增长率平均增长 6.62%。

（2）悲观经济情景。悲观经济情景是指我国各项改革进程和发展速度，主管努力在保持现有内部不变，包括各类政策延续、技术升级速度、产业调整速度、能耗效率提升速度、能源结构调整速度等，但是面临的外部和世界经济形势发生较大的变化，尤其是中美贸易谈判的不确定性、中东形势的严峻、欧洲经济趋缓等因素导致的世界经济前景悲观，进而影响我国经济形势的进一步趋弱。同时，国内改革进入攻坚克难，结构调整缓慢、产业升级步伐变慢，产业转移国外的步伐加大，国内新增长产业培育速度低于产业转移速度，从而阻碍了当前经济向好的趋势。在这种前提下，未来经济增长路径（按照1978年不变价格的经济增长速度）将呈现继续探底有待趋稳的趋势（如图9-22所示），按此路径预计2025年经济增长将达到6.12%左右，2019~2025年的经济增长率平均增长6.25%。

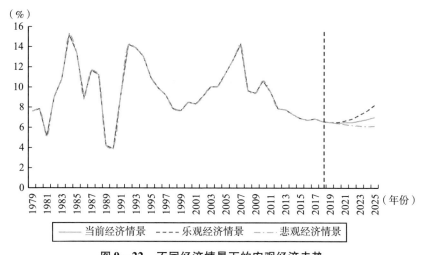

图9-22　不同经济情景下的宏观经济走势

资料来源：笔者根据相关资料整理所得。

（3）乐观经济情景。乐观经济情景是指我国各项改革进程和发展速度以及主动政策调整速度和效果超出预期，面临的外部和世界经济形势也向乐观方向转变，尤其是中美贸易谈判的逐渐明朗、东盟、欧洲、中亚等经济向好，一带一路效果逐渐显现，国内经济结构调整、产业升级步伐、新增长产业培育速度均出现良好势头，推动了我国经济筑底成功，进入一个新的高质量增长期。在这种前提下，未来经济增长路径（按照1978年不变价格的经济增长速度）将呈现稳定增长的趋势，按此路径预计2025年经济增长将达到8.2%左右，2019~2025年的经济增长率平均增长

7.09%。

2. 原油价格趋势情景

国际原油价格（元/桶）未来存在三种情况，如图 9 - 23 所示。

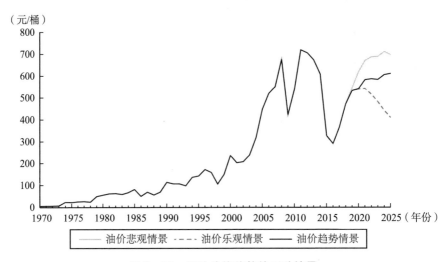

图 9 - 23　石油价格趋势的三种情景

资料来源：笔者根据相关资料整理所得。

（1）价格悲观情景，即高油价趋势。国际地缘政治发生重大变化，中东局势恶化，美国对主要产油国实施经济制裁和石油禁运，导致石油价格增长迅速。

（2）当期趋势情景，在当期趋势下，呈现波动小幅上升。

（3）价格乐观情景，即石油价格下降趋势，可能由于未来世界经济形势恶化，美国能源出口，中东局势缓解等因素，导致石油需求减弱，供给扩大，油价下降。

3. 技术进步情景

随着经济增长趋势进入高质量增长新时期外，技术进步对油气需求的依赖度将进一步降低。随着技术进步、新能源汽车、油气能源替代技术应用、炼油技术以及节能技术的提升和推广（本章将这些因素统称为技术进步），技术进步的速度直接决定了对原油消费的依赖程度。本章假定三种

技术进步情景：年均5%、10%和15%的提升速度。提升速度越快，降低
国内油气需求依赖性的程度也越大技术进步对油气需求量衡量，可通过
UEDT模型对油气需求总量中的不可观测的油气需求趋势进行分解。

（二）UEDT模型实证结果分析：原油消费的需求因素分析

本章利用我国1978～2018年40多年的时间序列数据进行实证研究，
GDP数据为消除价格因素影响后的数据，即将1978年的不变价格折算的
固定价格指数的真实GDP数据，由于国内原油价格较难搜集，本章采用
学术界常用的国际石油价格，并用年汇率折算成人民币价格，石油消费量
（百万吨）为实际使用数据。数据来自国家统计局、国家能源局、外汇管
理局、美国能源署等。UEDT模型的估计结果如表9-1所示。

表9-1   UEDT模型系数估计结果

变量	系数	标准差	z统计值	P-值
a	9.291084	4.056672	2.290322	0.0220
b	-8.858762	4.138528	-2.140559	0.0323
c	-0.004200	0.022014	-0.190775	0.4487 *
σ_η	-7.907972	0.323792	-24.42297	0.0000
σ_ζ	-7.211916	0.416187	-17.32854	0.0000
μ_{t+1}	-22.01741	0.042176	-522.0330	0.0000
β_{t+1}	-0.022860 *	0.042197	-0.541743	0.3880
Log likelihood	61.86635	Akaike info criterion		-2.321076
Parameters	5	Schwarz criterion		-2.128033
Diffuse priors	2	Hannan-Quinn criter.		-2.247836

注：* 表示没有通过10%的显著性检验。

从表9-1可见，随经济规模GDP的扩大（a的系数显著为正）对石
油的消费也日益扩大，但衡量经济质量和经济结构变化的系数（b的估计
值）为负值，统计上也非常显著，表明随着人民国民收入的提高，对石油
的消费依赖是逐渐降低的。石油价格的估计系数为负，表明价格越高石油

的需求越少，但是回归的系数值很小，油价对国内需求的影响很小，而且在统计上也不显著，说明国内石油消费存在较大的价格刚性，从经济的解释是，国际石油价格还没有高到会影响消费者决策的水平，现实中也表明国际油价对国内消费的传导机制缺乏灵敏性。

技术进步对石油消费的水平影响趋势非常明显，而且回归的参数的显著度也非常高，图 9 - 24 也显出了整体呈现下降的趋势，可见，不可观测的因素对石油消费的影响越来越大。

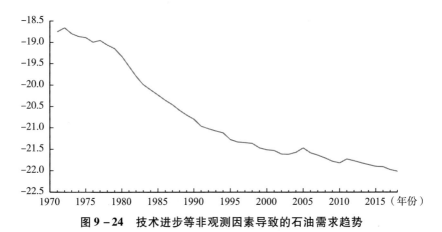

图 9 - 24　技术进步等非观测因素导致的石油需求趋势

资料来源：笔者根据相关资料整理所得。

从图 9 - 24 可见，技术进步等不可观测因素石油需求趋势的影响是趋势向下的，从斜率变化来看，如图 9 - 25 所示，改革开放后是我国技术进步加速最快的事情，自 1980 年至 2002 年，技术的加速作用在日渐递减，2010 年到现在出现了一小波技术加速导致原油需求加速下降的时期，这时期恰恰是我国能源结构转型、新能源快速发展、新能源汽车快速增长的时期。自 2010 年以来，技术进步的速度在 4% 的波幅附近，2015 年以来，曲线有所上升，这说明这段时间以来，降低油气需求的技术进步速度有所减弱，这从图 9 - 24 的曲线趋势也可以得到验证，2015 年以来，曲线的走势呈缓慢下降态势，下降斜率趋缓，即不可观测的因素对油气需求减弱总量虽然在持续下降，但下降的速度在延缓。

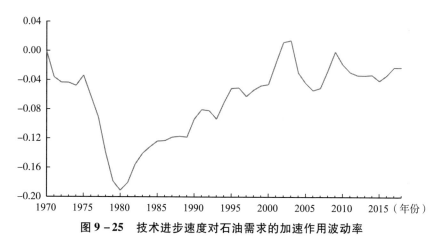

图 9 – 25 技术进步速度对石油需求的加速作用波动率

资料来源：笔者根据相关资料整理所得。

图 9 – 26 是用卡尔曼滤波估计方法对 UEDT 模型进行的拟合和预测，从图中可见，曲线为 UEDT 模型拟合曲线，散点为实际消费曲线，该模型拟合效果非常好，如图 9 – 26 所示。根据模型预测结果，原油消费到 2022 年将达到 7 亿吨，但增长趋势渐缓，趋于达到消费峰值，如图 9 – 27 所示。

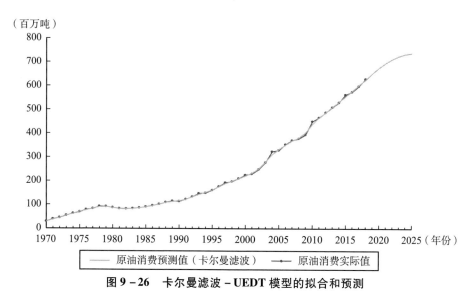

图 9 – 26 卡尔曼滤波 – UEDT 模型的拟合和预测

资料来源：笔者根据相关资料整理所得。

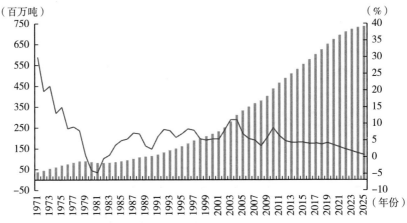

图 9 - 27　卡尔曼滤波 - UEDT 模型的拟合预测的增长率

资料来源：笔者根据相关资料整理所得。

（三）不同经济情景下的石油需求预测

结合前面设定的三种经济情景和三种油价情景，共有 9 中经济状态，分别利用计量软件编程估计，实证结果如图 9 - 28 所示，由于 2019 年我们假定的经济情景没有太大差异，所以在预测结果上也趋同。

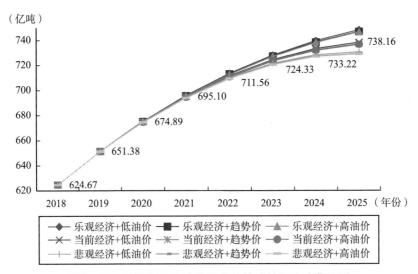

图 9 - 28　不同经济和油价组合的情景的原油消费预测

资料来源：笔者根据相关资料整理所得。

从图9-28可见,乐观经济+低油价的石油需求量最大,悲观经济+高油价的石油需求量最小,按照当前经济趋势和当前油价趋势,我国原油消费在2022年首次超过7亿吨,达到7.11亿吨,到2025年将达到7.38亿吨。不同情景组合的石油需求的差异随时间的推移日趋明显,如图9-29所示。

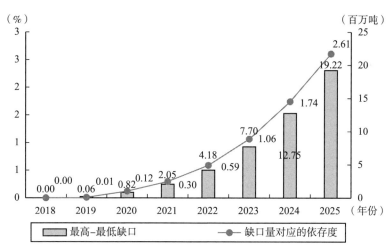

图9-29 不同情景组合下的需求量缺口及对应的依存度

资料来源:笔者根据相关资料整理所得。

从图9-29可见,最高石油需求量和最低石油需求量的缺口到2025年将超过1900万吨,从趋势上呈现指数函数趋势。不同经济情景组合间的差异,相对当前趋势下的石油消费量而言,其对应的对外依存度逐年增大,在2023年超过1个百分点,到2015年高达2.61个百分点。由此可见,不同经济情景,对石油需求总量的差异非常明显。

三、我国未来油气对外依存度合理区间

(一) 对外依存度合理区间的理论分析

油气对外依存度的合理区间根据战略意图有不同的界定,具体图9-30所示。图9-30显示了两类曲线:一类是油气的需求量曲线,另一类是油气的供给量曲线,进口量取决于供需缺口。图中最大需求量曲线为按照经济情景和发展趋势,经济发展对油气需求的最大限度的需求量曲线。常规

需求量曲线是经济走势按照当前经济形势的常规发展路径下的油气需求量。供给曲线有三条曲线，一条是计划产量曲线，是当前我国按照发改委核定的石油产量确定的石油供给曲线，通常和实际产量保持一致。技术可行产量是指按照目前的技术开采手段，在当前的油田状况下的最大开采量，即石油的供给量。战略防御产量主要是国家根据国内国际的原油市场和需求，主动实施的战略性生产调整，将优质已开采的现有油田作为战略储备油田，压缩常规石油产量形成的战略低产量曲线。

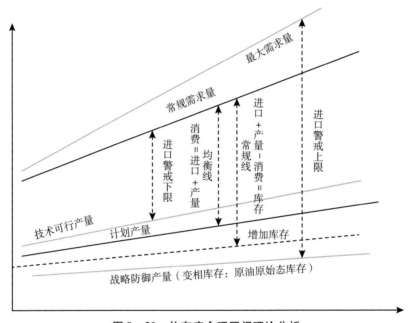

图 9 – 30　依存度合理区间理论分析

资料来源：笔者根据相关资料整理所得。

根据石油需求曲线和供给曲线，石油依存度包括如下四种依存度线。

（1）警戒下限，即常规需求线和最大技术可开采量之间形成的石油对外依存度，如果低于该依存度，表明现有石油进口和石油产量无法满足现有的需求，需要动用石油库存，如果库存不足，则会影响正常的国内经济。

（2）均衡线，即常规需求量等于计划产量加上进口量，依存度高于该均衡线，表明进口 + 产量大于需求，形成库存，如依存度小于该均衡线，表明进口 + 产量小于需求，需要动用库存或者提高产量，但最大提高幅度为技术可行量。

（3）常规线（或趋势线），即考虑战略性增加国内库存石油规模量形成的石油依存度曲线，即进口量＝消费＋计划库存量－产量。如依存度高于常规线，则表明进口在满足消费之后增加的库存大于计划库存增加量，如果依存度小于常规线，则实际库存增加量小于计划库存量。

（4）警戒上限，即按照当前库存要求和战略性保持低产量的条件，并考虑当前经济最大可能的消费量，所形成的依存度。实际依存度如高于该警戒上限，表明形成的增加的库存原油高于当前战略所需的计划库存数，原油进口过剩。

按照前面理论分析，我们将油气对外依存度的合理的区间分为两种：宽松型合理区间和严格型合理区间。

宽松型合理区间，我们称之为广义的该合理区间，该合理区间通常可用于理论研究价值和战略思考方向，这种合理区间的波动范围是警戒上限和警戒下限之间（如图9－31所示）。

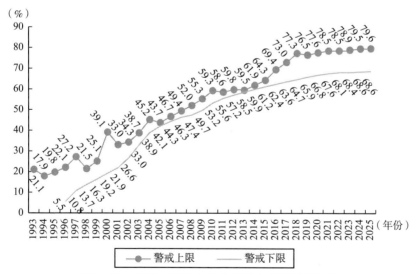

图9－31　石油对外依存度宽松型合理区间的趋势

资料来源：笔者根据相关资料整理所得。

严格型合理区间，我们称之为最佳依存度区间，是指实际对外依存度波动范围处于警戒上限和均衡线之间（如图9－32所示），当依存度的处于该区间内时，石油进口和生产不仅能够满足国内需求，而且还可以形成一定的库存结余。最佳合理区间具有很大的现实指导意义。相关部门应重点关注该波动区间。

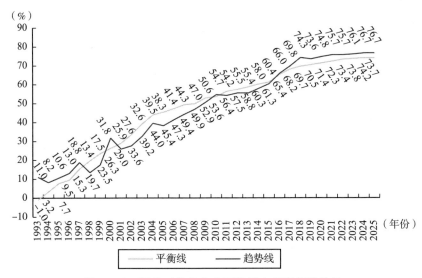

图 9 - 32　石油对外依存度严格型合理区间的趋势

资料来源：笔者根据相关资料整理所得。

（二）原油依存度合理区间的趋势判断

本章假定最大技术产量为在石油理论开采量（广义翁氏模型）计算的产量基础上再增加10%的技术扩大量。常规产量通常和实际产量保持一致。战略性防御产量为在计划产量的基础上再核减10%。按照如上假设，本章经模型估算形成的宽松合理区间和严格波动指导线分别如图9 - 31和图9 - 32所示。

图9 - 31可见，宽松型合理区间呈现双向喇叭口形状，在2005年和2015年之间，宽松型合理区间较窄，石油进口规模的弹性较小，2015年之后，逐渐扩大，主要源于2014年到2018年上限的迅速提升，诱因主要是实际产量的下降，进而导致战略性主动防御的可能线也在下降。

根据以上的理论分析可见，实际的石油依存度曲线应居于严格型合理区间内，不应低于均衡线，否则会导致库存减少。从图9 - 32可见（2018年之前为实际值，2018 年之后为预测值），实际的石油依存度曲线在 2000 年到 2016 年之间，长期高于均衡线，直到 2016 年以后，才开始高于均衡线，2015～2019 年的预测曲线高于均衡线，表明预测未来进口量在满足国内需求的同时，仍然会增加库存。从增长趋势来看，虽然依存度在日趋提高，但增长率在变小。2000～2015 年，实际石油对外依存度低于均衡线，导致长期的库存减少（如图 9-33 所示），直到 2016 年库存变化曲线才超过水平线，并保持年增加 2000 万吨的规模增长。按照这一库存增加速度，到 2025 年新增库存将达到 1.2 亿吨，达到年消费量的 16%，可维持 2 个月的石油消费量。

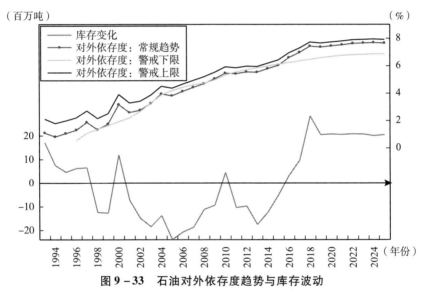

图 9-33　石油对外依存度趋势与库存波动

资料来源：笔者根据相关资料整理所得。

第四节　保证油气安全的影响因素与措施

一、保证油气安全的影响因素

保证油气安全的影响因素主要包括如下环节：生产环节、消费环节（价格、经济、技术）、进口环节（来源多样性）、存储环节等。在分析某一因素对对外依存度的影响时，本章假定其他条件保持不变，仅考虑该因素变化所影响的对外依存度变化。

（一）生产环节：原油生产与油气勘探

通过以上分析可见，在石油消费一定的前提下，产量多少直接影响了进口的规模。产量多少取决于探明储量和开采技术。1998 年我国探明石油储量为 174 亿桶，仅占世界探明储量的 1.5%，2018 年为 259 亿桶（1 吨 = 7.33 桶），如图 9 - 34 所示，按照目前每年 1.9 亿吨左右开采量，可供开采不到 20 年。

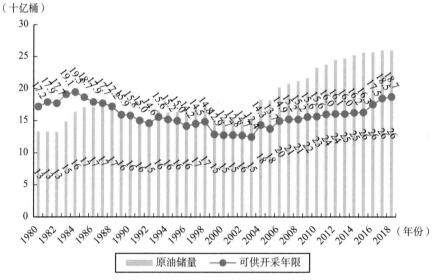

图 9 - 34　我国石油探明储量及开采年限趋势

资料来源：笔者根据相关资料整理所得。

因此，在没有新的油田发现以前，计划限产并持续减产将是常态。不排除未来持续按比例减产的可能，假定我国分别按照 5% 和 10% 的速度在未来持续进行有计划的减产，由此可能影响的石油依存度曲线如图 9 - 35 和图 9 - 36 所示。在我国持续减产趋势下，5% 的减产速度对石油对外依存度影响在 1 百分点左右，2019 年最高为 1.46 个百分点，到 2025 年将减弱为 0.95 个百分点。如果按照 10% 的速度减产，平均影响超过 2 个百分点，也呈现递减趋势，到 2025 年将减少到 1.9 个百分点。

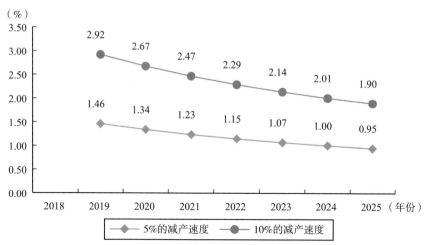

图 9 – 35　原油产量减产因素导致的依存度变动趋势

资料来源：笔者根据相关资料整理所得。

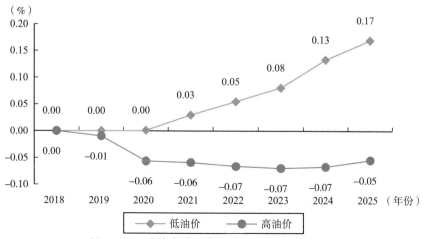

图 9 – 36　油价变动因素导致的依存度变动趋势

资料来源：笔者根据相关资料整理所得。

由此可见，生产环节的影响因素主要是新油田的勘探、开采技术和效率提升和产量计划开采量的供给侧管理。

（二）消费环节：能源转型与技术进步

1. 原油价格：低油价效应大于高油价效应

石油价格对石油消费将产生负面作用，但油价对国内需求影响力较弱而且不显著，不同油价波动对石油对外依存度的影响程度不同，油价上下波动的需求影响效应呈现不对称性。图 9－36 显示，高油价对国内需求的抑制影响仅仅超过对外依存度 0.05 个百分点，影响作用很小，这说明我国石油消费消费刚性较为严格，对世界原油价格的敏感性较弱，即高油价对原油依存度的影响很弱，国内不会因为国际原油价格趋高而减少需求。相反，低油价对石油需求的影响趋势明显大于高油价，如果石油价格的下降，会增加进口，增加的趋势显著高于高油价的影响。

2. 经济前景：不同经济增长影响程度趋同

不同经济情景的石油需求不同，根据不同经济情景模拟的情况来看，乐观情景对石油需求增量的比例稍大于悲观经济对石油减少的比例。短期来看（三年内左右），经济形势的变化对石油对外依存度的影响在上下 0.5 个百分点的波动幅度内，稍长期看（五年左右），不同经济情景变化对石油对外依存度的影响在上下 1 个百分点左右波动如图 9－37 和图 9－38 所示。

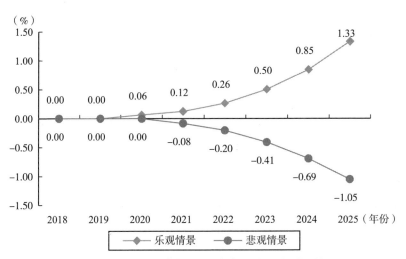

图 9－37　油价变动因素导致的依存度变动趋势

资料来源：笔者根据相关资料整理所得。

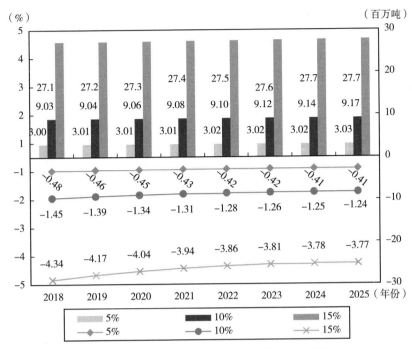

图9－38　技术变动因素导致的依存度变动趋势

资料来源：笔者根据相关资料整理所得。

3. 技术进步：技术进步与依存度变化

UETD模型估计结果表明，技术进步因素对石油需求将产生较大的负面影响，随着技术进步的提升，国内对石油需求趋势呈现递减趋势，因此，技术进步将大大减弱对石油进口的依赖性。如果在现有的技术进步速度、石油消费替代技术和产品提高、能源消费转型速度等基础上，分别再提高5%、10%和15%的情景，对石油需求的影响是比较大（如图9－37所示），而且随着技术进步速度提升幅度的扩大，石油需求的降低速度也呈现加速趋势。

从图9－38可见，技术进步每年再提升5%，每年将减少30万吨左右的石油需求，减少对外依存度近0.5个百分点。如果提高10%，每年减少90多万吨左右的需求，平均每年减少1.3个百分点。如果提高15%，每年减少270万吨左右的石油需求，将大大减少石油的进口依赖程度，减少幅度将高达4个百分点。由此可见，随着技术的提高，石油需求减少量将呈现指数趋势，技术进步带来的石油需求量的减少，比经济增长和油价波动的影响力度更大。

由此可见，从石油需求的环节来看，高油价并不会阻碍国内的石油进口规模，低油价却可以刺激石油进口，油价冲击的不对称性明显。同样，乐观经济对石油的需求增加大拉动效应也大于悲观经济对是石油需求减少的抑制效应，也存在不对称性。相比较而言，技术进步因素对降低石油进口依存度具有较大的显著作用，技术进步速度越快，对外依存度减少的幅度越大，减少规模是技术进步提升速度的指数函数。

（三）进口环节：来源分散与供给冲击

油气对外依存度的高低并不表明油气安全问题严重，油气安全取决于持有、稳定、经济的石油供给来源。如果油气进口能够保障稳定、安全且价格合适的持续供应，即使油气进口对外依存度高一些，油气依然是安全的，但这并不意味着对外依存度高和油气安全没有必然关系，恰恰相反，对外依存度高受到外部冲击的可能性更大，供给的外部冲击风险因此也大。因此，油气对外依存度高时，维持稳定、持续的外部供给，防范外部冲击，非常重要，而保障防范外部冲击的有效手段是采取多样化的供给来源渠道，分散供给风险。然而，由于资源分布差异和世界产油国的独特分布，油气供给具有鲜明的区域特征，供给源相对集中，多样化的进口需求和集中的石油供给之间存在较大矛盾，这给我国较高的油气外部依赖带来巨大的挑战。

1. 原油进口的多样性

图 9-39 显示了我国石油进口不同来源国的规模分布和比例，从图 9-39 可见，我国石油进口最大来源国是西非国家、俄罗斯，均超过 700 万吨，各占我国 2018 年石油进口总量的 15%，其他中东国家（沙特阿拉伯和伊朗除外）贡献量也比较大，占比 14%，中南美洲国家（主要是委内瑞拉）占比 13%，沙特阿拉伯和伊朗分别占 12% 和 10%，由此可见，相比集中的石油供给分布而言，我国 2018 年石油来源国进口来源国的比例结构较为合理，单一来源国没有出现集中度过高的国家，最高比例在 15% 左右，而且分布在多个国家，风险相对分散。

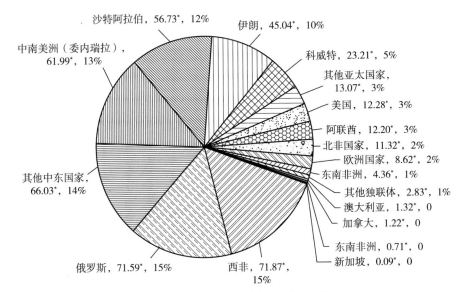

沙特阿拉伯，56.73*，12%
伊朗，45.04*，10%
中南美洲（委内瑞拉），61.99*，13%
科威特，23.21*，5%
其他亚太国家，13.07*，3%
美国，12.28*，3%
阿联酋，12.20*，3%
北非国家，11.32*，2%
欧洲国家，8.62*，2%
东南非洲，4.36*，1%
其他中东国家，66.03*，14%
其他独联体，2.83*，1%
澳大利亚，1.32*，0
加拿大，1.22*，0
东南非洲，0.71*，0
新加坡，0.09*，0
俄罗斯，71.59*，15%
西非，71.87*，15%

图 9 - 39　石油进口来源规模和比例

注：* 处单位为万吨。
资料来源：笔者根据相关资料整理所得。

从另一方面来看，图 9 - 40 显示了累计进口比例分布，2018 年我国石油来源国前六个国家的石油进口占我国总进口量的 80%。进口来源的地区集中度较为集中，中东石油进口量超过 1/3，石油供给蕴藏较大冲击。尤其是，当前中东的不确定的地缘政治局势，将对我国未来原油供给带来一定的冲击。

2. 天然气进口的集中性和季节性

我国天然气进口呈现较为明显的三个阶段，2009 年以前呈现缓慢增长趋势，2010~2015 年呈现快速增长趋势，2015 年至今呈现加速增长趋势，增长曲线呈现指数化特征（如图 9 - 41 所示）。2015 年以来，增长势头迅猛，由 2015 年的近 600 亿立方增长到 1200 亿立方，四年翻了一番，其中液化天然气的进口增长迅速，超过了管道天然气的进口量。

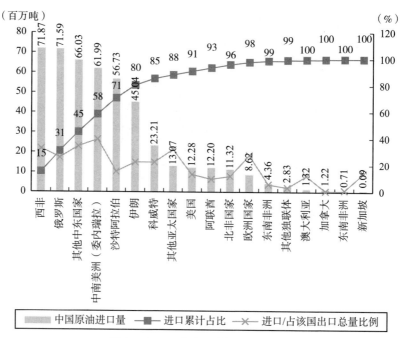

图 9 - 40　石油进口来源和集中度

资料来源：笔者根据相关资料整理所得。

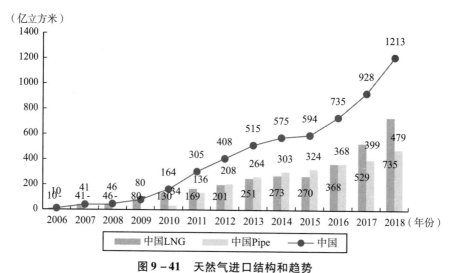

图 9 - 41　天然气进口结构和趋势

资料来源：笔者根据相关资料整理所得。

从管道天然气来看（见图9-42），主要来自四个国家：土库曼斯坦、乌兹别克斯坦、塔吉克斯坦和缅甸，占比分别为70%、13%、11%和6%。鉴于管道天然气输送物理管道的特殊性，进口集中存在一定的合理性，但也存在一定的风险，而且缅甸管道进口的比例仍有待提高，仅占6%，是土库曼斯坦的1/10。

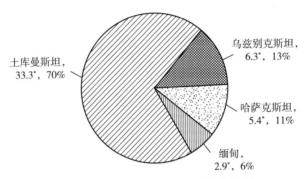

图9-42 管道天然气进口结构和比例

注：*处单位为亿立方米。
资料来源：笔者根据相关资料整理所得。

从液化天然气来看（如图9-43所示），进口集中度现象同样存在，澳大利亚是我国第一大LNG来源国，占比44%，第二大来源国是卡塔尔，第三大来源国为马来西亚，第四来源国是印度尼西亚，四个国家LNG的进口量累计超过80%，因此，根据来源地比例的集中度来看，存在风险相对集中的隐患。根据第一部分的研究结论，天然气进口具有鲜明的季节性，而且近年来季节性差异日渐扩大。

（四）石油储存：中断概率与储备规模

1. 石油供给冲击与中断

外部石油供给冲击主要是非市场因素，从表9-2可见，世界历史上1950~2015年总共出现24起石油中断供应事故，均是非市场因素，平均持续时间8个月，平均影响世界石油供应规模大概为总供应的3.7%。影响规模最大的是中东战争，平均影响世界石油供应超过6个百分点。

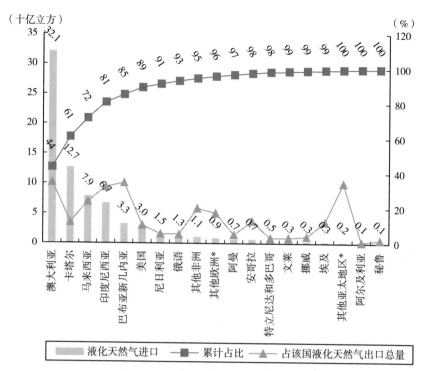

图 9-43　液化天然气进口结构和比例

资料来源：笔者根据相关资料整理所得。

表 9-2　　　　　　　　　　世界上历史中断石油供应

中断类型	事故个数	平均持续时间（月）	平均规模（占世界石油供应%）
事故	5	5.2	1.1
内部政治斗争	9	6.5	2.3
国际禁运/经济纠纷	4~6**	6.1*	5.3
中东战争	4~7**	11.0	6.2
总计/平均	24	8.1*	3.7

注：＊不包括 44 个月伊朗油田国有化。＊＊一些事件很难分类。

资料来源：Event listing from U. S. EIA. Categorization by Paul Leiby, ORNL. Summary of historical oil disruptions。

面临世界石油供给冲击，一方面，国际原油市场会具有一定的自发调整机制，最近的历史表明，当一些产油国发生供给中断时，新的生产国可以提高产量，改善全球能源安全。利比亚动乱初期，在其原油中断了 160 多万桶/天的供应后，导致油价从 2011 年 2 月的每桶 104 美元上涨至 4 月的每桶 126 美元。这促使国际能源机构协调采取集体应对措施，新兴生产国巴西、加拿大和伊拉克的产量增长。这些国家从 1995 年到 2010 年的总产量增加了 420 万桶/日，缓解了供给石油供给的冲击。另一方面，通过建立战略性石油储备（strategic petroleum reserves，SPR）缓冲外部石油供给的冲击。

2. 战略性石油储备的意义和规模

为应对可能的供给冲击，在确保石油来源多样化的前提下，保持足够的战略性石油储备非常必要。石油储备量的多少取决于石油日均消费、对外依存度和外部可能的冲击概率。战略性石油储备（SPR）初始的核心意义是预防世界石油市场形势变化，抵消世界石油供应量缩减的市场力量，防止石油供应中断造成的经济损害。现在，战略性石油储备还承担缓冲其他偶然因素造成的石油供应冲击，比如，各类自然灾害对燃料市场影响的工具。因此，保持充足的战略性石油储备意义重大。由于国内石油产量的萎缩，我国原油的进口规模持续扩大，进口依赖程度日趋严重，对石油储备的需求日趋紧迫。

国际能源机构（IEA）的成员和 IEA 建立的国际能源计划的参与者都认为，石油的净进口国必须持有相当于其石油和石油产品净进口量 90 天的储备库存。目前，国际能源署的所有成员国都有战略储备，每个国家手头都有约 90 天的进口量，美国的 SPR 是世界上最大的。这可以防止供应中断，无论是石油出口国的禁运、事故、政治斗争、战争的冲击，还是飓风和其他自然灾害造成的损害。对于对外依存度非常高的国家，比如日本，其对外依存度非常高，在维持高水平的石油战略储备方面非常成功，在任何中断期间保证某种程度的供应。2009 年底，日本政府和私人共储存了 197 天的石油，炼油厂必须保留相当于 70 天的库存消耗量[1]。

截至 2016 年[2]，全球战略储备已达 30 亿桶，包括经济发展组织的 35

---

[1] Japan，US Energy Information Administration，4 June 2012.

[2] https：//oilprice.com/Energy/Energy - General/The - 5 - Biggest - Strategic - Petroleum - Reserves - In - The - World.

个成员国（不包括中国、中东和俄罗斯的库存），日本持有 3.24 亿桶，韩国持有 1.46 亿桶，西班牙持有 1.2 亿桶，印度持有 3910 万桶。战略储备不计入一国已探明的石油储备中，石油储备必须可用于生产。美国是当前石油战略储备的第一大国。

1973 年至 1974 年，由于石油禁运，加之美国产量下降，极大地影响了美国的石油供给，于是美国在 1975 启动了 SPR，以保护美国免受任何未来供应中断。据美国能源署统计数据和预测数据，截至 2019 年 3 月，美国 SPR 库存持有 6.93 亿桶石油，低于 2017 年度 7.27 亿桶石油的历史记录，自 1980 年以来，美国战略石油储备平均可维持在 80 ~ 100 天（见图 9 - 44），其中 2019 年后为预测数据。目前美国油气已由净进口国转变为净出口国，虽然因战略性石油储备的成本较高，美国已出售战略性石油储备，并在考虑继续出售战略性石油储备，但是当前美国仍然维持在 100 天左右的石油供给量。

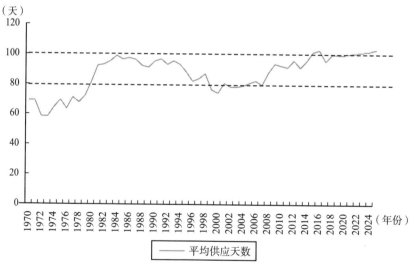

图 9 - 44 美国战略性石油储备量趋势

资料来源：笔者根据相关资料整理所得。

3. 我国石油供给的外部冲击和战略性石油储备

我国石油对外依存度日益增多，受外部供给冲击的风险也日益增大。

从世界石油输出国石油中断的概率来看（见表 9-3），波斯湾国家的中断概率最大，冲击力度为中断 3 个月影响 20% 规模的概率为 18%，同样规模和时长的供给冲击，西非的中断概率为 11.9%，沙特阿拉伯为 5%，俄罗斯仅为 2.4%。

表 9-3　　　　　　世界主要石油输出国石油供应中断的概率　　　　单位：%

项目	沙特阿拉伯 Saudi Arabia	其他波斯湾地区 Other Persian Gulf	苏伊士运河以西 West of Suez	俄罗斯和里海地区 Russia and Caspian R
冲击规模的比例	20.00	20.00	20.00	20.00
3 个月	5.07	18.07	11.90	2.41
12 个月	1.95	5.96	5.77	0.33
18 个月	0.87	2.21	0.89	0.10

资料来源：Energy Modeling Forum，Estimating US Oil Security Premiums，Stanford University Stephen P. A Brown and Hillary G. Huntington。

对照我国石油进口来源国分布，供给中断风险最大的是伊朗、科威特和西非国家，沙特相对风险低些，这些国家的进口总量占我国总进口比例超过 40%，达到 1.96 亿吨，为当冲击规模在 20% 左右，持续 3 个月将减少近 1000 万吨，即 7330 万桶（1 吨 =7.33 桶）。按照 2018 年我国日均消费 1260 万桶的速度，如此规模的冲击，如果不采取增产或者通过其他渠道增加进口，将耗用近 6 天的石油储备量。如果这些中东国家的石油供给中断持续时间提高到 8 个月，将消耗我国 16 天的石油储备储备量。

为此，我国须加强战略性石油储备库的建设，并持续增加进口，储备石油。自 2016 年以来，我国石油进口量一直大于消费 - 产量缺口，实际对外依存度大于均衡依存度，这表明，我国在通过增加进口来提高战略性石油储备的库存储量。据摩根（J. P Morgan）的有关研究，我国战略性石油储备的目标是持有 5.11 亿桶，截至 2016 年，持有 4 亿桶石油，最终目标是 5.11 亿桶。按照 2016 年的净进口规模，约等于 77 天的进口量（1000 立方米 =6.2898 桶）。但如果按照 2018 年的日均进口量，4 亿桶储备仅等于 42 天的进口量，5.11 亿桶仅等于 55 天的进口量。

可见，我国战略性石油储备量和国际通行的 90 天进口量的安全线还有很大的差距，考虑到我国石油消费进口总量巨大，2018 年进口 4.64 亿吨，占世界石油出口总量 22.63 亿吨的 20%，外部冲击对我国油气安全影响巨大，在我国当前趋高的对外依存度趋势下，尤为紧迫。为此，需要加强我国战略性石油储备和商业性石油储备建设，以提高石油对外依存安全度，防范外部供给冲击。

二、保证油气安全的举措建议

（一）生产环节：开源扩量

加强油气勘探，寻找新油田。为提高油气勘探效率，可实施勘探权和采矿权分离的制度，放开石油勘探市场，适时引入外国高技术的石油勘探公司，鼓励竞争性石油勘探，并给予一定的激励措施。提高石油开采技术，加强对不同油质石油开采技术的支持和鼓励。拓展石油开采渠道，加强页岩油、页岩气、海上石油的勘探与开采，对页岩气、页岩油、海上油田的勘探、开采新技术、新设备等给予支持和鼓励。鼓励石油冶炼技术的提升，提高油气转化环节的效率和品质。

（二）消费环节：转型增效

持续推进经济结构调整、鼓励产业结构优化、促进产业升级，实现经济的高质量发展，降低对传统油气的依赖，提高单位 GDP 的石油消费强度。倡导节约、绿色出行的生活方式和节油、节气的生产方式，鼓励并支持油气替代技术的研发，奖励油气替代技术新产品。促进能源结构优化尤其是重点油气终端消费对油气的依赖程度，鼓励并支持传统油气终端消费转向新能源消费。对各类技术能源结构调整和能源消费转型的新产业新业态给予政策支持。

（三）进口环节：多样分散

充分考虑未来中东石油供给中断的冲击，做好预案，充分防备美国对伊朗、委内瑞拉等国家石油禁运进一步恶化的外部冲击，积极采取措施，进一步扩大进口来源地。充分协调、平衡地缘政治因素和石油供给安全间的利害关系，适时拓展非洲、美洲以及北美，尤其是美国的石油来源地扩展可能。鼓励海外战略性石油供给保障协议的签署，优先保障石油供给。支持并鼓励扩大海外油气投资、勘探、开采、生产等，增大海外石油的投资和商业油气战备储存，提升海外油气供给能力。加强海上石油运输安全，拓展管道进口规模，提升管道运输的效率。加大主动进口力度，主动根据国际油价的波动，实施战略性的进口采购。

（四）存储环节：充足备灾

持续加强战略性油气储备的建设和存储，鼓励并支持商业性油气存储，对商业油气储备的建设、运行、管理等支出给予政策支持。持续追踪国际油气市场，市场有利时，及时足量进行战略性油气采购。加强天然气季节性调整机制建设，鼓励并支持市场主体建立天然气季节性调整储备。支持优质油田战略性限产，适时限量开采，对战略性限产形成的准储备油田实施综合措施，提高后备产量能力。积极探索油田储备化，并建立储备油田，培育采矿权竞争机制和探矿权转让市场，建立新探明油质量高的油田转化为储备油田的机制，采用政府购买服务方式或其他方式获取储备油田，支持储备油田的怠速运转，保证面临外部冲击时，拥有及时增产的能力。建立海外战略性石油储备供给机制，加快推进和一些国家建立优先保障的石油供给协议，合作建设并运行海外石油储备。

第五节　财政支持能源安全的对策与建议

一、建立鼓励油气安全的财政支出支持

适时综合考虑财力的可行性和油气安全的紧迫性，充分论证采用奖励、补贴、支持等财政支出工具，对提升油气安全的各环节，提供专项财

政支持计划，包括战略性石油储备的持续支持计划。储备油田的勘探、购置、运行、维护的专项支持计划。商业油气储备体系建立的扶持和支持计划。油气开采生产的新技术应用的专项支持计划（包括页岩气、页岩油、深海油田、可燃冰等勘探、开采等）。油气替代技术和替代产品的扶持计划。对战略性防御型的限产、进口、新油气进口来源拓展投资等行为实施专项补贴计划。系统化的研发支持和扶持计划，鼓励勘探、开采、存储、炼油、燃油替代等计划研发的投入和奖励。

二、建立鼓励油气安全的税收优惠体系

出台油气安全领域的税收优惠举措，包括加速折旧、税收减免、优惠税率等，对油气勘探、储备油田的运维、战略性储备和商业储备投资设备、先进油替代技术设备、石油运输工具及管道设备等实施加速折旧，特别先进的技术设备和投资实施一次性折旧，最大限度地提高税收信贷支持力度。

主要参考文献

［1］《日本调整可再生能源上网电价 新设锂电子电池补贴计划》，载《华东电力》2014 年第 4 期。

［2］常杪、杨亮、王世汶：《日本住宅用太阳能补贴政策的调整分析》，载《环境保护》2019 年第 14 期。

［3］丁金光、赵嘉欣：《奥巴马执政时期美国环境外交新变化及其影响》，载《东方论坛》2018 年第 3 期。

［4］顾科杰：《从传统能源到可再生能源——德国能源结构的转型之路》，载《常熟理工学院学报》2018 年第 6 期。

［5］郭晋辰：《德国能源转向政策研究》，上海师范大学硕士学位论文，2017 年。

［6］何颐婷：《英国石油公司能源展望：页岩革命继续前行》，载《天然气勘探与开发》2017 年第 1 期。

［7］李北陵：《欧盟战略石油储备模式管窥》，载《中国石化》2007 年第 9 期。

［8］林绿、吴亚男、董战峰、耿海清：《德国和美国能源转型政策创新及对我国的启示》，载《环境保护》2017 年第 19 期。

［9］罗国强、叶泉、郑宇：《法国新能源法律与政策及其对中国的启示》，载《天府新论》2011 年第 2 期。

［10］闵浩：《英国实施能源创新计划》，载《能源研究与利用》2017 年第 3 期。

［11］唐琳：《德国：煤炭产业与能源的双重转型》，载《科学新闻》

2017 年第 10 期。

　　［12］童音：《碳税：在法国的绿色税收中演绎了怎样的角色》，载《北方经济》2010 年第 8 期。

　　［13］王佳：《德国政府调整可再生能源入网补贴政策》，载《节能》2016 年第 7 期。

　　［14］王婧：《〈2012 年英国能源改革法案〉翻译项目》，华北电力大学硕士学位论文，2014 年。

　　［15］邬琼：《美国能源政策趋势变化分析》，载《中国物价》2019 年第 3 期。

　　［16］吴剑奴：《美国能源结构演进》，载《生产力研究》2012 年第 7 期。

　　［17］许腾飞：《法国将颁布能源转型法》，载《能源研究与利用》2014 年第 6 期。

　　［18］杨守斌、何继江：《德国能源转型地图——能源转型需要广泛发动群众》，载《风能》2018 年第 4 期。

　　［19］尹航：《德国下调光伏发电补贴》，载《能源研究与信息》2012 年第 1 期。

　　［20］张婧竹：《法国新能源政策及影响（1990 – 2015）》，北京外国语大学硕士学位论文，2016 年。

　　［21］赵怀勇、何炳光：《公共财政体制下政府如何支持节能——欧盟、英国和法国的运作模式、启示与借鉴》，载《重庆工学院学报》2004 年第 2 期。

　　［22］中关村国际环保产业促进中心：《谁能驱动中国——世界能源危机和中国方略》，2006 年。

　　［23］舟丹：《德国〈可再生能源法〉的沿革》，载《中外能源》2014 年第 9 期。

　　［24］Anja Rosenberg, Anne Schopp, Karsten Neuhoff, and Alexander Vasa. Impact of Reduction and Exemptions in Energy Taxes and Levis on German Industry［R］. Climate Policy Initiative Berlin，2011：8 – 9.

［25］ David Robinson with annexes by Malcolm Keay and Klaus Hammes. Fiscal policy for decarbonization of energy in Europe ［R］. 2017：22 – 23.

［26］ Gilbert E. Metcalf. Federal Tax Policy towards Energy ［J］. Tax Policy and the Economy，2007，Vol. 21，pp. 145 – 184.

［27］ Gilbert E. Metcalf. Tax Policies for Low – Carbon Technologies ［J］. National Tax Journal，2009，Vol. 63，No. 3，pp. 519 – 533.

［28］ Gilbert E. Metcalf. Using Tax Expenditures to Achieve Energy Policy Goals ［J］. American Economic Review，2008，Vol. 98，No. 2，pp. 90 – 94.

［29］ KPMG International. Taxes and incentives for renewable energy ［R］. 2015：30 – 33.

［30］ Paul Belkin. The European Union's Energy Security Challenges ［R］. 2008：10 – 14.

［31］ Roger H. Bezdek. A half century of US federal government energy incentives：value，distribution，and policy implications ［J］. Int. J. Global Energy Issues，2007，Vol. 27，No. 1.